逐条解説 投資信託約款

小島新吾［編著］

森下国彦
箱田晶子
西山賢治　［著］
長谷川英男

一般社団法人 金融財政事情研究会

推薦の言葉

　投資信託約款（以下、単に「約款」ということがあります）は、個々の投資信託の運営に係る基本的事項を規定しており、投資信託のまさに根幹をなすものです。しかしながら、受益者はもちろん投資信託ビジネスに携わっている人々の多くが、この約款に特段の関心を示すことはありませんでした。受益者と販売金融機関は、信託契約（約款）の当事者ではないため、無関心であることも仕方なかったといえます。投資信託委託会社についても、制度創設以来、約款の事前承認制がとられてきました。また、何よりも商品の仕組みがシンプルであったことから、横並びの約款を利用していても問題のない時代であったといえるでしょう。しかし、時代は大きく変わりました。規制緩和によって、約款は事前承認制から届出制となり、また、新しい投資対象や運用の仕組みを用いた投資信託が組成される時代になっています。こうしたなかで、投資信託委託会社は横並びではなく、個々の投資信託の目指す運用を実現するために、運用の基礎となる約款について研究し工夫することが求められる時代を迎えているといえます。販売金融機関についても、良質な投資信託を顧客のために仕入れて販売する責務を負うという立場に立つとすれば、投資家・受益者にかわって投資信託約款にも注意を払い、チェック機能を果たすことが求められるようになっているのではないでしょうか。

　こうした状況認識のもと、平成26年に実務家の方々に呼びかけて立ち上げたのが投資信託約款の研究会でした。投資信託はその歴史のなかでさまざまな試練を経験しており、そうした経験が投資信託約款の一文一文に活かされてきたと私は考えています。「長く投資信託にかかわってきた経験を後輩たちに伝えることができるような投資信託約款の解説本を草の根でつくってみませんか？」と呼びかけさせていただいたところ、共感くださった投信業界・証券業界の有志の方々が集まり、研究会がスタートしたのです。一般社団法人投資信託協会にもご相談し、「投資信託約款ならこの人」という方をご紹介いただき参加いただきました。有志からの紹介により、投資信託の実務に詳しい弁護士、税理士の先生にも加わっていただくこともできました。毎月1回、昼休みに集まり、文字どおり手

弁当での研究会活動となりました。所属やバックグラウンドが異なる、経験豊かな、そして何よりも投資信託を愛する有志が参集したことにより、従前にはない解説本ができあがったと思っております。

本書は、まずは投資信託約款の実務に携わっておられる実務家の方々にご活用いただきたいと思っておりますが、販売金融機関で投資信託営業を担当されている方、さらには、投資信託に関心をもつ個人の投資家の方にも読んでいただける内容となっています。多くの方々の目に触れ、意見を頂戴し、さらにバージョンアップを図っていくことができれば、研究会の発起人としては本望です。

最後になりましたが、研究会にご参加くださった皆様に深く感謝を申し上げます。とりわけ執筆を担当くださった5名の方々は、休日を返上しての執筆活動、本当にお疲れ様でした。本書の刊行にあたり、一般社団法人投資信託協会の元副会長の乾文男様、前副会長の大久保良夫様には温かい励ましのお言葉を頂戴しました。また、同協会の職員の皆様には、執筆者からの問合せにいつも丁寧にご回答いただきました。この場を借りて心よりお礼を申し上げます。

平成30年9月

良質な金融商品を育てる会（フォスター・フォーラム）

世話人　永沢　裕美子

はしがき

　本書は、投資信託及び投資法人に関する法律（以下「投信法」という）2条1項の定義する「委託者指図型投資信託」（以下、単に「投資信託」という）の標準的な投資信託約款について、逐条的なコンメンタールの形式により、約款に含まれるそれぞれの規定の説明と関連する実務解釈を取りまとめたものである。

　標準的な約款とは何かであるが、一般社団法人投資信託協会（以下「投信協会」という）の約款専門委員会より約款のひな型が示されていた時代もあったようであるが、現在はそのような委員会は存在しておらず、公式のひな型は存在しない。そのため、本書においては、過去に投信協会より示されていた参考資料をベースとし、公表されている各委託会社の約款内容を加味したものを「標準的な」約款として、検討の対象とすることにした。検討の対象とした「標準的な」約款については、巻末資料1を参照されたい。

　投資信託はさまざまなタイプ、ストラクチャーのものが設定されているため、わかりやすさの観点から、本書では、最も典型的な追加型の証券投資信託を中心に解説を加えた。本文中、特段の断りがない限りは、追加型証券投資信託に関する記述としている。

　現在、投資信託約款の公式のひな型は存在せず、各委託会社の責任と判断において各投資信託の約款が作成されるべき状況であるが、実際は、投信協会より示される参考資料、大手委託会社が作成した約款、または社内の過去案件の約款がそのまま取り入れられるだけのことがありうるのもまた事実である。

　その理由は、単にその委託会社および担当者の能力不足というわけではない。日本の投資信託は、これまでの経緯および変遷が入り組んでおり、また、その構造および規制内容も複雑化しており、それらをふまえて約款を読み解くことは容易ではなくなっている。また、約款の条文に関し十分な議論・検討がなされていないか、また、なされていたとしてもその内容が十分に各委託会社および投資家に開示されていないことも、わかりにくさの一因となっている。

　本書作成のために投資信託に造詣の深い専門家および実務家にお声掛けし、3年以上にわたり、定期的に研究会を開催してきた。本書の内容は、そのなかで議

論・検討されたものが中心となっている。正直なところ、研究会のなかでも、一定の結論を導くまでに時間のかかることや、合意ある結論に至ることができないことが度々あった。資料が存在しないか、または存在していても散逸していることがあり、実務解釈が定まっていないところもあった。また、そもそもの趣旨が不明であるような条項にも直面した。しかし、それだけに、それらについて言及されている本書には十分な価値があるものと信じている。

　投資信託約款を真正面から取り上げた文献は、近年のところでは小生の知る限り存在しない。本書が、投資信託にかかわる専門家、実務家、研究者、さらには投資家の方々にとって参考となれば存外の幸せである。

　本書の刊行にあたっては、きんざいの池田知弘氏に多大なご尽力をいただいた。忍耐強く支えていただいた同氏に紙面を借りて厚く御礼申し上げたい。

　平成30年9月

弁護士　小島　新吾

凡　例

本書における法令諸規則の表記は、次の略称を用いることがある。

略称	正式名称
投信法	投資信託及び投資法人に関する法律
投信法施行令	投資信託及び投資法人に関する法律施行令
投信法施行規則	投資信託及び投資法人に関する法律施行規則
投信法計算規則	投資信託財産の計算に関する規則
金商法	金融商品取引法
金商法施行令	金融商品取引法施行令
金商業等府令	金融商品取引業等に関する内閣府令
定義府令	金融商品取引法第二条に規定する定義に関する内閣府令
金商業者監督指針	金融商品取引業者等向けの総合的な監督指針
信託会社監督指針	信託会社等に関する総合的な監督指針
金商業者検査マニュアル	金融商品取引業者等検査マニュアル
特定有価証券開示府令	特定有価証券の内容等の開示に関する内閣府令
特定有価証券開示ガイドライン	特定有価証券の内容等の開示に関する留意事項について（特定有価証券開示ガイドラン）
企業内容等開示ガイドラン	企業内容等の開示に関する留意事項ついて（企業内容等開示ガイドラン）
証取法	証券取引法
証取法等改正法	証券取引法等の一部を改正する法律
（新）信託法	信託法（平成18年法律第108号）
旧信託法	信託法（大正11年法律第62号）
信託法等整備法	信託法の施行に伴う関係法律の整備等に関する法律
（新）信託業法	信託業法（平成16年法律第154号）
旧信託業法	信託業法（大正11年法律第65号）
兼営法	金融機関の信託業務の兼営等に関する法律

社振法	社債、株式等の振替に関する法律
租特法	租税特別措置法
租特法施行令	租税特別措置法施行令
外為法	外国為替及び外国貿易法
投信協会	一般社団法人投資信託協会
協会定款施行規則	投信協会の「定款の施行に関する規則」
協会運用規則	投信協会の「投資信託等の運用に関する規則」
協会運用細則	投信協会の「投資信託等の運用に関する規則に関する細則」
協会MMF等運営規則	投信協会の「MMF等の運営に関する規則」
協会会計規則	投信協会の「投資信託に関する会計規則」
協会評価及び計理等規則	投信協会の「投資信託財産の評価及び計理等に関する規則」
協会運用報告書等規則	投信協会の「投資信託及び投資法人に係る運用報告書等に関する規則」
協会正会員業務運営等規則	投信協会の「正会員の業務運営等に関する規則」
協会デリバティブ取引等ガイドライン	投信協会の「デリバティブ取引等に係る投資制限に関するガイドライン」
協会信用リスク集中回避ガイドライン	投信協会の「信用リスク集中回避のための投資制限に係るガイドライン」
保振	株式会社証券保管振替機構
保振業務規程	保振の「社債等に関する業務規程」
保振業務規程施行規則	保振の「社債等に関する業務規程施行規則」
平成16年12月金融庁パブコメ回答	「「信託会社等に関する総合的な監督指針」の策定について」（平成16年12月28日公表）中の「パブリックコメントの概要及びコメントに対する考え方」
平成19年7月金融庁パブコメ回答	「「金融商品取引法制に関する政令案・内閣府令案等」に対するパブリックコメントの結果等について」（平成19年7月31日公表）中の「コメントの概要及びコメントに対する金融庁の考え方」

平成21年12月金融庁パブコメ回答	「平成21年金融商品取引法等の一部改正に係る政令案・内閣府令案等に対するパブリックコメントの結果等について」（平成21年12月22日公表）中の「コメントの概要及びコメントに対する金融庁の考え方」
平成26年７月投信協会パブコメ回答	「「投資信託等の運用に関する規則」等の一部改正案等に対する意見募集の結果について」（平成26年７月17日公表）

〈留意事項〉

　本書の内容は、今後の業界における検討および実務の蓄積等によって変更されることがある。また、本書に記載された内容は、各執筆者個人の見解であり、各執筆者が所属している組織および団体の見解を表すものではない。

　内容の正確性については十分な注意を払っているが、執筆者がその完全性を保証するものではない。実際の利用に際しては、正式な法令諸規則をご確認されたい。

目　次

第Ⅰ部　総　論

第1章　主要法令の概観 …………………………………… 3
1　投信法 ……………………………………………………… 3
2　信託法 ……………………………………………………… 6
3　信託業法 …………………………………………………… 7
4　金商法 ……………………………………………………… 8
5　社振法 ……………………………………………………… 8
6　投信協会の規則 …………………………………………… 9

第2章　投資信託の基本的な仕組み ……………………… 10

第3章　投資信託約款の記載事項に係る根拠法令 ……… 14

第Ⅱ部　投資信託約款の逐条解説

第1章　表　紙 …………………………………………… 16
1　表　紙 …………………………………………………… 16
2　ファンドの名称 ………………………………………… 16
3　名称要件の不存在 ……………………………………… 17
4　信託契約書の作成・締結実務 ………………………… 18

第2章　約款本文前の付表 ……………………………… 19
1　基本方針 ………………………………………………… 19
2　運用方法 ………………………………………………… 23

	3	投資制限	34
	4	収益分配方針	42

第3章　約款本文　46

第1条	信託の種類、委託者および受託者	46
第2条	信託事務の委託	60
第3条	信託の目的および金額	63
第4条	信託金の限度額	68
第5条	信託期間	72
第6条	受益権の取得申込みの勧誘の種類	75
第7条	当初の受益者	82
第8条	受益権の分割および再分割	84
第9条	追加信託の価額および口数、基準価額の計算方法	87
第10条	信託日時の異なる受益権の内容	91
第11条	受益権の帰属と受益証券の不発行	92
第12条	受益権の設定に係る受託者の通知	98
第13条	受益権の申込単位および価額	100
第14条	受益権の譲渡に係る記載または記録	109
第15条	受益権の譲渡の対抗要件	111
第16条	受益権の譲渡制限	112
第17条	投資の対象とする資産の種類	117
第18条	有価証券および金融商品の指図範囲等	120
第19条	利害関係人等との取引等	129
第20条	運用の基本方針	134
第21条	運用の権限委託	135
第22条	投資する株式等の範囲	142
第23条	信用取引の指図範囲	145
第24条	先物取引等の運用指図	149
第25条	スワップ取引の運用指図	157
第26条	金利先渡取引および為替先渡取引の運用指図	161

第27条	有価証券の貸付の指図および範囲	163
第28条	公社債の空売りの指図範囲	165
第29条	公社債の借入れ	168
第30条	特別の場合の外貨建有価証券への投資制限	169
第31条	外国為替予約取引の指図および範囲	171
第32条	信託業務の委託等	176
第33条	混蔵寄託	180
第34条	信託財産の登記等および記載等の留保等	182
第35条	有価証券売却等の指図	185
第36条	再投資の指図	186
第37条	資金の借入れ	187
第38条	損益の帰属	190
第39条	受託者による資金の立替え	191
第40条	信託の計算期間	194
第41条	信託財産に関する報告等	196
第42条	信託事務の諸費用および監査費用	199
第43条	信託報酬等の額	203
第44条	収益の分配方式	205
第45条	追加信託金および一部解約金の計理処理	209
第46条	収益分配金、償還金および一部解約金の支払い	210
第47条	収益分配金、償還金および一部解約金の払込みと支払いに関する受託者の免責	217
第48条	収益分配金および償還金の時効	219
第49条	信託契約の一部解約	223
第50条	質権口記載または記録の受益権の取扱い	227
第51条	信託契約の解約	228
第52条	信託契約に関する監督官庁の命令	234
第53条	委託者の登録取消等に伴う取扱い	235
第54条	委託者の事業の譲渡および承継に伴う取扱い	236
第55条	受託者の辞任および解任に伴う取扱い	237

第56条	信託約款の変更等	239
第57条	反対受益者の受益権買取請求の不適用	247
第58条	利益相反のおそれがある場合の受益者への書面交付	249
第59条	他の受益者の氏名等の開示の請求の制限	250
第60条	運用報告書に記載すべき事項の提供	252
第61条	信託期間の延長	254
第62条	公告	255
第63条	信託約款に関する疑義の取扱い	258
(付則)		261

第4章　約款本文後の付表 ……… 263

付表 ……… 263

巻末資料1　追加型証券投資信託モデル約款 ……… 265
巻末資料2　投資信託約款記載事項の変遷 ……… 292
参考文献 ……… 304
事項索引 ……… 305
編著者・著者紹介 ……… 308

第 I 部

総 論

この部では、次部の投資信託約款の逐条解説に先立ち、投資信託約款の内容および投資信託約款に基づく関係当事者（委託者、受託者、受益者等）の間の権利義務関係等を規律する主要な法令につき概観し、また投資信託の基本的な仕組みについて触れ、最後に投資信託約款の記載事項に係る根拠法令について説明する。

第1章

主要法令の概観

1 投信法

　投信法は、投資信託の仕組みにつき規定するほか、投資信託約款に記載すべき事項を定め（同法4条2項）、また投資信託約款を変更する場合や投資信託契約を解約（いわゆる繰上償還）する場合の手続（同法16条、17条、19条、20条）、それらの場合の反対受益者の受益権買取請求（同法18条。20条で解約の場合に準用）等について規定している。投信法に基づき、下位法令である政令として投信法施行令、内閣府令として投信法施行規則および投信法計算規則が定められている。

　以下、多少長くなるが、投信法の重要性に鑑み、同法の沿革と現在に至るまでの主な改正の経緯につき触れる。

　投信法は、昭和26年、「証券投資信託法」として制定された。当時は、信託財産を特定の有価証券に投資する委託者指図型の投資信託（いわゆる契約型投信）、しかも公募（募集）により勧誘される投資信託（以下「公募投信」という）のみを規定していた。証券投資信託の委託会社は免許制、投資信託約款は個別承認制であった。

　昭和42年の改正により、「証券投資信託とみなす信託」の定義の導入、委託者の受益者に対する忠実義務の規定の創設、受益証券説明書制度の導入等が行われた。

　平成10年、いわゆる金融システム改革法の一環として、同法は大幅に改正され、「証券投資信託及び証券投資法人に関する法律」となった。その眼目として以下のような点があった。

・投資対象の拡大（「特定の有価証券に対する投資」から「主として有価証券に対する投資」へ）
・私募により勧誘される投資信託（以下「私募投信」という）、投資法人（いわゆる会社型投信）の導入

・投資信託委託業への参入を免許制から認可制に変更
・銀行等の金融機関による販売の解禁（銀行窓販の開始）
・ディスクロージャー、監査に関する制度強化（証取法の開示規制の適用・法定監査の義務化）
・運用の外部委託の容認
・投資信託約款の事前届出制（個別承認制から緩和）

　平成12年、法律名から「証券」がとれ、「投資信託及び投資法人に関する法律」となった。この改正の眼目は以下のとおりであった。
・不動産等への投資対象資産の拡大（不動産投資信託・不動産投資法人の導入）
・委託者非指図型投資信託の創設
・投資信託委託業者の善管注意義務の明記
・契約型投資信託に関する受益者ガバナンスの強化
・投資信託約款の重大な変更の場合、変更内容等に関する書面の交付および公告が必要とされたことに伴う、受益者による異議の制度および異議を述べた受益者の買取請求権の創設（なお、下記の平成18年の改正により書面決議の手続に変更）

　平成18年、金商法が（証取法の改正により）成立したのと同じタイミングで、投信法も改正された。なお、同時期に新しい信託法も成立し、金商法と同じ平成19年9月30日に施行された（下記②参照）。この改正により、投信法の投資信託委託会社の認可の手続と運用業務に関する規定の大半が金商法に移行された（「投資運用業」として登録制となる）。投資信託の仕組み、投資信託約款の記載事項、受益者の権利、運用報告書の交付等の規定については投信法に残され、基本的な変更はない。

　平成20年には、ETF（上場投資信託）の多様化等の改正が行われた。

　平成25年の改正（施行は平成26年12月1日）においては、運用報告書の二段階化（交付運用報告書および運用報告書（全体版））、「重大な約款変更」の範囲の見直し、反対受益者による買取請求制度の見直し等が行われた。

　ここで、上述した平成18年の投信法改正に関連して、「旧法信託」と「新法信託」に触れておく必要があろう。

　平成18年の投信法改正（平成19年9月30日施行）は、同じく平成19年9月30日に施行された新信託法（下記②参照）の成立に伴い制定された信託法等整備法に

よる部分と、証取法等改正法（証取法を金商法とするための改正）による部分からなるが、信託法等整備法に含まれる投信法の改正により改正された条項については、同法2条の経過規定（下記に引用）により、平成18年の改正前の投信法（以下「旧投信法」という）の規定が適用される（下記経過措置の対象となる「信託」には、投資信託も含まれることが前提となっている）。

（旧信託法の一部改正に伴う経過措置）
　第2条　契約によってされた信託で信託法（平成18年法律第108号。以下「新信託法」という。）の施行の日（以下「施行日」という。）前にその効力が生じたものについては、信託財産に属する財産についての対抗要件に関する事項を除き、なお従前の例による。

したがって、新信託法の施行日前に信託契約が締結された投資信託（以下「旧法信託」という）は、この信託法改正に伴う投信法の改正部分に関しては信託法施行前の投信法の適用を受ける（信託法等整備法25条）。それ以外の改正は、証取法等改正法に含まれる投信法の改正によって行われているが、同法による改正には信託法等整備法のような経過規定がないので、旧法信託についても、基本的には平成18年の投信法改正の施行日以降は平成18年の改正後の投信法（以下「新投信法」という）の規定が適用されることになる。

前者の具体例としては、「重大な約款変更」に関する手続がある。この手続は信託法等整備法に含まれる投信法の改正規定により改正されており、新信託法の施行日以降に信託契約が締結された投資信託（以下「新法信託」という）と旧法信託で差異がある。新法信託では書面決議の手続により行うが、旧法信託では異議申立ての手続により行うものとされている。信託契約の解約（いわゆる繰上償還）についても同様である。この区別は、その後の投信法の改正による条文の適用にも影響を及ぼす。たとえば、上述のように平成25年の投信法改正（施行は平成26年12月1日）では、「重大な約款変更」の範囲の見直しや反対受益者による買取請求制度の見直しが行われたが、これは平成18年の投信法改正の際に信託法等整備法により改正された条項のさらなる改正であるため、新法信託にしか適用されない。これに対して、同じ平成25年改正による運用報告書の二段階化（交付運用報告書および全体版運用報告書）については、運用報告書に関する規制は平成18年の投信法改正の際に信託法等整備法による改正の対象ではなかったため、旧法信

託にも新法信託にも等しく適用される。

　また、旧法信託についても、信託法等整備法26条（投資信託及び投資法人に関する法律の一部改正に伴う経過措置）の規定に基づき、旧投信法における重大な約款変更の異議申立手続と反対受益者の買取請求手続（旧投信法30条および30条の2）の例により、適用される法律を新法とする旨の投資信託約款の変更をして、これを新法信託とすることができる。これを俗に「新法信託成り」というが、この手続を経た投資信託は、「新法信託」として、全面的に新投信法の規定が適用される。もっとも、旧法信託に属するファンドにつき、上記の変更手続を経て「新法信託成り」したファンドの実例は少ない。

2　信託法

　投資信託も信託の一種であり、関係者間の権利義務関係に関しては、信託に関する一般法（私法）である信託法の適用がある。

　現在の信託法（平成18年法律第108号）の前身である旧信託法は、大正11年に同年法律第62号として成立、翌年1月1日に施行された。同法はその制定以来、約80年間実質的な改正が行われなかったが、平成18年法律第108号として新信託法が成立、公布された（旧信託法は、「公益信託ニ関スル法律」と改称し、公益信託に関する事項のみを定める法律となった）。新信託法の施行は、金商法の施行と同じ平成19年9月30日である。なお、同じタイミングで、新信託法の施行に対応すべく、業法（規制法）としての兼営法および信託業法も改正、施行された（信託法等整備法14条、73条）。

　旧投信法に基づき設定された投資信託（旧法ファンド）に、旧投信法に加えて旧信託法が適用されるのかどうかは、実は自明ではなかった。新投信法においては、条文上直接的な規定はないが、投資信託にも信託法（新信託法）の規定が一般的に適用されることを前提とする規定があること（新投信法7条、8条2項・3項）、また投資信託もその定義上、信託の一種であることから（新投信法2条1項・2項）、特段の反対の規定のない限り信託法も適用されると解するのが自然であることから、投資信託にも信託法の規定が一般的には適用されると考えられる[1]。

ただ、他方で、新投信法には、新信託法の一定の規定を「準用」する規定があり（同法6条7項、17条9項、18条3項、50条4項）、それをどのように理解するかが問題となる。新投信法に基づく投資信託に信託法が全面的に適用されるのであれば、そもそも「準用」する必要がないからである。この点は、信託法のこれらの章や節の規定群は、（信託法が適用されるという一般原則にかかわらず）投資信託の性質（特殊性）から（明文の規定はないが、解釈上）全体としては適用されないが、必要な条項のみ「準用」することを明記したものだと解するほかないであろう。

3　信託業法

　信託業法は、「信託業」すなわち「信託の引受け」を行う営業を規律している。実際には、投資信託の受託者はすべて、兼営法により信託業を行うことにつき認可を得た銀行等の金融機関であり、直接的には兼営法の適用を受けるが、同法は信託業法の規定を多数準用している（兼営法2条）。

　投資信託約款に含まれる条項のうち受託者の業務に関連する一定の規定については、（兼営法を通じて）受託者に適用される信託業法の規定内容が反映されている。

　現在の信託業法（平成16年法律第154号）の前身である旧信託業法は、大正11年に同年法律第65号として成立、翌年1月1日に施行された。同法は同年制定の旧信託法とともに長く日本の信託ビジネスの基礎となったが（昭和18年に兼営法が制定）、平成16年に至り、信託の近代化を目指して全面改正された新信託業法が同年法律第154号として成立した（同年12月30日施行）。その後、平成18年には証取法から金商法への改正および新信託法の制定にあわせて、さらに大幅な改正がなされた（信託法等整備法73条、平成19年9月30日施行）。

1　本柳祐介・河原雄亮『投資信託の法制と実務対応』（商事法務、2015年）6頁

4 金商法

　金商法は、上述のとおり、平成18年に証取法の改正により成立した（平成19年9月30日施行）。金商法は、投資信託委託会社の登録制（「投資運用業」を行う金融商品取引業者として）を定めるほか、投資信託の受益証券の募集（公募）・私募の要件、公募投信に係る開示（有価証券届出書、目論見書等）の手続や開示内容等につき詳細な規定を置いている（関連する内閣府令として特定有価証券開示府令がある）。また、投資信託の主要な投資対象である「有価証券」（投信法上の「特定資産」の1つ）の定義を定めている（金商法2条）。

5 社振法

　投資信託の受益証券（投信法2条7項）については、実際には、公募・私募を問わず（ファミリーファンド方式のマザーファンドを除き）、社振法に基づく振替制度が利用されている。

　社振法は、日本の証券市場のインフラ整備の一環としての証券決済の安全性・迅速性を高めるための有価証券のペーパーレス化を進めるにあたって、法制面での中核を占める法律である。同法は、平成13年にまず「短期社債等の振替に関する法律」として制定され、翌年施行されてコマーシャル・ペーパーの振替決済が開始され、平成14年には一般社債・国債を対象とすべく改正されて「社債等の振替に関する法律」と改められ（翌年施行）、さらに平成16年には、株式等のペーパーレス化を実現すべく「社債、株式等の振替に関する法律」と改められ、平成17年の会社法成立等を受け、準備期間を経て、平成21年1月から上場株式の振替制度が開始された。

　投資信託に関しては、上場株式に先立ち、平成19年1月4日から投資信託受益権の振替制度が開始され、受益証券の無券面化（ペーパーレス化）が図られることとなった。

　なお、「社債、株式等の振替に関する法律」は、現在では「振替法」と略称されるのが通常であるが、投資信託約款では依然として「社振法」が略称として使

われることが多いため、本書でも「社振法」を用いている。

6 投信協会の規則

　金商法に基づく自主規制機関として、投信協会があり、定款をはじめ多数の規則を制定しており、会員である投資信託委託会社はこれらに拘束される。具体的には、協会運用規則、協会会計規則、協会評価及び計理等規則等がある。投資信託約款の内容との関係では、協会運用規則が重要である。

第 2 章
投資信託の基本的な仕組み

　投資信託は、委託者（投資信託委託会社）と受託者（信託銀行）が投資信託約款に基づく信託契約（委託者指図型投資信託契約、投信法3条）を締結することにより成立する。投資信託は、委託者以外の者が当初より受益者となる、いわゆる他益信託として構成されている[2]。受益証券（ないし振替受益権）の販売会社が募り、その取得の対価として受益者となるべき者が拠出した金銭が当初信託財産となり、委託者の指図に基づき有価証券等への投資が行われる。信託財産の名義人（所有者）は受託者であり、委託者は受託者に投資（売却も含む）の指図を行い、受託者はかかる指図に従って有価証券の売買等の取引を行う。以上の関係を図示すると図表1のようになる。

　信託財産の管理につき再信託が行われているが、これは、図表1の「信託銀行（受託者）」から別の信託銀行（資産管理専門信託銀行）に再信託が行われ、かかる再信託を受けた信託銀行が、投資信託委託会社からの運用指図を受けて、有価証券等への投資を行うことになる（再信託については、約款第2条（信託事務の委託）の解説参照）。

　日本特有の投資信託の形式として、ファミリーファンド方式がある。これは、複数の投資信託（ベビーファンド）の資金をまとめて、マザーファンド（親投資信託）と呼ばれる投資信託に投資し、マザーファンドが有価証券等に投資する運用方式をいう。投信法上、同じ投資信託の受益権を複層化すること（異なる内容の複数の受益権を設けること）が認められていないため（約款第10条（信託日時の異なる受益権の内容）の解説参照）、たとえば、基本的に同じ運用を行うファンドにつき為替ヘッジを行わないコースと為替ヘッジを行うコースを設けたい場合等に多用されている。投資家の資金はベビーファンドに集められ、ベビーファンドはその資金のほとんどをマザーファンドに投資（マザーファンドの受益権を取得）し、

---

[2] 過去には自益信託として構成される投資信託も存在したようであるが、現在そのような形式の投資信託はみられない。

図表1

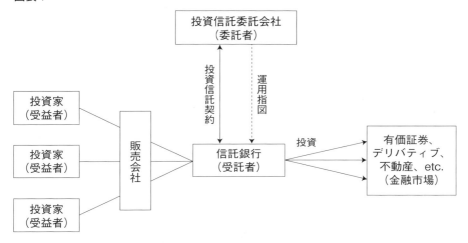

マザーファンドが有価証券等への投資を行うことになる。

「親投資信託」は投信法施行規則13条2号ロで「その受益権を他の投資信託の受託者に取得させることを目的とする投資信託」と定義されており、定義上は他の委託会社の設定するものも含むようであるが、実際にはベビーファンドとマザーファンドの委託者は同一であり、さらに受託者も同一であるのが通常である。以上を図示すると図表2のようになる。

上記に対して、ファンド・オブ・ファンズ（FOFs）と呼ばれる形式もある。これは、他のファンド（投資信託、外国投資信託等）に投資することを主たる目的とする投資信託であり、協会運用規則2条3項にその定義がある。協会運用規則では、同規則の実効性を担保する観点から、公募の投資信託が他の投資信託に投資することを制限しているが（12条2項。原則として、合計で純資産総額の5％まで）、ファンド・オブ・ファンズの場合はその例外となる（協会運用規則22条ないし24条）。そのため、委託者とは別の運用会社（たとえば、日本に拠点をもたない外国の運用会社）の運用するファンドを組み入れる場合等にこの方式が用いられている。

公募のファンド・オブ・ファンズの投資先ファンドは、原則として複数である必要がある（協会運用規則23条1項）。ファンド・オブ・ファンズは、本来は、他

第2章 投資信託の基本的な仕組み 11

図表2

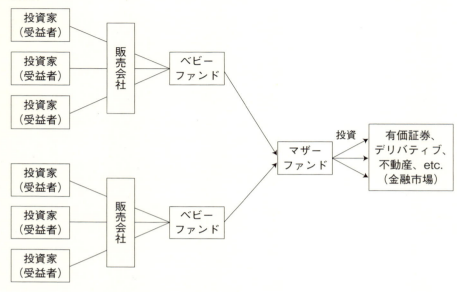

の運用会社が運用する多数のファンドに分散投資する形式が想定されているが（managers' managerまたはmanager of managers）、日本のファンド・オブ・ファンズの場合、実際には、投資信託財産のほとんど（90％以上ないし100％近く）を1つの投資信託に投資し、他の資金はキャッシュ運用を行うMRFや公社債投信（自社設定のことも多い）等に振り向けているケースがほとんどである。これは、ファンド・オブ・ファンズの形式をとりながら、実質的には当該投資信託をフィーダー・ファンドとし、主要投資先のファンドをマスター・ファンドとする、フィーダー＝マスター方式であるといえよう。これを図示すると図表3のようになる。

図表3

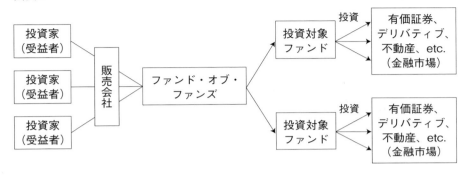

第3章
投資信託約款の記載事項に係る根拠法令

　上記第1章「主要法令の概観」①に記載のとおり、投資信託約款に記載すべき事項は、一義的には投信法に定められている（同法4条2項）。その現在の内容および過去の主要な変更内容については巻末資料2が参考になる。

　もっとも、他の法令に投資信託約款に記載すべき事項が定められている場合もある。たとえば、私募要件の1つとしての約款記載事項は金商法関連法令に定められているし、信託事務の委託を行うための約款記載事項は信託法に、また信託業務の委託等を行うための約款記載事項は信託業法に、それぞれ定められている。さらに、保振が取り扱う投資信託受益権の要件の1つとしての約款記載事項は保振業務規程に定められているし、各種税制優遇措置を受けるための要件の1つとしての約款記載事項は租特法等の税法関連法令に定められている。このように、投資信託約款の記載事項を理解するためには、関連する法令の幅広い知識・理解が必要となる。

　他方で、実際に記載されている事項のすべてが法令上の根拠を有しているわけではなく、歴史的な経緯や実務上の要請から記載されているものもある。

　では、個別の内容について、次部でみていくことにしたい。

第 II 部

投資信託約款の逐条解説

第1章 表　紙

> 追加型証券投資信託
> XYZファンド
> 約款

1　表　紙

　本箇所は、投資信託約款の表紙である。

　表紙には、通常、単位型・追加型の別、証券投資信託である旨、ファンドの名称、および「約款」の表記が記載される。ここに委託会社の名称を記載するものもある。

2　ファンドの名称

　ファンドの名称は、基本的には各社の判断によるところであるが、明確化のために投資対象資産や投資対象地域を表した名称が付されるのが一般的である。運用会社や専用販売会社のネームをファンドの名称に組み入れることも多い。

　投資対象に支配的な銘柄が存在し、または存在することとなる可能性が高い、いわゆる特化型運用を行うファンドである場合は、特化型運用を行う旨および支配的な銘柄が存在する旨（存在することとなる可能性が高い旨を含む）等を交付目論見書において明記すべきとされている（協会運用規則17条の3第1項3号ロおよびハ）。このようなファンドの場合、特化型運用の中身および支配的な銘柄の概要がわかるようなファンドの名称あるいはサブタイトルが付されることが多い。

3 名称要件の不存在

　適格機関投資家私募の場合、以前は私募要件の1つとして転売制限が明らかとなるような名称を付す必要があったが、平成21年の改正(平成22年4月1日施行)により、かかる名称要件が撤廃された。現在は、ファンド名称に関する金商法上の制約は存在しない(約款第16条(受益権の譲渡制限)の解説参照)[1]。もっとも、適格機関投資家私募による投資信託であることを明確にするため、任意でかかる名称を付すことは妨げられない。実際、実務上は、名称要件撤廃後においても、以前と同様に「XYZファンド(適格機関投資家専用)」「XYZファンド(適格機関投資家向け)」といった名称が付されることが多い。

　少人数向け勧誘(少人数私募)の場合、投資信託については平成21年の改正前より名称要件は存在しなかったが(約款第16条(受益権の譲渡制限)の解説参照)、当時および現在も、少人数私募(一般投資家私募)の投資信託であることを明確にするため、「XYZファンド(一般投資家私募)」「XYZファンド(一般投資家私募／適格機関投資家転売制限条項付き)」といった名称が付されることが多い。

ネームテスト

　ファンドの名称は、投資家にとって重要である。投資対象資産や投資対象地域を表す文言がファンドの名称に含まれている場合、投資家はその名称どおりの運用が行われるものととらえ、投資判断を行うからである。

　米国では、「ネームテスト」と称するSECルールが存在し、特定の投資対象をファンドの名称として用いる場合は、投資家をミスリードしないよう、名称どおりの運用が行われていることを計測するための数値基準が存在する。2001年のルール改定により、少なくともファンド純資産の80％以上はその特定の投資対象に投資するよう、規制が強化された。運用会社は、その数値基準を満たしていることを定期的にモニタリングする義務が課せられてい

---

[1] ただし、米国のボルカー・ルールにより、米国に拠点を有する銀行等の名称またはそれに類似する名称を規制対象ファンドの名称に用いることが禁止されている。

る。
　　日本においては、このようなファンドの名称に関する規制は存在しない。集中分散投資規制や約款に規定された投資組入比率等については、委託会社にて適切にモニタリングされているが、これらはファンドの名称に関する規制に基づくものではない。名称どおりの運用が行われていることの確認は、各委託会社の自主的な判断に委ねられているのが実情である。今後は、数値規制は導入しないとしても、ファンド名称の具体的内容が明確に投資家に開示され、かつ適切にモニタリングされることが、コンプライアンス上、肝要と考えられる。

4　信託契約書の作成・締結実務

　委託会社と受託会社が締結する信託契約書は、たとえば、本表紙における「約款」との表記を「信託契約書」または「投資信託契約書」と書き換えて作成・締結される。

第2章
約款本文前の付表

> ―運用の基本方針―
> 約款第20条（運用の基本方針）に基づき委託者の定める方針は、次のものとします。

1　基本方針

> 1　基本方針
> この投資信託は、●●を目指して運用を行います。

■ 趣　旨

投資信託約款には、運用に関する事項を記載しなければならないとされており（投信法4条2項6号）、その細則として資産運用の基本方針が定められている（投信法施行規則8条2号イ）。約款第20条（運用の基本方針）および本箇所に記載される「運用の基本方針」は、これに対応する条項である。

■ 記載位置

本箇所は、投資信託約款の冒頭頁である。運用の基本方針は、以前は冒頭頁以外の箇所に記載されているものも見受けられ、かつその内容は簡略なものであった。しかし、投資家にとって重要な情報をわかりやすく知らせるため、昭和46年に付表への明示が求められるようになり[2]、同年4月に全社一斉の変更が行われた。付表の記載位置について特段の指定はなかったため、当時は約款本文の後に

記載するものもあったようであるが、わかりやすさの観点から徐々に冒頭頁に記載されるようになった。

■ 付　表

本箇所は、約款本文前の付表に該当する。付表とは、書類につけられている表のことであり、投資信託約款には約款本文前につけられる表（約款本文前の付表）と約款本文の後につけられる表（約款本文後の付表）がある。約款本文前の付表には運用の基本方針が記載され、約款本文後の付表にはファンド・オブ・ファンズの投資対象ファンドやファンド休業日等が記載される。もっとも、付表への記載事項を定めた法令が存在するわけではない。付表は約款の一部であり、約款と同等の効力を有する。

■ 変更手続

付表も約款の一部である以上、本箇所に記載される「運用の基本方針」を変更する場合は、約款変更の手続が必要となる。

本箇所に記載される「運用の基本方針」の変更は、原則として重大な約款変更に該当すると考えられる。運用の基本方針は「その変更の内容が重大なもの」であり、当該投資信託の「商品としての基本的な性格を変更させることとなるもの」と解されるからである（約款第56条（信託約款の変更等）の解説参照）。

■ 業務方法書との関係

委託会社の業務方法書には「資産運用の基本方針に関する事項」を記載することになっており（金商業者監督指針Ⅵ－3－1－1(2)③ロ）、典型的には、たとえば以下のように規定されている。

> 第●条（資産運用の基本方針）
> 　当社が運営する各投資信託財産の運用の基本方針は次のいずれかによるものとする。
> (1)　投資信託財産の積極的な成長を目指して運用を行う。

2　『証券投資信託年報（昭和46年版）』（社団法人証券投資信託協会）55頁

(2) 投資信託財産の成長を目指して運用を行う。
(3) 投資信託財産の着実な成長と安定した収益の確保を目指して運用を行う。
(4) 安定した収益の確保と信託財産の着実な成長を目指して運用を行う。
(5) 安定した収益の確保を目指して運用を行う。

また、ETFを含むインデックスファンドの設定および運用のため、上記に加え「(6) 特定の金融指標に連動した投資成果を目指して運用を行う。」と規定するものもある。

約款(の付表)に記載される(運用の)基本方針は、その委託会社の業務方法書が上記のような規定ぶりの場合、そこに記載されている基本方針のいずれかに一致している必要がある。

なお、旧投信法では「運用方針」が金融庁届出の業務方法書の法定記載事項であったが(旧投信法8条4項4号、旧投信法施行規則12条1号)、金商法では「運用方針」は業務方法書の法定記載事項ではなくなっており、上記のとおり監督指針上の要請事項となっている。

付表の約款該当性および変更時における受託者の同意書の要否

約款の変更は、その内容が重大なものでない限り、委託者と受託者の合意により行うことができる。この場合、委託者は、受託者の同意書を添付のうえ、変更届出書を当局に提出して行うことになっている(投信法施行規則27条2項2号)。ところが、付表の変更の内容が重大なものでない場合、特に約款本文後の付表については、それが約款そのものではないという解釈により、受託者の同意書を不要とする取扱いが一部の実務で見受けられるようである。

これは、約款が個別承認制であった当時の取扱いが関係している。

当時は、付表は約款そのものではないとされていた。当時の大蔵省通達でも、約款の変更と付表の変更を区別して取り扱っており、約款の変更には受託者の同意書の添付を求めていたが、付表の変更には同意書の添付を求めていなかった(投資信託委託会社の業務運営について(平4年蔵証第995号)第2章第一-2)。もっとも、約款本文前の付表の変更については、その重要性に

鑑み、実務上は受託者の同意書を添付していたようである。

また、平成12年に投信協会の約款専門委員会より発出された「「約款付表」の記載に関する確認事項」と題する通知文書に以下のような記載があり、約款本文前の付表の変更には受託者の同意書を求めているが、約款本文後の付表の変更については、本文の変更を伴わない限り受託者の同意書を不要とするという、当時の取扱いが示唆されている。

① 「後ろの付表」の項目を削除する場合は、変更の届出書にファンド名、削除する項目名を記載する。新旧対照表は必須ではない。なお、これに伴って本文を一部変更する場合は、旧法ファンドは本文の変更に関する同意書と新旧対照表が必要、新法ファンドは施行規則の信託約款の変更に関する規定に従う。

② 「前の付表」（運用の基本方針）の項目を削除・変更する場合は、旧法ファンドは、同意書および新旧対照表が必要。新法ファンドは、施行規則の信託約款の変更に関する規定に従う。

しかし、約款は個別承認制から事前届出制に移行し、これに伴い関連法令も大きく変更しており、上記各文書の効力はすでに失われている。また、付表の記載位置によって約款該当性や受託者の同意書の要否に差異が生じる考え方は、理論的に説明がつきにくい。

一定の事項を付表に記載する場合、それが約款本文前に記載されるものであっても約款本文後に記載されるものであっても、約款本文に「別に定めるもの」と規定したうえ、付表にその内容が記載される。これが本当に約款とは別に定められているのであれば、その内容は約款そのものではないという解釈もありうると考えられるが、実際には、別に定めると規定されながらも一体の文書となっており、信託契約書にも付表が綴じ込まれて製本・締結されている。また、金融庁の「平成26年6月27日付投資信託に関するQ&A[3]」において、いわゆるファンド休業日の変更が重大な約款変更に該当するかの記述があるが、ファンド休業日は通常約款本文後の付表に記載されており、このQ&Aも付表が約款の一部であることを前提にしていると考えられる。

3　http://www.fsa.go.jp/news/25/syouken/20140627-13/07.pdf

さらに、付表を約款でないと考えるならば、付表の変更について金融庁へ届出を行う根拠が不明となる（受託者の同意書を不要とする取扱いであっても、金融庁への届出は行っているようである）。

　以上より、少なくとも今日においては、付表を約款の一部ではないと解するのはむずかしく、付表の変更の内容が重大なものでない場合に受託者の同意書を不要とする理論的根拠は乏しいといわざるをえない。

2　運用方法

2　運用方法
　(1)　投資対象
　　　●●を主要投資対象とします。
　(2)　投資態度
　　①　●●を目指して運用を行います。
　　②　●●への投資割合は、高位を維持することを基本とします。
　　③　資金動向、市況動向等によっては、上記のような運用ができない場合があります。

2　運用方法
　(略)
　(2)　投資態度
　　①　●●を目指して運用を行います。
　　②　●●の運用にあたっては、[●●に運用の指図に係る権限の一部を委託します／●●より投資助言を受けます]。
　(略)

〈運用の権限委託を行う場合／投資助言を受ける場合〉

2 運用方法
(1) 投資対象
　　●●の投資信託証券を主要投資対象とします。
(2) 投資態度
　① 主として●●の投資信託証券を投資対象とするとともに、●●を目指して運用を行います。
　② 投資信託証券への投資割合は、高位を維持することを基本とします。
　③ 投資信託証券への投資にあたっては、別に定める投資信託証券の一部または全部に投資を行うことを基本とします。投資する投資信託証券は、●●等を勘案して適宜見直しを行います。この際、新たに投資信託証券を指定したり、既に指定されていた投資信託証券を外したりする場合があります。
　④ 資金動向、市況動向等によっては、上記のような運用ができない場合があります。

〈ファンド・オブ・ファンズの場合〉

2 運用方法
(1) 投資対象
　　●●マザーファンド（以下「マザーファンド」といいます。）の受益証券を主要投資対象とします。
(2) 投資態度
　① 主としてマザーファンドの受益証券への投資を通じて、●●を目指して運用を行います。
　② マザーファンドの受益証券への投資割合は、高位を維持することを基本とします。
　③ 株式以外の資産への実質投資割合は、原則として信託財産総額の50％以下とすることを基本とします。

> ④ 資金動向、市況動向等によっては、上記のような運用ができない場合があります。

〈ベビーファンドの場合〉

■ 趣旨（(1) 投資対象）

上記(1)「投資対象」には、主な投資対象を記載する。証券投資信託の要件に関連した規定でもある（約款第1条（信託の種類、委託者および受託者）の解説参照）。

■ 趣旨（(2) 投資態度）

上記(2)「投資態度」には、どのような投資運用を行うかについて、その内容を記載する。なお、本箇所でデリバティブ取引等の利用に係る記載をする場合、本箇所の記載と約款第24条（先物取引等の運用指図）の記載はセットになっている場合が多い。

■ 「投資態度」の記載義務の存否

デリバティブ取引等をヘッジ目的以外で利用する投資信託は、約款（付表を含む）にその投資態度を明確に記載するものとされている（協会運用規則18条1項）。

有価証券先物取引の取引が国内投資信託で認められたのは昭和63年である。当時の利用はヘッジ目的に限定されており、同取引を利用する場合は、運用の基本方針においてその利用目的が記載されていた。しかし、有価証券先物取引等の利用が一般化した段階では、（約款の本文中の記載に加えて）運用の基本方針に記載することが投資家の投資判断にとって必ずしも有益とはいえなくなった。そのため、ヘッジ目的以外でレバレッジを利かせるような場合に限りヘッジ目的外で利用する旨を明確に記載すべきとの判断に基づき、上記協会運用規則18条1項が規定されるに至ったと考えられるものである。

それ以外は、「投資態度」の記載が義務づけられているものではなく、後記の税制上の対応のためか、または任意の記載である。本箇所で「……有価証券先物取引を行うことができます」や「……スワップ取引を行うことができます」等、デリバティブ取引等ができる旨を記載するケースも多いが、ヘッジ目的での利用

に限る場合であれば、運用の基本方針においてかかる記載を求める法令諸規則があるわけではない。

　なお、平成30年から買付けが開始されたつみたてNISAにおいては、いわゆるヘッジ目的等による場合を除き、所定のデリバティブ取引の利用を行わないことが約款に定められている必要があることから（租特法施行令25条の13第14項2号）、ファンドをつみたてNISAの対象としようとする際は留意が必要である（約款第24条（先物取引等の運用指図）の解説参照）。

> **参考**　デリバティブ取引等の利用に関する約款記載例
>
> 【ヘッジ目的外でデリバティブ取引等を行う場合】
>
> ○ブル型ファンド
> （図）
>
>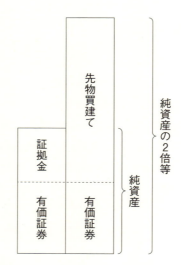
>
> ［投資態度の記載例］
> 　「株式の組入総額と株価指数先物取引の買建玉の時価総額の合計額が、原則として、信託財産の純資産総額の2倍程度になるように調整することにより、日々の基準価額の値動きがわが国の株式市場の値動きの2倍程度となる

ことを目指します。」

○ベア型ファンド
（図）

［投資態度の記載例］
　「株価指数先物取引の売建玉の時価総額の合計額が、原則として、信託財産の純資産総額の2倍程度になるように調整することにより、日々の基準価額の値動きがわが国の株式市場の値動きの2倍程度逆となることを目指します。」

○設定の差分について先物取引を利用
（図）

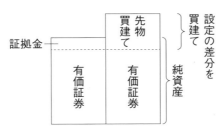

［投資態度の記載例］
　「市況動向、追加設定等への対応のため、株価指数先物取引等を利用する

ことがあります。この場合には、以下の範囲で利用することを基本とします。

　株価指数先物取引等の買建てについては、買建玉の時価総額と株式等の時価総額の合計額の上限を、信託財産の純資産総額に当日の設定申込金額と解約申込金額との差額を加減した額程度とします。」

○その他の場合（純資産を超える理由はファンドの商品性によってさまざまである）
［投資態度の記載例］
　「運用の効率化を図るため、株価指数先物取引等を利用することがあります。このため、株式等の組入総額と株価指数先物取引等の買建玉の時価総額の合計額が、信託財産の純資産総額を超えることがあります。」

【ヘッジ目的（またはヘッジ目的と同等範囲）でデリバティブ取引等を行う場合】
　本文記載のとおり、ヘッジ目的であれば投資態度に特段の記載を行う必要はない。しかし、ファンドの商品性として先物取引を純資産の範囲内で一定程度組み入れることを明記する例は存在する。
（図）

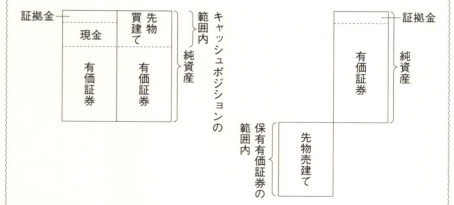

［投資態度の記載例］
　「……有価証券先物取引を行うことができます。」「……スワップ取引を行うことができます。」等

■「投資態度」の変更手続

　記載が義務づけられていない「投資態度」を委託会社の判断で任意に記載した場合であっても、その変更は原則として重大な約款変更に該当すると考えられている。投資家からみれば、「運用の基本方針」のなかに記載されている以上、その変更は「商品としての基本的な性格を変更させることとなるもの」であると解釈するであろうし、委託会社自らもそのように認識したうえであえて記載しているものと考えられるからである。

■ 運用の権限委託を行う場合／投資助言を受ける場合

　運用の権限委託を行う場合、所定の事項を投資信託約款に記載する必要があり（約款第21条（運用の権限委託）の解説参照）、運用方法に関する重要な内容であるため、上記(2)「投資態度」においてもその旨を記載するのが一般的である。

　投資助言を受ける場合、特に投資信託約款の法定記載事項ではないため、約款の本文中には記載されないが、運用方法に関する重要な事項と考えられる場合には、運用の権限委託を行う場合に準じ、上記(2)「投資態度」にその旨を記載することも多い。

　なお、投資助言業者からの投資助言が運用判断に重要な影響を与える場合で、当該投資助言を受けられなくなった場合に同一内容の運用を継続することが困難と認められるような場合は、当該投資助言業者との間の投資顧問契約（助言契約）の解約を信託契約の終了事由として規定することがある（約款第51条（信託契約の解約）の解説参照）。

■ ファンド・オブ・ファンズの場合

　ファンド・オブ・ファンズについては、主として投資信託証券（ファンド）に投資するため、上記のような記載となる。

■ ベビーファンドの場合

　ベビーファンドについては、主としてマザーファンドの受益証券に投資するため、上記のような記載となる。

なお、上記のベビーファンドの約款例(2)「投資態度」③にある「実質」とは「マザーファンドを通じた」の意味であり、マザーファンドからの投資額を含めて「実質」額とすることを意図した記載となっている。約款本文に「実質」の意味内容に係る説明規定が設けられている場合であれば、本箇所では「実質」とだけ記載することでも足りると考えられる（実際そのような約款が多い）が、約款本文にそのような説明規定が設けられていない場合は、「実質」というだけではその意味が明確でないので、本箇所で下記のようにカッコ書を設ける等して明確に記載することが望ましい。

【記載例1】
・株式以外の資産への実質投資割合（信託財産に属する株式以外の資産の時価総額と信託財産に属するマザーファンドの受益証券の時価総額にマザーファンドの信託財産の総額に占める株式以外の資産の時価総額の割合を乗じて得た額との合計額が信託財産の総額に占める割合）は、原則として信託財産総額の50％以下とすることを基本とします。

【記載例2】
・株式以外の資産（他の投資信託受益証券を通じて投資する場合は、当該他の投資信託の信託財産に属する株式以外の資産のうち、この投資信託の信託財産に属するとみなした部分を含みます。）への投資は、原則として信託財産総額の50％以下とします（本記載例であれば、ファンド・オブ・ファンズのケースにも適用可能）。

■ 税制との関係

証券投資信託の収益分配金について個人が配当控除の適用を受ける場合、租特法上の要件の一つとして、投資信託約款において非株式割合や外貨建資産割合が一定の比率以下であることが明記されなければならない。

法人に対する受取配当等の益金不算入制度に関し、平成13年4月の法人税法政省令の改正において、「非株式割合が50％以下（ないし75％以下）でなければ益金不算入を認めない」旨が明記されたことに伴い、投信協会を通じて関連する約款条文の記載例が国税庁に照会され、了承が得られたことから、益金不算入適用ファンドと認められる約款記載例（後記）が投信協会を通じて運用各社に提示さ

れたという経緯がある。また、外貨建資産への投資割合も益金不算入適用ファンドの要件であるので、当該記載とセットで益金不算入の適用可否が判断されていた。

平成27年度税制改正により、ETFを除く証券投資信託については受取配当等の益金不算入の対象外とされたため、益金不算入制度の観点からは約款記載は必要なくなったが、個人に対する配当控除制度の観点から、引き続き同様の約款記載が必要である。なお、外国投資信託では、通常、非株式組入割合や外貨建資産割合を定めていないが、その場合は配当控除の適用がない。

配当控除の概要

① 証券投資信託のうち、「外貨建等証券投資信託」以外の投資信託については、配当控除の適用が認められる（配当所得が総合課税の対象となる場合、所得税額から、証券投資信託の収益分配金の2.5％（課税総所得金額が1,000万円以下の場合は5％）を控除できる）（所得税法92条）。

> 「外貨建等証券投資信託」とは、以下の証券投資信託をいう（租特法9条1項4号、租特法施行令4条の4第2項）。
> ・約款において信託財産の全部または一部を外貨建資産（外国通貨で表示される株式、債券、その他の資産）または株式（投信法2条14項に規定する投資口を除く）以外の資産に運用する旨が記載され、かつ、
> ・当該外貨建資産の額が信託財産の総額のうちに占める割合（外貨建資産割合）および株式以外の資産の額が信託財産の総額のうちに占める割合（非株式割合）のいずれもが50％以下に定められているもの以外のもの

② 国内の株式投資信託のうち、いわゆる「一般外貨建等証券投資信託」については、配当控除の適用が通常の証券投資信託の収益分配に係る配当控除の金額の50％とされている（租特法9条4項）。

> 「一般外貨建等証券投資信託」とは、「特定外貨建等証券投資信託以外の外貨建等証券投資信託」をいう。

③ 「特定外貨建等証券投資信託」については配当控除の適用がない（租特法9条1項4号、租特法施行令4条の4第2項）。

> 「特定外貨建等証券投資信託」とは、「外貨建等証券投資信託のうちその約款において外貨建資産割合および非株式割合のいずれもが75％以下に定められているもの以外のものをいう。

上記をまとめると、以下のとおりとなる。

証券投資信託	通常の証券投資信託	外貨建資産割合および非株式割合のいずれも50％以下	配当控除あり
	一般外貨建等証券投資信託	外貨建資産割合または非株式割合のいずれかが50％超（下記を除く）	配当控除あり（通常の2分の1）
	特定外貨建等証券投資信託	外貨建資産割合または非株式割合のいずれかが75％超	配当控除なし

　上記に関し、投信協会通知（平成14年8月30日「益金不算入の適用を受けるにあたっての注意事項」）によれば、約款「投資（あるいは運用）の基本方針」中の「投資態度」において、以下の(A)のみ、または(A)と(B)の両方を記載すること、とされている。この通知は法人投資家が「受取配当等の益金不算入」を適用するための約款記載事項として示されているが、ETFを除く証券投資信託が受取配当等の益金不算入の対象外となった現在においても、個人投資家が「配当控除」を受けるために必要である。

配当控除の要件に係る約款記載例

1 通常の株式投資信託の場合
  (A) (1) 株式の組入比率は、(例) 原則として信託財産総額の50％超を基本とします。
      (2) (例) 非株式割合は、原則として信託財産総額の50％以下とします。
  (B) (例) ただし、資金動向、市況動向、残存信託期間等の事情によっては、上記のような運用ができない場合があります。
2 ファミリーファンド、ファンド・オブ・ファンズの場合
  (A) (例)
    (1) 株式（他の投資信託受益証券を通じて投資する場合は、当該他の投資信託の信託財産に属する株式を含む）の組入比率は原則として信託財産総額の50％超を基本とします。
    (2) このファンドの株式への実質投資割合（信託財産に属する他の投資信託受益証券の時価総額に、当該他の投資信託の信託財産総額に占める株式の時価総額の割合を乗じて得た額と、信託財産に属する株式の時価総額との合計額が信託財産総額に占める割合）は、原則として信託財産総額の50％超を基本とします。
    (3) 株式以外への資産（他の投資信託受益証券を通じて投資する場合は、当該他の投資信託の信託財産に属する株式以外の資産のうち、この投資信託の信託財産に属するとみなした部分を含みます）への投資は、原則として信託財産総額の75％以下とします。
    (4) （略）
  (B) 1(B)と同様。

3 投資制限

3 投資制限
(1) 株式への投資割合には制限を設けません。
(2) 投資信託証券（上場投資信託証券を除きます。）への投資割合は、信託財産の純資産総額の5％以下とします。
(3) 外貨建資産への投資割合［は信託財産の純資産総額の50％以内とします／には制限を設けません］。
(4) 一般社団法人投資信託協会規則に定める合理的な方法により算出した額が、信託財産の純資産総額を超えることとなるデリバティブ取引等（同規則に定めるデリバティブ取引等をいいます。）の利用は行いません。
(5) 一般社団法人投資信託協会規則に定める一の者に対する株式等エクスポージャー、債券等エクスポージャーおよびデリバティブ取引等エクスポージャーの信託財産の純資産総額に対する比率は、原則として、それぞれ100分の10、合計で100分の20を超えないものとし、当該比率を超えることとなった場合には、同規則に従い当該比率以内となるよう調整を行うこととします。

---

3 投資制限
(1) 株式への実質投資割合には制限を設けません。
(2) 投資信託証券（マザーファンドの受益証券および上場投資信託証券を除きます。）への実質投資割合は、信託財産の純資産総額の5％以下とします。
(3) 外貨建資産への実質投資割合［は信託財産の純資産総額の50％以内とします／には制限を設けません］。
(4) 一般社団法人投資信託協会規則に定める合理的な方法により算出した額が、信託財産の純資産総額を超えることとなるデリバティブ取引等

(同規則に定めるデリバティブ取引等をいいます。）の利用は行いません。
 (5)　一般社団法人投資信託協会規則に定める一の者に対する株式等エクスポージャー、債券等エクスポージャーおよびデリバティブ取引等エクスポージャーの信託財産の純資産総額に対する<u>実質</u>比率は、原則として、それぞれ100分の10、合計で100分の20を超えないものとし、当該比率を超えることとなった場合には、同規則に従い当該比率以内となるよう調整を行うこととします。

〈ベビーファンドの場合〉

 3　投資制限
 (1)　<u>投資信託証券への投資割合には制限を設けません。</u>
 (2)　<u>株式への直接投資は行いません。</u>
 (3)　<u>外貨建資産への［直接投資は行いません／投資割合には制限を設けません］</u>。
 (4)　<u>デリバティブ取引の直接利用は行いません。</u>
 (5)　一般社団法人投資信託協会規則に定める一の者に対する株式等エクスポージャー、債券等エクスポージャーおよびデリバティブ取引等エクスポージャーの信託財産の純資産総額に対する比率は、原則として、それぞれ100分の10、合計で100分の20を超えないものとし、当該比率を超えることとなった場合には、同規則に従い当該比率以内となるよう調整を行うこととします。

〈ファンド・オブ・ファンズの場合〉

■　趣　旨（1）

　上記(1)は、字義どおり投資（無）制限に係る規定であるとともに、株式投資信託の要件に関連した規定でもある。投信法施行規則6条1項3号において、株式投資信託の定義は「公社債投資信託以外の証券投資信託」とされている。公社債投資信託は、有価証券については投信法施行規則13条2号イに列挙されるものに

限り投資として運用することとされている証券投資信託をいうとされているが（投信法施行規則13条2号イ）、株式は同イに列挙されていない。このファンドは株式に投資して運用するため公社債投資信託に該当せず、よって、「公社債投資信託以外の証券投資信託」として、投信法上「株式投資信託」に該当する。

　この分類は、税法上も重要な意義を有する（約款第6条（受益権の取得申込の勧誘の種類）の解説参照）。税法上、公社債投資信託は「証券投資信託のうち、その信託財産を公社債に対する投資として運用することを目的とするもので、株式（投資信託及び投資法人に関する法律第2条第14項に規定する投資口を含む……）又は出資に対する投資として運用しないものをいう」と定義されており（所得税法2条1項15号）、公社債投資信託以外の証券投資信託が株式投資信託となる[4]。このファンドは株式に対する投資として運用するものであるため公社債投資信託に該当せず、よって、税法上も「株式投資信託」に該当する。

■ 趣 旨 (2)

　上記(2)の投資信託証券への投資割合を5％以下とする旨の表記に関連し、公募投信については協会運用規則12条2項の規制に留意する必要がある。投資信託は、ファンド・オブ・ファンズ形態でなくても投資信託証券（ファンド）を組み入れることができるが、公募投信においては他のファンドの組入れが純資産総額の5％以内に制限されている（いわゆる5％ルール、協会運用規則12条2項）。したがって、5％超のファンドを組み入れる公募投信を組成しようとする場合は、ファンド・オブ・ファンズの形式を検討する必要がある。

　なお、私募投信については、かかる協会運用規則上の規制から除外され、各社の任意により約款上の規制や規定を定めることができる（協会運用規則21条2号ただし書）。

■ 趣 旨 (3)

　上記(3)の外貨建資産への投資に関する記載は、配当控除の要件の1つである。配当控除適用のため、必ず組入比率を明示するか、外貨建資産への投資を行わな

---

[4] 税法上、株式投資信託という用語は用いられていないが、一般的に、公社債投資信託以外の証券投資信託を株式投資信託といっている（以下、本書において同様）。

い旨の記載が必要である（詳細は、前記「2(2) 投資態度」記載のとおり）。

■ 趣旨(4)および(5)

　上記(4)に関連するデリバティブ規制および(5)に関連する集中投資制限のいずれも、原則として公募投信に関するもので、私募投信には適用がない（金商業等府令130条2項）。ただし、公募投信に組み入れられる投資信託証券については私募投信であっても適用がある（同項カッコ書）。

　なお、上記(4)および(5)は、約款付表に記載する場合と約款本文に記載する場合があるが、本記載例は約款付表に記載する場合のものである。

　上記(4)は、デリバティブ規制に関するものであり、平成25年の改正（平成26年12月1日施行）により約款に規定された条項である。

　もっとも、デリバティブ規制の根拠規定である金商業等府令130条1項8号[5]は以前より存在しており、平成25年金融商品取引法等改正により関連法令の変更があったわけではない。

　平成25年金融商品取引法等改正に伴い協会運用規則が改正され、投資信託において行われるデリバティブ取引等に係る投資制限の規定が、より詳細に定められることになったものである。具体的には、「発生し得る危険に対応する額としてあらかじめ委託会社が定めた合理的な方法により算出した額が当該投資信託財産の純資産総額を超えるようなデリバティブ取引等を行ってはならない」という規定は従前より存在したものの（協会運用規則17条）、同改正により、協会運用規則17条2項として「前項に規定する委託会社が合理的な方法により算出した額は、細則に定める方式によるものとする」という規定が新設され、協会運用細則において、①簡便法、②標準的方式、③VaR（バリュー・アット・リスク）方式のいずれかによるものと定められた（同細則6条の2）。

　そして、同時期に協会デリバティブ取引等ガイドラインが改正され、「投資信託約款にデリバティブ取引等を行える旨を記載している投資信託においては、本

---

[5] 「運用財産……に関し、金利、通貨の価格、金融商品市場における相場その他の指標に係る変動その他の理由により発生し得る危険に対応する額としてあらかじめ金融商品取引業者等が定めた合理的な方法により算出した額が当該運用財産の純資産額を超えることとなる場合において、デリバティブ取引……を行い、又は継続することを内容とした運用を行うこと」（投資運用業に関する禁止行為、金商業等府令130条1項8号）

ガイドラインに記載のデリバティブ取引等の管理方法について投資信託約款に記載するものと……する」との規定が新設された（同ガイドライン第4項）。上記(4)は、同ガイドラインの当該新設規定により、所定の場合に約款への記載が義務づけられるようになったものである[6]。

なお、デリバティブ取引等の管理方法は、委託会社のホームページでも確認することができる（同ガイドライン第4項）。また、投信協会規則は同協会のホームページで確認することができる[7]。

上記(4)は、デリバティブ規制に係る最も標準的な記載例であるが、投資家である受益者からしてみれば、協会の定める規則や「合理的な方法」の具体的な内容について、当該条項だけでは直接理解することがむずかしい。デリバティブ取引は、マーケット急変時等にファンドに与える影響が少なくない。すべての条項について投資家の完全なる理解を追求することは実務的に限界があるとしても、重要性が高いと考えられる条項については、各社レベルにおいて約款上の記載方法にさらなる工夫が必要と思われる。

上記(5)は、集中投資制限に関するものであり、こちらも平成25年の改正（平成26年12月1日施行）によるものである。

集中投資制限は、上記のデリバティブ規制と異なり、平成25年金融商品取引法等改正により新たに設けられた制限である。具体的には、金商業等府令130条1項8号の2[8]が同規制の根拠規定として新設された。

かかる規定を受けて、協会運用規則17条の2（信用リスク集中回避のための投資制限）が新設され、金商業等府令130条1項8号の2に規定される「合理的な方法」として、一の者に係るエクスポージャーの投資信託財産の純資産総額に対する比率が、次に掲げる区分ごとにそれぞれ10％、合計で20％を超えることのないように運用すること、等とされた[9]、[10]。

① 株式および投資信託証券の保有

---

[6] 公募投信向けに提供されるマザーファンドおよび私募投信については、約款に記載することが望ましいとされている。

[7] https://www.toushin.or.jp/profile/article/

[8] 「運用財産に関し、信用リスク……を適正に管理する方法としてあらかじめ金融商品取引業者等が定めた合理的な方法に反することとなる取引を行うことを内容とした運用を行うこと」（投資運用業に関する禁止行為、金商業等府令130条1項8号の2）

② 有価証券（上記①に定めるものを除く）、金銭債権（下記③に該当するものを除く）および匿名組合出資持分の保有
③ 為替予約取引等およびデリバティブ取引により生じる債権

　集中投資制限は、投資信託約款に記載すべき事項を定める投信法施行規則8条2号ハの「投資の対象とする資産の保有割合又は保有制限」に該当するものであるため、同規定により約款への記載が義務づけられていると考えられている（平成26年7月投信協会パブコメ回答23、24頁No.109）。

　上記(5)も、集中投資制限に係る最も標準的な記載例であるが、投資家である受益者からしてみれば、協会の定める規則や「エクスポージャー」の意味について直ちに理解できるとは限らない。こちらについても各社レベルにおいて約款上の記載方法にさらなる工夫が必要と思われる。

　集中投資制限については、平成25年の改正（平成26年12月1日施行）の前より、自主的に約款に規定されることも多かった。そのため、同改正後、従前より規定されていた自主的な集中投資制限条項と新設された集中投資規制に基づく集中投資制限条項（上記(5)）が併記される約款も散見される。法令諸規則に定められた内容より厳しい投資制限を課すことはもちろん許容されるが、その場合は当該投資制限の内容のみを約款に規定すれば足りるはずであり、併記する必要性は乏しいと考えられる。

■ その他（デリバティブ取引に関する記載）

　本「投資制限」の項目として、デリバティブ取引の範囲について、「約款第●条の範囲にて行います」等の記載をするケースが多いが、当該記載を求める法令諸規則があるわけではない。なお、任意でかかる記載をする場合は、約款本文においてその具体的範囲を規定する必要がある（約款第24条（先物取引等の運用指図）の解説参照）。

9　それと同時に、協会運用規則17条の2の例外規定として17条の3（信用リスク集中回避のための投資制限の例外）が新設され、いわゆるインデックスファンドや投資対象に支配的な銘柄が存在しうる投資信託であって、所定の措置が講じられているものについては、17条の2に規定された方法以外の方法により管理することが認められた。
10　同じタイミングで協会信用リスク集中回避ガイドラインが制定され、信用リスク集中回避のための投資制限を適正に管理・運営していくうえでの基本的な考え方が示された。

■ ベビーファンドの場合

　ベビーファンドについては、マザーファンドの受益証券を通じた投資となるため、上記のような記載となる。

　なお、ベビーファンドの記載例中にある「実質」とは「マザーファンドを通じた」の意味であり、マザーファンドからの投資額を含めて「実質」額とすることを意図した記載となっていること、および、約款本文に「実質」の意味内容に係る説明規定が設けられていない場合は本箇所でカッコ書を設ける等して説明を付するほうが望ましいのは、前記「2(2)　投資態度」のとおりである。

公募のベビーファンドと集中投資制限

　ベビーファンドは、原則として、主としてマザーファンドに投資するのみであるから、(複数のマザーファンドに投資する場合やマザーファンド以外のファンドにも投資する場合を除き)信用リスク集中規制をそのまま適用すると100％の投資信託証券の保有となり、区分ごとにそれぞれ10％、合計で20％という投資制限比率を超過することになる。

　そのため、協会運用規則17条の2第5項は、投資信託財産が組み入れる投資信託証券(組入投資信託証券)におけるエクスポージャーがルックスルーできる場合には、当該エクスポージャーまたはその上限額のうち投資信託財産に属する額をエクスポージャーとすることができると定めている。

　マザーファンドは信託報酬を徴収できないため、ベビーファンドとマザーファンドは原則として同じ委託会社が設定・運用するものとなっている。そのため、マザーファンドはベビーファンドの委託会社にとって自ら運用指図を行う投資信託であり、そのエクスポージャーをルックスルーすることが可能である。よって、ベビーファンドにおいては、マザーファンドのエクスポージャーをルックスルーすることによって信用リスク集中規制を遵守することが考えられる。

　かかる考え方に基づく場合、上記のベビーファンドの記載例のように「実質比率」(下線は筆者)と記載し、マザーファンドのエクスポージャーをルッ

クスルーして管理する旨を明確にすることが考えられる。

なお、マザーファンドは、私募ではあるものの、ベビーファンドが公募の場合は私募の適用除外規定（金商業等府令130条2項）から除外されるため（同項カッコ書）、それ自体信用リスク集中規制の適用を受けることになる。これに直接対応する協会運用規則上の規定は見当たらないが、ベビーファンドにおいてマザーファンドのエクスポージャーをルックスルーすることが求められていることから、ベビーファンドに適用される協会運用規則第17条の2に準じた取扱いを行うことになると解される。このように、マザーファンドについては、マザーファンドとベビーファンドの両ファンドのために信用リスク集中規制を遵守する必要があることになる。

■ **ファンド・オブ・ファンズの場合**

公募のファンド・オブ・ファンズについては、原則として投資信託証券（ファンド）以外への投資が制限されているため（協会運用規則22条1項）、上記のような記載となる。

私募のファンド・オブ・ファンズについては、協会運用規則22条の準用がないため（同規則24条）、公募のファンド・オブ・ファンズのような規定を入れる必然性はないが、特殊な投資戦略を有するものでない限り、類似の規定が入れられるケースも多い。

公募のファンド・オブ・ファンズと集中投資制限

ファンド・オブ・ファンズは、主として投資対象ファンドに投資するのみであるから、10本以上の投資対象ファンドに投資して10％の投資制限比率を超過しないようにするのが原則である。上記のファンド・オブ・ファンズの記載例は、このように原則的なケースを念頭に置いたものである。

実際には、10本未満の投資対象ファンドにしか投資しないファンド・オブ・ファンズも多数存在する。この場合、協会運用規則17条の2第5項に基づき、投資対象ファンドにおけるエクスポージャーをルックスルーする必要

がある。しかし、ファミリーファンド方式と異なり、ファンド・オブ・ファンズとその投資対象ファンドの委託会社は同一でない場合が多く、投資対象ファンドのエクスポージャーをルックスルーすることは容易でない場合がある。

　かかる場合に対応するため、協会信用リスク集中回避ガイドラインにおいて、一例として、次のフローを念頭に管理する方法が示されている。

① 当該ファンド・オブ・ファンズにおいて、純資産総額に対して、10％超の投資信託証券は組み入れられていない。

② 上記①を満たしていない場合には、純資産総額に対して、10％超組み入れている投資信託証券の投資信託約款等において、協会運用規則17条の2第1項と同様またはそれ以上の投資制限が適用されていることが確認できる。

③ 上記②を満たしていない場合には、純資産総額に対して、10％超組み入れている投資信託証券に対して投資信託証券の資産構成またはエクスポージャーの上限を把握する。

④ 上記③を満たさない場合には、純資産総額に対して、10％超組み入れている投資信託証券に対して投資ガイドラインで縛り、遵守されているかを報告させる。

　かかるフローを念頭に管理する場合の約款の記載のあり方は、運用各社の創意工夫に委ねられているところである。

4　収益分配方針

> 4　収益分配方針
> 　毎決算時に、原則として以下の方針に基づき分配を行います。
> （1）分配対象額の範囲
> 　　経費控除後の配当等収益と売買益（評価益を含みます。）等の全額とします。

(2)　分配対象額についての分配方針

　　　委託者が基準価額水準、市況動向等を勘案して、分配金額を決定します（ただし、分配対象額が少額の場合には、分配を行わないこともあります。）。

　(3)　留保益の運用方針

　　　留保益については、特に制限を設けず、運用の基本方針に則した運用を行います。

4　収益分配方針

　毎決算時に、原則として以下の方針に基づき分配を行います。

　(1)　分配対象額の範囲

　　　経費控除後の配当等収益（マザーファンドの信託財産に属する配当等収益のうち信託財産に属するとみなした額（以下「みなし配当等収益」といいます。）を含みます。）と売買益（評価益を含み、みなし配当等収益を控除して得た額）等の全額とします。

　　　（略）

〈ベビーファンドの場合〉

■ 趣　旨

　本箇所には、収益分配に関する方針を記載する。収益分配については、分配可能額の計算方法を中心に、投信協会の規則に詳細な規定が置かれている（協会評価及び計理等規則第5編）。なお、公募の追加型株式投資信託については、運用報告書（全体版）に「分配原資の内訳」を表示しなければならないとされており（協会運用報告書等規則3条5項）、分配原資の内訳として以下の3つの項目が示されている（同細則7条2項）。

(1)　当期分配金
(2)　当期分配金の内、当期の収益、当期の収益以外
(3)　翌期繰越分配対象額

■ 税制との関係

税法上、証券投資信託の投資家は、信託財産から所得が生じた時点では課税されず、投資信託からの分配について、分配時に、課税がなされる（分配時課税）（約款第1条（信託の種類、委託者および受託者）の解説参照）。また、証券投資信託自体は法人税課税がなされない。このため、証券投資信託が利益を分配せず、信託内に利益を留保する場合は、信託レベルでも投資家レベルでも課税がなされず、実際に投資家に分配されるまでの間、課税の繰延べが行われることになる。

投資信託の内部留保については、これを規制する法令諸規則はないものの、実現した収益はとどまることなく配当される、というのが税務当局の基本的な理解と考えられる。毎年の税制改正について解説した『改正税法のすべて』等の財務省主税局の立法担当者の記した税法のコンメンタリーによれば、投資信託が、（信託課税の大原則である）発生時受益者課税とせず分配時受益者課税とされているのは、ファンドでの収益認識時と投資家での収益認識時に大きく違いがないという前提でこの取扱いが認められている、とされている。

もっとも、DCファンドのように極力分配せずに再投資効果を高めるファンドの場合、マザーファンドで極力運用し、マザーファンドの配当等収益をベビーファンドに帰属させず、分配原資をベビーファンドの配当等収益等とする規定にすれば、ほぼ無分配とすることができる。

過去、信託期間4年、年1年決算ファンドでは、償還期を除いた3決算期の無分配を明記していたものがあった。これは銀行業界の3年複利定期に対応した商品として当局から認められていたものである。3期無分配までは認められるが4期以降は分配しなければならない、と業界では認識されていた。

■ ベビーファンドの場合

マザーファンドの配当等収益および収益調整金相当額をベビーファンドの分配対象額とすることができるが、一度マザーファンドの分配原資をベビーファンドの分配原資として処理すると、ファンドが償還するまで変更できない（協会評価及び計理等規則60条）。上記のベビーファンドの約款例は、マザーファンドの配当等収益をベビーファンドの分配対象額とする場合の記載例である（約款第44条

（収益の分配方式）参照）。

■ **マザーファンドの場合**

マザーファンドでは収益分配を行わないため、本規定がない。

第 3 章
約款本文

追加型証券投資信託
XYZファンド
約款

（信託の種類、委託者および受託者）
第1条　この信託は、証券投資信託であり、●●アセットマネジメント株式会社を委託者とし、●●信託銀行株式会社を受託者とします。
②　この信託は、信託法（平成18年法律第108号）（以下「信託法」といいます。）の適用を受けます。

■ 趣　旨

　投資信託約款には、次に掲げる事項を記載しなければならないとされており（投信法4条2項柱書）、本条第1項はこれに対応する条項である。
・委託者および受託者の商号または名称（1号）
・証券投資信託である場合には、その旨（投信法施行規則8条2号ホ）

■ 証券投資信託の意義

　「証券投資信託」とは、委託者指図型投資信託のうち「主として」有価証券に対する投資（有価証券関連デリバティブ取引を含む）として運用することを目的とするものをいい、証券投資信託以外で主として有価証券に対する投資として運用することを目的とする信託の設定は原則として認められない（投信法2条4項、7条本文）。主として有価証券に対する投資として運用することを目的としなけ

れば証券投資信託でない投資信託の設定も可能であるが、証券投資信託における税務メリットが大きいこともあり（後記参照）、平成30年9月末現在、証券投資信託でない投資信託は存在しない[11]。

■「主として」の意義

ここでいう「主として」とは、投資信託財産の総額の50％超の有価証券投資を意味する（投信法施行令6条）。

有価証券投資には有価証券関連デリバティブ取引を含むとされている（投信法2条4項柱書のカッコ書、投信法施行令5条）。そして、有価証券関連デリバティブ取引分を有価証券投資比率の計算上どのように考慮するかについて、投信協会より以下の考え方が示されている（投信協会「証券投資信託の定義について」）。

【証券投資信託】

「（有価証券（有価証券関連デリバティブ取引を含む）／投資信託財産の総額）×100＞50％」

※分母の「投資信託財産の総額」は、信託勘定の貸借対照表上の資産合計額。分子の「有価証券（有価証券関連デリバティブ取引を含む）」は、有価証券および有価証券関連デリバティブ取引のために預託した証拠金（オプション取引についてはプレミアム）の合計額。

有価証券関連デリバティブ取引の想定元本は有価証券投資比率の計算上用いられない。計算式の分子にある「有価証券（有価証券関連デリバティブ取引を含む）」（下線は筆者）の意味は、上記のとおり有価証券関連デリバティブ取引のためにブローカーに預託する証拠金等を分子にカウントできるところにある。

［例］ 投資家から100万円の投資を受けた投資信託が、うち60万円を証拠金としてブローカーに預けて想定元本300万円の株式指数先物取引のロング（買い）を行い、残りの40万円をキャッシュで保有する毎月決算のトリプルブルベアファンドを想定する。8月1日に上記ロング（買い）の取引を行い、8月31日の決算時点で10万円の評価益が発生した。

この場合、このファンドの有価証券投資比率は「60／110」となり、50％超

---

[11] 投信協会の統計データ（投資信託の全体像（純資産総額・ファンド本数）2018年9月末現在）。https://www.toushin.or.jp/statistics/statistics/data/

であるため「証券投資信託」となる。

　上記の有価証券投資比率は委託会社において管理されており、50％超の比率が維持されるように運用されるのが通常である。しかし、平成28年に導入されたマイナス金利政策の影響により短期国債の利回りがマイナスになって以降、上記の有価証券投資比率の充足および余資運用のために短期国債への投資を行っていたブルベアファンドを中心に、有価証券投資比率が50％超を下回るファンドが散見されるようになっている。50％超の有価証券投資比率は、それを運用の目的とすることが求められているのであって、かかる状況下で有価証券投資比率が一時的に50％超を下回ったとしても運用の目的自体が変更されたわけではなく、それをもって証券投資信託のステータスが失われるわけではないと考えられる[12]。利回りがマイナスになっているにもかかわらず有価証券投資比率を維持するためにマイナス覚悟で短期国債に投資するという判断は投資家保護に悖るものであり、かかる考え方は支持されるべきであろう。

　なお、証券投資信託の主たる投資対象を定める投信法2条4項の「有価証券」は、金商法2条2項各号の「みなし有価証券」（「二項有価証券」）を含まない。したがって、かかる二項有価証券に主として投資するものは、投資信託ではあるが証券投資信託とならない。

有価証券の貸付と50％のカウント

　ファンドのパフォーマンスを向上させる目的で、信託財産で保有する有価証券（株式、公社債等）を機関投資家に貸し出して貸出料を取得することも多くなっている（約款第27条（有価証券の貸付の指図および範囲）とその解説参照）が、その場合、貸出中の有価証券は上記50％カウントとの関係ではどのように扱うべきであろうか。

　現在、株式（株券）や公社債の貸借は、民法上の消費貸借契約の形式を

---

[12] 協会運用規則においても、「ただし、証券投資信託の設定当初、解約及び償還への対応並びに投資環境等の運用上やむをえない事情があるときは、この限りでない」と規定されており（同規則3条ただし書）、運用の目的とは別に運用実態として一時的に50％超を下回ることがありうることが示唆されている。

とって行われるのが通常である。消費貸借においては、対象物の所有権は借り手に移転するとされているので（貸し手は同種同量のものの返還請求権を有する）、その点を重視すれば、貸出中の有価証券は分子の「有価証券」にはカウントしないことになろう。しかし、貸出中の有価証券については、ファンド（信託勘定）の側は同種同量の有価証券の返還請求権を有しており、貸し付けている間も「有価証券に対する投資」は継続している（貸出は有価証券の運用の一手段）ので、有価証券としてカウントするという考え方にも十分合理性はあると思われる。

　上記の投信協会「証券投資信託の定義について」においては、「現先」と「レポ」について言及があり（それぞれ、公社債の買現先と公社債のリバースレポを前提としていると思われる）、前者はカウントするのに対して後者はカウントしない、とされているが、後者の「レポ」が消費貸借形式による貸借取引を前提とするものか、またファンドが有価証券を貸し出す場合にも適用されるのかの明確化が望まれるところである。

■ 証券投資信託の変遷

　昭和26年に制定された証券投資信託法では、「証券投資信託」は「信託財産を……特定の有価証券に対する投資として運用することを目的とする信託であって……」と定義されており、条文上有価証券以外のものに投資することはできないようにも読めたが、実務上余裕金を有価証券以外のもの（預金、金銭信託、コール・ローン等）に投資することは許されると解されていた[13]。

　平成10年の改正により「証券投資信託及び証券投資法人に関する法律」と改称された法律において、証券投資信託は「信託財産を……主として有価証券に対する投資として運用すること……を目的とする信託であって……」と定義されたものの、政令・省令を含む法令中には「主として」の意義についての明記がなく、当時の主務官庁である大蔵省の行政指導により、純資産総額の50％超の有価証券投資比率が求められているにすぎなかった。ただ、実務上は、かかる行政指導に

13　佐々木功・松本崇『特別法コンメンタール　証券投資信託法・貸付信託法』（第一法規出版、1977年）16頁

より、有価証券が純資産総額の50％超を維持しているかを常にチェックする体制が運用各社に求められ、やむをえず50％を下回らざるをえない運用状況に至った場合は、当局に届け出ており、認められていた。

　その後、同法は、平成12年の改正により「投資信託及び投資法人に関する法律」と改称され、同法施行令において、純資産総額ではなく信託財産（すなわち、プラスの財産）の総額（総資産額）に対する比率であることが明記された。平成12年の改正前までは純資産総額の50％超の有価証券投資比率を維持しているかをチェックする計理システムで管理されていたところ、平成12年の改正により、その後設立されたファンドは（純資産総額ではなく）総資産額の50％超の有価証券投資比率を維持すべきことになった。そのため、しばらくの間、純資産総額と総資産額の2つの基準で有価証券投資比率が管理されていた。

　有価証券関連デリバティブ取引について、昭和63年の改正前まではそもそも投資対象として想定されておらず、証券投資信託の定義中にその記述はいっさいなかった。昭和63年の改正後においても、平成10年の改正前までは、有価証券投資に「関連して」行われる範囲で認められていたにすぎず、独立した投資対象としては認められていなかった。そのため、純資産総額の50％超の投資対象先として有価証券関連デリバティブ取引（の預託証拠金額）を含めることができず、債券や株式等の有価証券を純資産総額の50％超組み入れることが絶対条件で、レバレッジの制約があった。ヘッジ目的以外での利用が可能となり平成7年以降に設定されたブルベアファンドにおいても、当初は、公社債等に投資し、証拠金としてキャッシュのほか、公社債等を担保としてブローカーに差し出して株式（指数）先物等の取引を行っていた。

　現在は、有価証券関連デリバティブ取引も独立した投資対象として認められ、同取引（の預託証拠金額）も有価証券投資比率算出の対象となっている。これにより、よりレバレッジ取引を活用できるようになり、運用上の選択の幅が広がった。このため、50％超の有価証券投資比率を維持するために公社債等に投資する必要はなくなった（もっとも、証拠金率が低いため、なお公社債等に投資しているものが多い）。

証券投資信託の定義の変遷

(下線部は主な変更箇所)

施行日	規定内容
昭和63年8月23日以前	第2条第1項 信託財産を委託者の指図に基づいて特定の有価証券に対する投資として運用することを目的とする信託であって、その受益権を分割して不特定且つ多数の者に取得させることを目的とするものをいう。
昭和63年8月23日 (昭和63年法律第75号〔証券取引法の一部を改正する法律〕による改正)	第2条第1項 信託財産を委託者の指図に基づいて特定の有価証券に対する投資として運用すること(当該運用に関連して有価証券指数等先物取引、有価証券オプション取引又は外国市場証券先物取引を行うことを含む。……)を目的とする信託であって、その受益権を分割して不特定かつ多数の者に取得させることを目的とするものをいう。
平成10年12月1日 (平成10年法律第107号〔金融システム改革のための関係法律の整備等に関する法律〕による改正)	第2条第1項 信託財産を委託者の指図(政令で定める者に当該指図に係る権限の全部又は一部を委託する場合における当該政令で定める者の指図を含む。)に基づいて主として有価証券に対する投資として運用すること(有価証券指数等先物取引、有価証券オプション取引、外国市場証券先物取引、有価証券店頭指数等先渡取引、有価証券店頭オプション取引又は有価証券店頭指数等スワップ取引を行うことを含む。……)を目的とする信託であって、この法律に基づき設定され、かつ、その受益権を分割して複数の者に取得させることを目的とするものをいう。
平成12年11月30日 (平成12年法律第97号〔特定目的会社による特定資産の流動化に関する法律等の一部を改正する法律〕による改正)	第2条第4項 委託者指図型投資信託のうち主として有価証券に対する投資として運用すること(有価証券指数等先物取引、有価証券オプション取引、外国市場証券先物取引、有価証券店頭指数等先渡取引、有価証券店頭オプション取引又は有価証券店頭指数等スワップ取引を行うことを含む。……)を目的とするものであつて、政令で定めるものをいう。 施行令5条 法第2条第4項に規定する政令で定める委託者指図型投資信託は、投資信託財産の総額の2分の1を超える額を有価証券に対する投資として運用すること(有価証券指

	数等先物取引、有価証券オプション取引、外国市場証券先物取引、有価証券店頭指数等先渡取引、有価証券店頭オプション取引又は有価証券店頭指数等スワップ取引を行うことを含む。）を目的とする委託者指図型投資信託とする。
平成19年9月30日 （平成18年法律第65号〔証券取引法等の一部を改正する法律〕による改正）	**第2条第4項** 委託者指図型投資信託のうち主として有価証券（金融商品取引法（昭和23年法律第25号）第2条第2項の規定により有価証券とみなされる同項各号に掲げる権利を除く。……）に対する投資として運用すること（同法第28条第8項第6号に規定する有価証券関連デリバティブ取引のうち政令で定めるものを行うことを含む。）を目的とするものであつて、政令で定めるものをいう。 **施行令6条** 法第2条第4項に規定する政令で定める委託者指図型投資信託は、投資信託財産の総額の2分の1を超える額を有価証券に対する投資として運用すること（有価証券についての有価証券関連デリバティブ取引＊を行うことを含む。）を目的とする委託者指図型投資信託とする。 ＊　「有価証券関連デリバティブ取引」は、有価証券（金融商品取引法第2条第2項の規定により有価証券とみなされる同項各号に掲げる権利を除く。）についての有価証券関連デリバティブ取引（金融商品取引法第28条第8項第6号に規定する有価証券関連デリバティブ取引をいう。）を意味する（施行令第5条）。

■「証券投資信託」の税法上の取扱い

　税法上、投信法2条3項に規定する「投資信託」のうち、次に掲げるものおよび投信法2条24項に規定する「外国投資信託」は、「集団投資信託」として取り扱われる（法人税法2条29号）。
① 　投信法2条4項に規定する証券投資信託
② 　その受託者（投信法2条1項に規定する委託者指図型投資信託にあっては、委託者）による受益権の募集が、公募により行われ、かつ、主として国内において行われるものとして政令で定めるもの（国内公募投資信託）[14]

　法人税法上、集団投資信託については、いわゆる信託導管理論[15]の対象外とされ、投資信託の投資家は、信託財産を有するものとはみなされない。また、受託

者のものともみなされないため、集団投資信託自体に法人税は課されない（法人税法12条1項および3項）。つまり、投資信託の投資家は、信託財産において所得が生じた時点では課税されず、投資信託から当該所得が分配されるときに初めて所得を認識して課税される。

したがって、証券投資信託については、信託そのものに法人税は課されず、受益者（投資家）に分配された時点で課税がなされることになる（受益者受領時課税）。

一方、「集団投資信託」に該当しない国内投資信託については、法人税法上「法人課税信託」に該当し（同法2条29号の2）、投資信託の所得について受託者に法人税課税が行われる。たとえば、主として「有価証券」以外に投資をする投資信託で、国内公募要件を満たさないもの（たとえば私募の不動産投資信託）については、法人課税信託に該当し、税法上、「法人」と同様に取り扱われる。ただし、一定の要件を満たせば配当損金算入が認められる（下記参照）。なお、平成30年9月末現在、このような法人課税信託に該当する投資信託（以下「特定投資信託」という）は存在しない[16]。

> **参考** **特定投資信託の損金算入要件**
>
> 特定投資信託の損金算入要件の概要は以下のとおりである（租特法68条の3の3）。
> ① 対象投資信託の要件（以下のすべてを満たすこと）
> 　イ　投信法4条1項又は49条1項の規定による届出が行われていること。
> 　ロ　その受託者（委託者指図型投資信託にあっては、委託者）による受益権の募集が機関投資家私募により行われるものであって、投資信託約款にその旨の記載があること。

14　投資信託約款において、受託者（委託者指図型投資信託にあっては、委託者）による受益権の募集が公募により行われる旨の記載があり、かつ、受益権の発行価額の総額のうちに国内において募集される受益権の発行価額の占める割合が50%を超える旨の記載が必要である（法人税法施行令14条の3）。
15　信託は税務上、原則として導管（パススルー）として取り扱われるという理論。すなわち、信託の受益者が信託財産に属する資産および負債を有するものとみなし、信託財産に帰せられる収益および費用は当該受益者の収益および費用とみなされる。
16　前掲注11参照。

ハ　その受託者（委託者指図型投資信託にあっては、委託者）による受益権の募集が主として国内において行われるものとして政令で定めるものに該当すること。
　　ニ　会計期間が1年を超えないものであること。
②　対象事業年度の要件（以下のすべての要件を満たすこと）
　　イ　事業年度末において同族会社に該当しないこと。
　　ロ　当該事業年度の分配可能収益の90％超の収益分配を行っていること。
　　ハ　事業年度末において有する特定資産のうち有価証券、不動産その他の政令で定める資産の帳簿価額の合計額が総資産の帳簿価額の合計額の1／2を超えていること。
　　ニ　その他以下に掲げる要件
　　　(イ)　信託財産に同一法人の発行済株式又は出資の総数又は総額の50％以上に相当する数又は金額の株式又は出資が含まれていないこと。
　　　(ロ)　借入れを行っている場合には、その借入れが機関投資家からのものであること。

参考・比較　投資法人の導管性要件

　証券投資信託の場合、集団投資信託として法人税が非課税になる一方、証券投資法人の場合は、原則法人税の課税対象としたうえで、税法上一定の要件（導管性要件）を充足することを前提に、投資主への分配金の相当額の損金算入を認め、これにより当該部分が実質的に課税されない仕組みをとっている。
　投資法人の導管性要件の概要は以下のとおりである（租特法67条の15ほか）。
①　対象法人の要件（以下のすべてを満たすこと）
　　イ　投信法187条の登録を受けていること。
　　ロ　次のいずれかに該当するもの。
　　　(イ)　設立時における投資口の発行が公募であり、かつ発行価額の総額が1億円以上であるもの。
　　　(ロ)　事業年度の終了時における発行済投資口が50人以上に所有されてい

　　　　るか、又は機関投資家のみによって所有されているもの。
　　ハ　発行した投資口の発行価額のうちに国内募集の投資口の発行価額の占める割合が50％超である旨が規約に記載されているもの。
　　ニ　会計期間が1年を超えないものであること。
②　対象事業年度の要件（以下のすべての要件を満たすこと）
　　イ　投信法63条の規定に違反している事実がないこと。
　　ロ　資産運用業務を投信法198条1項に規定する資産運用会社に委託していること。
　　ハ　資産保管業務を投信法208条1項に規定する資産保管会社に委託していること。
　　ニ　事業年度末において同族会社のうち政令で定めるものに該当しないこと。
　　ホ　事業年度の配当可能利益の90％超の配当を行っていること。
　　ヘ　投資法人が他の法人の発行済株式又は出資の総数又は総額の50％以上に相当する数又は金額の株式又は出資を有していないこと。
　　ト　事業年度末において有する特定資産のうち有価証券、不動産その他の政令で定める資産の帳簿価額の合計額が総資産の帳簿価額の合計額の1／2を超えていること。
　　チ　投資法人が借入れを行っている場合には、その借入れが機関投資家からのものであること。

　税法上は、証券投資信託については、平成10年の投信法改正前から現行の取扱い（受益者受領時課税）とされていた。平成12年に投資信託の運用対象が広がったことに伴い、投資信託のうち特定投資信託に該当するものについては法人税の課税対象とすることとされた。これは、投資法人と投資信託の有する機能の類似性に着目し、同様の課税を行うべきという課税バランス等に鑑み、投資法人と同様、投資信託のうち一定のものについては法人税を課すとしたものである（ただし90％超を配当している場合は支払配当の損金算入を認めることにより、実質的に導管的な取扱いとされている）。
　この際に、法人税の課税対象となる投資信託からその受益証券の募集形態が公

募であるものおよび証券投資信託を除くこととされた。これは、公募型の投資信託は、私募型のものに比し課税上の問題が少ないと考えられることや、従来からの証券投資信託に対する課税上の取扱いを模したもの、とされている[17]。

■ 共同委託、共同受託の禁止

「委託者指図型投資信託契約……は、一の金融商品取引業者……を委託者とし、一の信託会社等……を受託者とするのでなければ、これを締結してはならない」とされており（投信法3条）本条第1項に記載される委託者および受託者は、それぞれ一社でなければならない。

これの意味するところは、複数の投資信託委託会社が契約当事者となる共同委託や、複数の信託会社等が契約当事者となる共同受託が禁止されているということである。この1対1の義務づけは、平成12年の投信法改正で新たに導入されたものであるが、平成12年の改正以前においても、現実には複数当事者による共同契約という形態の証券投資信託は存在していなかったとされる[18]。なお、投資一任においては共同受託が認められており、実例も多数存在する。

■ 新法信託である旨の表示

本条第2項は、このファンド（投資信託）には投信法に加えて現行の信託法（新信託法）が適用される旨の規定であり、本ファンドがいわゆる新法信託（新法ファンド）であることを示している。

■ 既存ファンドにおいて「信託事務の委託」を追加する場合

既存ファンドにおいて、次条の「信託事務の委託」の内容を後から追加する場合は、次条を新設するのではなく、本条に第3項を設けて規定するのが通例である。これは、新たな条文を設けることにより発生する、いわゆる「条項ズレ」を防ぐための実務上の工夫によるものである。

---

[17] 『改正税法のすべて（平成12年）』（日本税務協会、2012年）325頁
[18] 乙部辰良『詳解投資信託法』（第一法規出版、2001年）54、55頁

投資信託約款の法的性質[19]

　投資信託約款の法的性質については、昭和30年代を中心にさまざまな検討が加えられた。

　1つは、普通契約約款性否定説と呼ばれるものである。これは、投資信託約款は、信託約款という以上、信託契約の約款であって、直接的には投資信託委託会社と受託者を律するにすぎないとするものである。

　次に、普通契約約款性併有説と呼ばれる考え方が主張された。これは、投資信託約款は、上記のような信託契約の約款という性質に加えて、不特定多数の投資家との定型的契約内容を表すもの（普通契約約款）という性質を兼ね備えたものであるという考え方である。

　そして、当時の東京大学教授鈴木竹雄氏より、証券投資信託の基本的定款説という考え方が提唱された。鈴木教授は、「信託約款は約款とはいわれるが、そのためにこれを普通契約条款のように考えるのは速断であり、また、信託約款といわれているため信託契約の約款でなければならないと考えるのもとらわれた考え方であって、それは当該「証券投資信託」の約款の意味に解すべきではなかろうか。すなわち、それは全投資信託関係の基礎をなすものであり、その意味においてあたかも会社の定款に比すべきものというべきであろう」と述べられた。

　現在は、表立って議論されることはなく、定説も定まっていない状況である。

19　行平次雄「証券投資信託約款の性格」商事法務研究204号7頁、境野実「証券投資信託約款の考察」商事法務研究209号9頁、鈴木竹雄「証券投資信託約款の法的性質」経済法4号17頁、投資信託事情調査会「コンメンタール証券投資信託法〔13〕」投資信託事情7巻2号11、12頁、佐々木功・松本崇『特別法コンメンタール　証券投資信託法・貸付信託法』（第一法規出版、1977年）87〜90頁

投資信託約款の定型約款該当性

　改正民法（2020年4月1日施行）において、定型約款の概念が導入されることになった。定型約款に該当する場合、その変更について相手方の現実の合意がなくても合意が擬制されることになる（改正民法548条の3）。

　投資信託約款が定型約款に該当するとなると、上記の改正民法の規定と投資信託約款の変更に係る投信法の規定（投信法17条）および同規定に基づく約款第56条（信託約款の変更等）との関係が問題になる。

　定型約款とは、定型取引において、契約の内容とすることを目的としてその特定の者により準備された条項の総体をいうとされており、定型取引とは、ある特定のものが不特定多数者を相手方として行う取引であって、その内容の全部または一部が画一的であることがその双方にとって合理的なものをいうとされている（改正民法548条の2第1項）。

　投資信託約款は、「約款」という文字が使われているものの、委託者指図型投資信託の場合は、当該「約款」に基づく契約は委託者と受託者との間で締結されるものであって、その約款に基づき成立する受益権の取得に関する「取引」は販売会社と受益者との間で行われるものであり、委託者と受益者との間に直接の取引関係は存在しないため定型取引が観念しえず、定型約款に該当しないとする考え方がありうる。

　なお、投資信託約款の法的性質から定型約款に該当するか否かの結論を導くことも考えられるが、上記のとおり、法的性質の考え方に定説がないうえ、各説によって結論が異なることになるため、ここから一義的な結論を導くことはむずかしいと考えられる。

日本版クラスアクション

　消費者裁判手続法（正式名「消費者の財産的被害の集団的な回復のための民事の裁判手続の特例に関する法律」、いわゆる日本版クラスアクション法）は、平成

25年12月に成立し、平成28年10月1日に施行されている。同法が適用される「消費者契約」について多数の消費者に被害が生じた場合には、同法の定める手続に従って「被害回復裁判手続」により被害回復が可能となるが、投資信託はこの制度の対象になるのであろうか。

　消費者裁判手続法の適用対象となる「消費者契約」は、「消費者と事業者との間で締結される契約（労働契約を除く。）」と定義されており、これは（労働契約が除外される点を除き）消費者契約法における「消費者契約」と同様の定義ぶりである。投資家は、投資信託約款（＝信託契約）により定まる内容の受益権を取得することによって、受託者（および委託者）との間で一定の契約関係に入ることになるので、その意味では「消費者契約」に該当するようにも思われるが、委託者指図型投資信託の場合は、形式的には、信託契約自体は委託者と受託者との間で締結されるので、「消費者契約」の定義に該当しないという解釈も可能である（なお、販売会社が投資信託の受益権を投資家に販売する契約は、「消費者契約」に該当すると一般に解されている）。

> （信託事務の委託）
> 第2条　受託者は、信託法第28条第1号に基づく信託事務の委託として、信託事務の処理の一部について、金融機関の信託業務の兼営等に関する法律第1条第1項の規定による信託業務の兼営の認可を受けた一の金融機関（受託者の利害関係人（金融機関の信託業務の兼営等に関する法律第2条第1項にて準用する信託業法第29条第2項第1号に規定する利害関係人をいいます。以下、本条、第19条（利害関係人等との取引等）第1項、同条第2項および第32条（信託業務の委託等）において同じ。）を含みます。）と信託契約を締結し、これを委託することができます。
> ② 前項における利害関係人に対する業務の委託については、受益者の保護に支障を生じることがない場合に行うものとします。

■ 趣　旨

　かつては、いわゆる総合型信託銀行が受託者となり、信託銀行1社ですべての受託業務を完結させていたが、信託銀行の専業化が進み、事務処理の効率化のため、信託財産の管理に係る信託事務の処理をいわゆる資産管理専門信託銀行に委託することが多くなった。本条は、かかる再信託を念頭に置いた規定である。

　信託法は、信託契約に信託事務の処理を第三者に委託する旨または委託することができる旨の定めがあるときに、信託事務の処理を第三者に委託することができる旨を規定している（同法28条1号）。本条第1項は、再信託による信託業務の委託が、かかる場合（信託行為に定めがある場合の委託）に該当する旨を規定している。

■ 再信託

　現行の信託法（新信託法）28条は、旧信託法26条が自己執行義務を原則とする書きぶりになっていたのを改め、信託事務の第三者への委託を容易にするための規定である。新信託法28条の「信託事務の処理の第三者への委託」は、再信託の方式によるものも含むが、それには限られない。ただ、本条は、委託先と「信託

契約を締結し、」とあるように、信託事務の処理の委託のうち、再信託による場合のみに関する規定である。委託先は信託の引受けを業として行うことになるが、法令上委託先の適格性を有する者（信託会社、外国信託会社、兼営法の認可を受けた金融機関）のなかから、信託兼営金融機関に委託先を限定している。

すべての受託者が再信託を行っているわけではなく、再信託を行わない信託銀行等も存在する。再信託が行われる場合の再信託先は、平成30年9月現在、資産管理専門信託銀行である日本マスタートラスト信託銀行、資産管理サービス信託銀行、日本トラスティ・サービス信託銀行（統合予定）のいずれかとなっている。

再信託が行われない場合には、本条の規定は置かれない。再信託が行われる場合、実際の実務では、本条に基づき、委託者、受託者および再信託受託者の間で三社間協定書の締結を行い、信託事務の委託の範囲およびその取扱方法等について具体的に取り決められる。

■ 利害関係人への信託事務の委託

信託法および信託業法上、利害関係人への信託事務の委託を禁じる規定はなく、本条では、受託者の利害関係人への信託事務の委託を原則として認めている。

利害関係人については、信託業法29条2項1号において「株式の所有関係又は人的関係において密接な関係を有する者として政令で定める者」と規定されており、政令では、信託会社の役員または使用人、信託会社の子法人等、信託会社を子法人等とする親法人等、信託会社を子法人等とする親法人等の子法人等、信託会社の関連法人等があげられている（信託業法施行令14条）。

実務上、受託者から信託事務の委託を受ける系列の信託銀行は、受託者の関連法人等に該当している場合が多く、受託者の利害関係人への信託事務の委託が実際に行われている。

信託法および信託業法上、利害関係人への信託事務の委託を、受益者の保護に支障を生じることがない場合に限り認める旨の規定は存在しない。しかし、受益者の保護に支障が生じるような場合に信託事務の委託を行うべきでないのは、受託者が負う忠実義務および善管注意義務の観点から当然であり、本条第2項は当然のことを念のため規定したものと解される。

■ 信託事務の委託と信託業務の委託の関係

　本条の規定する再信託は、信託業法上は、同法22条1項に基づく信託業務の委託に該当し、この関係で（同法22条に基づく）約款第32条（信託業務の委託等）も重ねて適用される。本条に定める信託法上の信託事務の委託と信託業法上の信託業務の委託の関係については、約款第32条（信託業務の委託等）の解説参照。

> （信託の目的および金額）
> 第3条　委託者は、金●●億円を上限として受益者のために利殖の目的を
> もって信託し、受託者はこれを引き受けます。

■ 趣　旨

　本条は、当初信託（設定）額（当初募集総額）に関する規定である。「金●●億円を上限として」の記述は、同時に信託目的物が金銭であること、つまり投資信託が金銭の信託であることを示している[20]。

　現物拠出型のETFは上記の例外であり（投信法8条、投信法施行令12条）、その約款においては、金銭以外のものの信託となるため、たとえば下記のように記載文言が異なることになる。

　　第3条　委託者は、信託契約締結日の前営業日における日経平均株価（日経225）の終値（円未満は切り上げます。）の1,000万倍の金額に相当する委託者の指定する有価証券等（信託適格有価証券等）を上限として受益者のために利殖の目的をもって信託し、受託者はこれを引き受けます。

■ 信託契約書の作成・締結実務

　委託会社と受託会社が締結する信託契約書は、追加型・単位型を問わず、当初設定額を記載した約款を用いて作成・締結される。その際の本条の文言は、以下のようになる。

　　第3条　委託者は、金［　　　］円を受益者のために利殖の目的をもって信託し、受託者はこれを引き受けます。

20　信託される財産が金銭である「金銭の信託」のうち、信託財産を金銭に換価して受益者に交付されるものを「金銭信託」というが、投信法8条は、委託者指図型投資信託は原則として「金銭信託」でなければならないと規定する。本約款案では、第46条（収益分配金、償還金および一部解約金の支払い）、第49条（信託契約の一部解約）、および第51条（信託契約の解約）の各条項に基づき、信託終了（一部解約）のときは信託財産を金銭に換価し、償還金または一部解約金として受益者に交付することとしており、金銭信託であることも示されている。

投資信託約款については金融庁長官宛の事前の届出が求められているが（投信法4条1項）、当初設定額は通常は設定日直前にならないとわからない（公募投信の場合は特にそうである）。そのため、届出書への添付書類としては「投資信託約款の案」（下線は筆者）でよいとされており（投信法施行規則6条2項1号）、当初設定額の上限が記載されたものが提出されている。この実務をふまえると、当局に提出される当初設定額の上限が記載されたものは投資信託約款の案であり、信託契約締結時に用いられる当初設定額の確定金額が記載されたものが正式な投資信託約款であるという説明は可能であろう[21]。

なお、ファミリーファンドの場合は、ベビーファンド設定日にベビーファンドの資金がマザーファンドに信託される。そのため、ベビーファンドとセットで設定されるマザーファンドの信託契約締結日は、ベビーファンドの信託契約締結日と同一日となる。

■「信託の元本」

投資信託約款においては「信託の元本の額に関する事項」を記載しなければならないとされているが（投信法4条2項4号）、通常の約款にはこれに直接該当する条文は見受けられない。本条は当初設定額（当初信託金）に関する規定であるが、これが「信託の元本」に関する条文といえるであろうか。

日本における黎明期の投資信託は単位型が主流であったため、当時の投信法は単位型を想定していた。単位型投資信託は、追加設定がないため、信託金の額と信託の元本の額は常に一致することになり、「信託金＝信託の元本」の関係が成立する（信託金の意義については、次条の解説参照）。よって、単位型投資信託であれば、本条が「信託の元本」に関する規定であると問題なくとらえることができる。

しかし、追加型投資信託は、追加設定があり、かつ追加設定時の価額は10,000口当り10,000円とは限らない。収益調整金分の差異が生じ、「信託金＝信託の元本」の関係は成立しない。そのため、投信法4条2項4号の「信託の元本」は

---

[21] 有価証券届出書の添付書類としては「約款……又はこれらに準ずる書面」とされているが、同様に当初設定額の上限が記載されたものが使われている。こちらの実務との整合性も検討する必要がある。

「信託金総額を指すものと解されている」[22]「現行法の解釈としては信託財産に拠り込まれた信託金……と解釈せざるを得ない」[23]等と説明されているが、かかる説明は文理解釈上無理のあるところであり、立法による明確化が望まれるところである。

投資信託の元本

投資信託の元本には、経理上の元本（いわゆる「元本」）と税務上の元本（個別元本）がある。

経理上の元本（元本）は、当初設定時の受益権の価額であり、通常、10,000口当り10,000円である。

たとえば、基準価額が11,000円のときに受益権を取得した場合、経理上の元本（元本）は10,000円であり、残りの1,000円は収益調整金として処理される。

一方、税務上の元本（個別元本）は、取得時の受益権の価額である。

たとえば、基準価額が11,000円のときに受益権を取得した場合、個別元本は11,000円となる。

投信法4条2項4号の「信託の元本」は、経理上の元本（元本）が想定されているものであるが、上記のように、一口に「元本」といっても文脈によってその意味および数字が異なってくるため、留意が必要である。

■ 要 物 性

旧信託法では、信託契約は目的物（信託財産）の実質的移転によって成立し効力が生じる、いわゆる要物契約であるとの見解が有力であったことから、本条の「金●●億円を……信託し……引き受けます」の文言を要物契約の表れとする考え方があった。この考え方に基づくと、追加信託金の着金をもってはじめて効力

---

[22] 『証券投資信託法制研究会（幹事会）報告書　昭和39年6月』（社団法人証券投資信託協会）24頁
[23] 社団法人信託協会『信託実務講座 第4巻』（有斐閣、1962年）44頁

が発生することになるが、追加信託は既存の信託契約の変更となり、契約変更の手続がつど発生することになる等の問題があるため、追加信託に関しては合意のみでも成立する諾成契約的な面も含みうるという解釈がとられたとされる[24]。

現在の信託法では、信託契約は原則として諾成契約であることが明らかにされており（同法4条1項）、このような解釈上の問題は解消されているといえる（下記参照）。

要物契約か諾成契約か

旧信託法のもとでは、信託契約は要物契約であるとの見解が学説上は有力であったが、平成11年頃の投信協会の資料中に「投資信託契約が要物契約であるか諾成契約であるかについて一義的に決められない」との記載があり、定説はなかったようである。

信託の設定に関する約款の表現も、現在と同様に、信託金額については「金●●円を上限として」等と記載しつつ、「受託者はこれを引き受けます」と記載するのが通常であった。信託金額については、実際に委託会社と受託者が信託契約を締結する際には募集により集まった具体的な金額を記入していたものの、「……引き受けました」ではなく、やはり「……引き受けます」という表現が使われていた。この点からは、必ずしも要物契約が前提であったとはいえない。追加型投資信託の場合、毎日追加信託が行われるので、それに応じて毎日信託契約上の信託金額を変更するというのでない限り、仮に約款に基づく当初の信託契約を要物契約と解したとしても、追加信託に関しては諾成契約であると理解せざるをえなかったと思われる。

現在の信託法では「……信託は、委託者となるべき者と受託者となるべき者との間の信託契約の締結によってその効力を生ずる」と規定され（同法4条1項）、諾成契約であることが明らかにされた。信託契約に物の引渡しを停止条件とする旨を規定することにより要物契約にすることができるが（同条4項）、投資信託約款においてあえてそのような手当をして要物契約にす

---

24 大和証券投資信託委託「投資信託研究」No.2 May 1962、55頁

る実益も特にないと思われ、本文に記載のように、現在でも旧信託法時代と同様の表現が用いられている。

　現行の（新）信託法のもとにおいても、旧信託法時代と同様、金融庁に約款を届け出る際には「金●●円を上限として」としておきながら、実際に信託契約を締結する際には、当初集まった金額を入れることとし、かつ、信託契約締結日と（その金額が信託された）信託設定日を同日とするのが通常の実務である。これは一見、信託契約の要物契約性を前提としているようでもあるが、現在の信託法のもとではやはり諾成契約と解するべきであろう（追加信託については、いずれにしても諾成契約と考えざるをえない）。

> （信託金の限度額）
> 第4条　委託者は、受託者と合意のうえ、金●●億円を限度として信託金を追加することができます。
> ②　委託者は、受託者と合意のうえ、前項の限度額を変更することができます。

■ 趣　旨

　本条は、追加信託時の信託金の限度額に関する規定である。単位型投資信託の場合は、追加信託がないため、本条は規定されない。

　本条の限度額の計算に当初設定時の信託金を含めるかどうかについて、現在の実務では当初設定時の信託金を含めるものと解釈されている。たとえば、金400億円が信託金の限度額として定められているケースにおいて、当初募集で100億円集まり100億円当初設定した場合、300億円を限度として追加信託できることになる。

■ 信託金の意義

　「信託金」とは、法令諸規則上にその定義は見当たらないものの、信託の引受けの際、受託者が受け入れた金銭のことである[25]。

　追加型株式投資信託の税務上の取扱いが平均信託金方式であった頃は、

　　「信託金＝１口当りの平均信託金（※）×受益権総口数」

　　　※１口当りの平均信託金＝（経理上の元本（元本）の総額＋収益調整金の総額）／
　　　　　　　　　　　　　　　受益権総口数

と計算式が示されており、信託金の意義には明確な根拠があった。

　その後、平成12年に平均信託金方式から個別元本方式に移行したことに伴い（約款第46条（収益分配金、償還金および一部解約金の支払い）の解説参照）、平均信

---

[25] 佐々木功・松本崇『特別法コンメンタール　証券投資信託法・貸付信託法』（第一法規出版、1977年）43頁。貸付投資信託に係る説明であるが、証券投資信託にも当てはまると解される。

託金の概念が用いられなくなり、信託金の上記計算式もその根拠が失われることになった。もっとも、受託者が受け入れた金銭の総額という意味に変わりがあるわけではない。

前条において、「基準価額が11,000円のときに受益権を取得した場合、経理上の元本（元本）は10,000円であり、残りの1,000円は収益調整金として処理される」という例を掲載したが、この例でいえば、購入価額11,000円（＝元本10,000円＋収益調整金1,000円）が受託者の受け入れる金銭（＝信託金）に相当することになる。

■ 限度額の計算方法

本条第1項に定める限度額については、一部解約があった場合に解約信託金相当額分だけ限度額を回復させるか（ネットとグロスのいずれで計算するか）が問題となる。

この点、文言上は明確でないが、現在の実務では一部解約があった場合は解約信託金相当額分だけ限度額が回復する（ネットで計算する）ものと解釈されている。

たとえば、金400億円が信託金の限度額として定められているケースにおいて、当初設定および追加設定で300億円集まった後に50億円の一部解約があった場合、信託金は250億円となり、追加で信託できる額（限度額）は150億円となる。

なお、信託金は受託者に払い込まれた金銭のことであるため、信託金の限度額は払込み後の信託財産の時価評価変動等による損益の影響を受けない。信託金の限度額と似た概念として純資産総額があるが、こちらは運用損益等を反映したものであり、信託金とは異なる概念であることに留意が必要である。

■ 限度額を引き上げる場合の留意点

投資信託の販売が好調で信託金が限度額に近づいてきた場合に限度額の引上げが検討されることがあるが、限度額の引上げに際しては、限度額を引き上げてもポートフォリオの品質が変わることなく、既存の投資家に影響を与えることがないことが前提となる。実際に、販売が好調な投資信託であったものの、限度額の引上げによるポートフォリオの変質を懸念し、追加募集の取りやめが行われた

ケースがある。このように、委託会社のコンプライアンス部門は、限度額の引上げが品質管理の観点から問題とならないか、入念にチェックする必要がある。

■ 信託の元本の追加

本条に規定される信託金の限度額および信託金の追加に関する事項は、投資信託約款の法定記載事項であるわけではない。一方で、追加型投資信託における投資信託約款においては「信託の元本の追加に関する事項」（下線は筆者）を記載しなければならないとされているが（投信法施行規則7条3号）、通常の約款にはこれに直接該当する条文は見受けられない。本条が「信託の元本の追加に関する事項」（下線は筆者）に関する条文といえるであろうか。

前条の解説で述べたとおり、日本における黎明期の投資信託は単位型が主流であったため、当時の投信法は単位型を想定していた。単位型投資信託は、追加設定がないため、常に「信託金＝信託の元本」であり、信託金と信託の元本を区別する実益がなかった。しかし、追加型投資信託は追加設定があり、かつ追加設定時の価額は10,000口当り10,000円とは限らないため、収益調整金分の差異が生じ、「信託金＝信託の元本」の関係は成立しない。そのため、投信法施行規則7条3号の「信託の元本」についても「信託金（総額）」と解釈することになるのであろうが、立法による明確化が望まれるところである。

なお、追加型投資信託の受益証券については「追加信託をすることができる元本の限度額」（下線は筆者）が受益証券の法定記載事項とされているが（投信法6条6項8号）、ここでも実務においては信託金の限度額が記載されており、上記同様の解釈がとられている。

■ マザーファンドの場合

マザーファンドの場合、本条第1項は「委託者は、受託者と合意のうえ、金●●億円を限度として信託金を追加することができるものとし、追加信託が行われたときは、受託者はその引受けを証する書面を委託者に交付します。」と定められていることがあるが、実際にはこのような引受証の交付は行われていない。

以前は、マザーファンドを含むすべての投資信託の約款に引受証の交付に係る規定が存在し、実際に引受証の交付が行われていたが、平成19年1月にマザー

ファンドを除く投資信託受益権が振替制度に移行した後は、投信振替システムを通じて追加設定の内容を確認することができるようになったため、当該規定はマザーファンド以外の投資信託の約款から削除され、引受証は交付されなくなった。かかる経緯からすれば、振替制度に移行していないマザーファンドについては引き続き引受証の交付が行われていると思われるかもしれないが、ペーパーレス化の流れを受け、現在はマザーファンドにおいても引受証の交付は行われていない。交付を行わないのであれば、引受証の交付に係る規定は削除するべきである。

> （信託期間）
> 第5条　この信託の期間は、信託契約締結日から平成●年●月●日までとします。

〈有期限の場合〉

> （信託期間）
> 第5条　この信託の期間は、信託契約締結日から第51条（信託契約の解約）第1項、第52条（信託契約に関する監督官庁の命令）第1項、第53条（委託者の登録取消等に伴う取扱い）第1項および第55条（受託者の辞任および解任に伴う取扱い）第2項の規定による信託終了の日までとします。

〈無期限の場合〉

■ 趣　旨

　投資信託約款には、「信託契約期間……に関する事項」を記載しなければならないとされており（投信法4条2項9号）、本条はこれに対応する条項である。
　信託期間を無期限とする場合であっても、上記約款例のように始期と終期を明確にして規定するのが一般的である。これは、信託契約期間が法定記載事項であるという点を重視し、無期限であっても「期間」として始期と終期を記載する必要があるとの考え方に基づくもののようであるが、実益のある議論とは思われず、端的に「無期限とする」と規定してもさしつかえないと解される。
　追加型投資信託の信託期間を有期限とするか無期限とするかについては、昭和30年代から議論され、一時期は制度的に拘束した時期もあった。当初は有期限（信託期間10年）とされていたが、現在は有期限および無期限が選択可能となっている。
　信託期間を有期限とした場合、受益者の書面決議によらないで満期償還することができるが、信託期間を無期限とした場合、償還するためには受益者の意思を問う必要があり、重大な約款変更と同様、受益者の書面決議（旧法信託では異議

申立て）を受けたうえでないと償還できない。このため、追加型投資信託の設定にあたっては、商品特性や販売戦略等に加え、かかる観点からも有期限とするか無期限とするかが判断される。

一方、単位型投資信託は、追加設定ができないという商品の性質上、有期限として設定される。ただし、単位型投資信託の信託期間を無期限とすることを禁ずる法令諸規則があるわけではない。

■ 信託財産留保額が設定されている場合の留意点

信託期間に関連して、信託財産留保額について触れておく必要がある。信託財産留保額[26]とは、ファンドを解約（一部解約）する場合、投資家が換金に要した有価証券売買コスト相当分を信託財産に留保していただくというものであり、投資対象資産の流動性の低いファンドを中心に設定されることがある（約款第49条（信託の一部解約）の解説参照）。

この信託財産留保額が設定されている場合であっても、ファンドが満期償還されるまで受益権を保有していた場合は、信託財産留保額は不要となる。過去において、委託会社が信託財産留保額付きのファンドの信託期限を延長しようとしたところ、問題になった事案がある。きっかけは、満期償還と思っていた投資家が委託会社の都合で満期日を延長され、新たに設定された満期日を待たずに解約したところ信託財産留保額を取られ、損をしたのではないか、ということであった。

追加型投資信託の場合、信託約款において信託期間の延長に係る条項が設けられ、「委託者は、信託期間満了前に、信託期間の延長が受益者に有利であると認めたときは、受託者と協議のうえ、信託期間を延長することができます」と規定されているのが一般的である（約款第61条（信託期間の延長）参照）。したがって、信託期間の延長が受益者に有利であると認めたときは、所定の手続を踏んで信託期間を延長することができるのであるが、信託期間の延長が受益者に有利と認められるかどうかの判断は慎重になされるべきというのが、この事案からの教訓である。また、委託会社のみならず、販売会社およびその担当者も、この点につい

---

[26] 信託財産留保金、または単に留保金ともいう。

て十分理解し、投資家への説明を適切に行うべきであることに留意する必要がある。委託会社は、その社内手続において信託期間の延長が受益者に有利と認められる事由を記録に残し、販売会社や受益者からの問合せに適切に対応できるようにしている。

■ つみたてNISA適格要件

つみたてNISAにおいては、「信託契約期間を定めないこと又は20年以上の信託契約期間が定められていること」が約款に定められている必要があることから(租特法施行令25条の13第14項1号)、ファンドをつみたてNISAの対象としようとする際は留意が必要である。

(受益権の取得申込みの勧誘の種類)
第6条　この信託に係る受益権の取得申込みの勧誘は、金融商品取引法第2条第3項第1号に掲げる場合に該当し、投資信託及び投資法人に関する法律第2条第8項で定める公募により行われます。
②　この信託に係る受益権はすべて、社債、株式等の振替に関する法律(以下「社振法」といいます。)の規定の適用を受け、振替機関(社振法第2条に規定する「振替機関」をいいます。以下同じ。)に取り扱われるものとします。

(受益権の取得申込みの勧誘の種類)
第6条　この信託に係る受益権の取得申込みの勧誘は、金融商品取引法第2条第3項第2号イに掲げる場合に該当し、投資信託及び投資法人に関する法律第4条第2項第12号で定める適格機関投資家私募により行われます。

〈適格機関投資家私募の場合〉

(受益権の取得申込みの勧誘の種類)
第6条　この信託に係る受益権の取得申込みの勧誘は、金融商品取引法第2条第3項第2号ハに掲げる場合に該当し、投資信託及び投資法人に関する法律第2条第10項で定める一般投資家私募により行われます。

〈一般投資家私募の場合〉

(受益証券の取得申込みの勧誘の種類)
第6条　この信託に係る受益証券(第11条(受益証券の発行および種類ならびに受益証券不所持の申出)第4項の受益証券不所持の申出があった場合は受益権とします。以下、第7条(受益権)、第46条(償還金の支払いの時期)および第51条(信託契約の解約)第2項において同じ。)の取得申込みの勧誘は、金融商品取引法第2条第3項第2号イに掲げる場合に該当し、投資

> 信託及び投資法人に関する法律第4条第2項第12号で定める適格機関投資家私募により行われます。

〈マザーファンドの場合〉

■ 趣　旨

　投信法上定義される「公募、適格機関投資家私募……、特定投資家私募……又は一般投資家私募の別」は、投資信託約款の法定記載事項であり（同法4条2項12号）、本条第1項はこれに対応する規定である。

　これとは別に、特に公募投信の場合、「公募株式投資信託」として後記の税務上の恩典を受けるために、約款に「金融商品取引法第2条第3項に規定する取得勧誘……が同条第3項第1号に掲げる場合に該当……するものである」旨の記載が必要となる（租特法施行令4条の2第5項）。よって、両要件を満たすべく、本条第1項のように、金商法上の定義と投信法上の定義を併記するかたちがとられている。

　ところで、金商法上の「募集、適格機関投資家私募、特定投資家私募又は少人数私募」と投信法上の「公募、適格機関投資家私募、特定投資家私募又は一般投資家私募」は、定義された内容が若干異なる。

　たとえば、49名以下の者に対し取得申込みの勧誘を行うものの少人数私募となるために必要な転売制限を満たしていない場合、金商法上は募集となるが、投信法上は一般投資家私募となる。その結果、有価証券届出書や継続開示書類を提出する必要がある一方で、投資信託約款や受益証券には「一般投資家私募」と書くことになり、まったく実益がなく、混乱するだけである。

　そもそも、投信法において、「公募」「適格機関投資家私募」「一般投資家私募」の各用語は、投資信託約款や受益証券の記載事項を規定するために用いられている程度であり、かつその趣旨も勧誘の種類を記すためのものと解され、わざわざ金商法とは別個に投信法上固有の概念・用語をもつ必要性は乏しい。立法による解決が望ましいところである。

■ マザーファンドの受益証券の取得申込みの勧誘の種類

　マザーファンドの受益証券の取得申込みの勧誘の種類については、以下の検討が必要となる。

　マザーファンドは、法令上は親投資信託と規定されており、その受益権を他の投資信託の受託者に取得させることを目的とする投資信託をいうと定義されている（投信法施行規則13条2号ロ）。ここでいう「他の投資信託」とは、いわゆるベビーファンドのことである。

　したがって、マザーファンドの受益権の取得者は受託者である信託銀行となる。信託銀行は、兼営法により信託業務を行う銀行であるので、定義府令10条1項4号の適格機関投資家に該当する。

　しかし、これだけでマザーファンドの受益権の取得申込みの勧誘の種類を適格機関投資家私募と判断することはできない。企業内容等開示ガイドラインの2－5①は、適格機関投資家私募への該当性につき以下のように規定する。投資信託の受益権は、金商法上の「特定有価証券」であり、企業内容等開示ガイドラインではなく特定有価証券開示ガイドラインが適用されるが、「開示に関する一般的な留意事項」として下記が適用されると考えられる（特定有価証券開示ガイドライン冒頭の注意書）。

　　（適格機関投資家に該当しない場合）
　2－5　新たに発行される有価証券の取得勧誘又は既に発行された有価証券の売付け勧誘等（法第2条第4項に規定する売付け勧誘等をいう。以下同じ。）を適格機関投資家に該当する者に対し行う場合で、例えば、相手方が次に掲げる者に該当することを知りながら勧誘を行うときには、当該相手方は適格機関投資家には該当しないものとして取り扱うことに留意する。
　　①　信託に係る適格機関投資家以外の者（以下2－5において「一般投資者」という。）との契約等、一般投資者に有価証券が交付されるおそれのある信託の契約に基づいて、有価証券を取得し、又は買い付けようとする信託銀行

　約款第3条（信託の目的および金額）に記載のとおり、ベビーファンドは金銭信託であり、マザーファンドの受益権がベビーファンドの投資家に交付される可

能性はないので、ベビーファンドの受託者である信託銀行は上記には該当しない。よって、マザーファンドの受益証券の取得申込みの勧誘の種類は適格機関投資家私募とすることができる。

なお、マザーファンドの受益権の取得者はベビーファンドの受託者のみであることから、その取得の勧誘を一般投資家私募（少人数私募）とすることも可能と思われるが、実務上は適格機関投資家私募とされるのが通常である。適格機関投資家私募の場合、約款に規定を置くことにより、利益相反のおそれがある取引を行った場合における受益者への書面交付（投信法13条1項）、受益者への運用報告書の交付（投信法14条）を省略することができ（約款第58条（利益相反のおそれがある場合の受益者への書面交付）、第60条（運用報告書に記載すべき事項の提供）の解説参照）、事務手続の簡素化が可能であることがその理由と考えられる。

■ 特定投資家私募

特定投資家私募は、投資信託受益証券についても、特定投資家のみを相手方として取得勧誘または売付勧誘等が行われること等、一定の要件を満たすことにより可能であるが（金商法2条3項2号ロ）、平成30年9月現在までのところ、実際には利用されていない。特定投資家私募を行う場合、募集（公募）の場合に必要となる有価証券届出書の提出等は不要となるが、それにかえて、より簡易な情報提供の枠組みである特定証券情報の提供または公表の義務が課されている（金商法27条の31第1項）。かかる情報（「特定証券情報」）については、当該受益証券が上場されることとなる「取引所の定める規則において定める情報」とされており（証券情報等の提供又は公表に関する内閣府令2条1項1号）、実際には東証のTOKYO PRO Marketへの上場が前提となる。

■ 税制との関係

税法上、株式投資信託は、その設定に係る受益権の募集が公募（受益権の募集が国内において行われる場合にあっては、その取得勧誘が金商法2条3項1号に掲げる場合（いわゆる募集）に該当し、かつ、約款にその旨の記載がなされているもの）により行われる場合、「公募株式投資信託」に該当する（租特法8条の4、同施行令4条の2第5項）。公募株式投資信託に該当する場合、受益者（投資家）につい

て、上場株式並みの税制が適用される。具体的には、個人受益者が受ける収益分配金、受益権を譲渡等した場合の譲渡損益等について、以下の恩典の対象となる（租特法8条の4、8条の5、9条の3、37条の11の3、37条の12の2他）。
・収益分配金の源泉税率の変更
・収益分配金について申告不要制度の適用可
・収益分配金について申告分離課税（20.315%）の適用可
・上場株式等の配当所得と譲渡損失との損益通算（一定の要件を満たす場合）
・譲渡損失の3年間の繰越控除（一定の要件を満たす場合）
・解約・償還時において、個別元本を超える部分は譲渡所得として取り扱われる
・特定口座の適用
・NISA、ジュニアNISAの対象

　公募株式投資信託に該当しない場合、いわゆる私募株式投資信託として、公募株式投資信託に対する恩典は与えられず、以下のとおり、公募株式投資信託とは異なる取扱いが適用される[27]。

個人投資家の課税関係概要

	公募株式投資信託	私募株式投資信託
収益分配金		
—源泉税	20.315%（国税15.315%、地方税5%）	20.42%（国税）
—課税方式	以下のうちいずれかを選択 (i) 申告不要制度（源泉税のみで課税関係完結） (ii) 申告分離課税20.315%（国税15.315%、地方税5%）…源泉税は控除 (iii) 総合課税…源泉税は控除	原則総合課税（少額配当を除く） 源泉税は控除
譲渡損益	申告分離課税20.315%（国税	申告分離課税20.315%（国税

---

[27] 私募株式投資信託であっても、金融商品取引所に上場されているものは上場株式として税務上取り扱われ、公募株式投資信託と同様の課税とされるが、現状、取引所に上場されている私募の株式投資信託はないという認識である。

	15.315％、地方税5％）	15.315％、地方税5％）
損益通算	上場株式等の譲渡損益との損益通算可 上場株式等の配当所得と譲渡損失との損益通算可（一定の要件あり）	非上場株式等の譲渡損益との損益通算可
譲渡損失の繰越控除（3年間）	適用可	適用不可
解約・償還	個別元本を超える部分は譲渡所得	個別元本を超える部分は収益分配金
特定口座	適用可	適用不可
NISA、ジュニアNISA口座	適用可	適用不可

NISA、ジュニアNISA、つみたてNISAの概要

(1) 非課税口座内の少額上場株式等に係る配当所得及び譲渡所得等の非課税措置（NISA）

　平成26年1月より、個人の投資・資産形成を促進するための制度として、少額投資非課税制度（愛称NISA）が導入された。平成26年1月1日以後、金融商品取引業者等の営業所に開設した非課税口座内において管理されている上場株式等で、非課税口座に非課税管理勘定を設けた日から同日の属する年の1月1日以後5年を経過する日までの間に支払を受ける配当および譲渡所得等は、非課税とされる（租特法9条の8第1号、37条の14）。

　非課税口座には、2014年1月1日から2023年12月31日までの10年間、毎年、取得対価の額の合計額が120万円（平成27年以前は100万円）を超えない上場株式等のみを受け入れることができる。

(2) 未成年口座内の少額上場株式等に係る配当所得及び譲渡所得等の非課税措置（ジュニアNISA）

　平成27年度税制改正により、若年層への投資のすそ野の拡大等を図るためジュニアNISA（未成年者口座内の少額上場株式等に係る配当所得及び譲渡

所得等の非課税措置）が創設された。未成年者（20歳未満の居住者等）を対象に、2016年から2023年までの各年において、毎年受入価額80万円を上限として、上場株式等の配当等および譲渡所得等を非課税とする未成年者口座（非課税管理勘定）の開設が可能である。NISAと同様に、1人につき1口座に限り、投資した年から最長5年間、上場株式等の配当等および譲渡所得等が非課税になる。ただし、子・孫等の将来に向けた長期投資が目的であるため、未成年者が18歳になるまでは払出しが厳しく制限される（租特法9条の9、37条の14の2）。

(3) つみたてNISAの創設

平成29年度税制改正により、家計の安定的な資産形成を支援する観点から、少額からの積立・分散投資を促進するための制度（つみたてNISA）が新たに創設され、平成30年1月から開始された。現行のNISAとは選択して適用することができる。つみたてNISAでは、毎年40万円の非課税枠を20年間利用することができる（最大800万円）。NISAでは上場株式等全般を購入することができるが、つみたてNISAでは、長期、積立、分散投資に適した一定の公募株式投資信託・上場株式投資信託（ETF）（一定の指数に連動するものまたは手数料等について一定の条件を満たしたもの）に限られている（租特法9条の8第2号、37条の14）。

つみたてNISAの対象とするためには、本書約款例の各該当条文の解説中に記載した約款記載要件以外にも、内閣府告示第540号「租税特別措置法施行令第25条の13第14項の規定に基づき内閣総理大臣が財務大臣と協議して定める要件等を定める件」に記載される要件を満たす必要があり、そのなかに商品性についての約款記載要件も含まれているため、ファンドをつみたてNISAの対象としようとする際は注意が必要である。

> （当初の受益者）
> 第7条　この信託契約締結当初および追加信託当初の受益者は、委託者の指定する受益権取得申込者とし、第8条（受益権の分割および再分割）の規定により分割された受益権は、その取得申込口数に応じて、取得申込者に帰属します。

> （受益者）
> 第7条　この信託の元本および収益の受益者は、この信託の受益証券を投資対象とする●●株式会社の証券投資信託の受託者である信託業務を営む銀行とします。

〈マザーファンドの場合〉

■　趣　旨

　投資信託約款には、「受益者に関する事項」を記載しなければならないとされており（投信法4条2項2号）、本条はこれに対応する条項である。
　当初の受益者が委託者の指定する受益権取得申込者とされているため、この投資信託は他益信託である。以前は、委託者が当初受益者となり（自益信託）、その後に売買の形式で投資家に受益権を帰属させる形式をとる投資信託もあったようであるが、現在はそのような形式の投資信託はみられない。なお、「当初の」受益者、とあるのは、受益権はその後譲渡されることがあり、その場合当初の受益者と異なる者が受益者となるためである。

■　マザーファンドの場合

　約款第6条（受益権の取得申込みの勧誘の種類）に記載のとおり、マザーファンドはもっぱらベビーファンドにより投資されるファンドであるため、上記のような記載となる。

ベビーファンドによるマザーファンド受益権の取得と"自己取引の禁止"

　金商法42条の2は、投資運用業に関し、利益相反防止の観点から一定の禁止事項を定めており、同条1号はいわゆる自己取引の禁止として「自己又はその取締役若しくは執行役との間における取引を行うことを内容とした運用を行うこと」を禁止している（同条ただし書を受けた金商業等府令128条に一定の例外が定められている）。

　委託者指図型投資信託の受益権は投資信託委託会社が発行者とされていることから（投信法2条7項）、ベビーファンドの運用者である投資信託委託会社の指図に基づくマザーファンド受益権の取得は、形式上この禁止に該当するのではないかという疑問がありうるが（「原則として」該当すると述べるものとして、長島・大野・常松法律事務所編『アドバンス金融商品取引法［第2版］』（商事法務、2014年）889頁）、金商法42条の2第1号が禁止する「取引」は、投資信託財産たる金銭等を用いて株式等の有価証券を購入したり、購入した株式等を売却したりすることを意味し、投資信託委託会社が受益権を発行する行為は含まれないと解するべきであろう。

　協会運用規則12条5項で「委託会社は、当該委託会社が自ら運用の指図を行う投資信託証券を組入れる場合は、利益相反に十分留意しなければならない」と定められているが、これは投資信託委託会社が自ら運用するファンドの受益証券を購入する指図をすることは金商法により禁止される自己取引には該当しないことが前提となっていると考えられる。

第3章　約款本文（第7条）

> （受益権の分割および再分割）
> 第8条　委託者は、第3条（信託の目的および金額）の規定による受益権については●●億口を上限として、追加信託によって生じた受益権については、これを追加信託のつど第9条（追加信託の価額および口数、基準価額の計算方法）第1項の追加口数に、それぞれ均等に分割します。
> ②　委託者は、受託者と協議のうえ、社振法に定めるところに従い、一定日現在の受益権を均等に再分割できるものとします。

■ 趣旨（第1項）

本条第1項は、委託者指図型投資信託の受益権は均等に分割すべき旨を定める投信法6条1項に基づくものである。

受益権の分割という概念は、旧信託法には存在せず、戦前の証券投資信託における受益権の分割の考え方（債権としての受益権の分割）を導入したものとされている[28]。

新信託法下においても、基本的な考え方に変更はなく、投資信託約款の定め等により、これを分割して一部を譲渡することは可能と解されている[29]。

本条第1項は、このような受益権の分割譲渡を可能とするための規定であり、追加型投資信託としての性質を基礎づけるために必要な規定と位置づけられる。

■ 趣旨（第2項）

本条第2項は、受益権の再分割に係る規定である。

受益権の再分割とは、たとえば1口を2口にすることであり、株式の分割に類似するものである。

受益権の再分割について、投信法に特段の規定は置かれていないが、旧信託法

---

[28] 佐々木功・松本崇『特別法コンメンタール　証券投資信託法・貸付信託法』（第一法規出版、1977年）20頁
[29] 三菱UFJ信託銀行編著『信託の法務と実務［6訂版］』（金融財政事情研究会、2015年）135頁

下においても受益権の量的な（再）分割は可能と解されていたところであり[30]、新信託法下においても、投資信託約款に規定することにより可能と解される。

なお、マザーファンドの受益証券は振替制度に移行していないため、マザーファンドの約款には、本条第2項中の「社振法に定めるところに従い」の文言が入らない。

■ 受益権の併合

受益権の併合についても、投信法に特段の規定は置かれていないが、受益権の（再）分割と同様、投資信託約款に規定することにより可能と解される（もっとも、実務でかかる規定をみることはない）。

受益権の併合とは、たとえば2口を1口にすることであり、株式の併合に類似するものである。

■ 投資信託受益権の（再）分割および併合

振替機関が取り扱う投資信託受益権の（再）分割および併合については、社振法121条の2に規定があり、同規定に基づく保振業務規程において、保振が取り扱う投資信託受益権の要件として、「投資信託約款において投資信託受益権の分割又は併合の定めがあるものにあっては、当該投資信託約款において、投資信託受益権の分割又は併合により増加又は減少する投資信託受益権の口数については、振替機関等が備える振替口座簿における当該振替機関等の各加入者の口座（顧客口を除く。）ごとに算出し、その算出された口数に1口に満たない端数が生じるときは、その端数を切り捨てる（併合の場合にあっては切り上げる）旨の定めがあるもの」であることを求めている（保振業務規程8条の3第2項5号）。

保振業務規程をふまえ、保振の「投資信託振替制度 投資信託受益権の分割及び併合に係る要綱」には、さらに具体的に、分割および併合の対象となる投資信託受益権として、投資信託約款に以下の事項が規定されていることを求めている。

・投資信託受益権の分割又は併合を行うことができること

---

[30] 四宮和夫『信託法［新版］』（有斐閣、1989年）322頁

・1口未満の口数を排除すること
・分割又は併合により1口未満の端数が生じる場合には、これを切り捨てること
・分割又は併合に係る端数の処理は、口座管理機関ごとに行うこと
・特例投資信託受益権であり、かつ投資信託振替制度に移行されたものと移行されないものが並存する場合には、同一銘柄の受益権であっても分割又は併合に係る端数の処理を別々に計算すること

　上記事項をあらかじめ本条に規定している委託会社も存在するが、多くの場合は規定されていないため、投資信託受益権の（再）分割または併合を行う場合は、まず投資信託約款を変更して上記事項を規定し、その後に実施することになる。

■ 信託契約書の作成・締結実務

　委託会社と受託会社が締結する信託契約書は、当初設定口数を記載した約款を用いて作成・締結される。その際の本条第1項の文言は、以下のようになる。

　　第8条　委託者は、第3条（信託の目的および金額）の規定による受益権については［　　　］口を、追加信託によって生じた受益権については、これを追加信託のつど第9条（追加信託の価額および口数、基準価額の計算方法）第1項の追加口数に、それぞれ均等に分割します。

　当初設定口数の上限が記載されたものは投資信託約款の案であり、当初設定口数の確定口数が記載されたものが正式な投資信託約款であるという説明は可能であろう（約款第3条（信託の目的および金額）の解説参照）。

（追加信託の価額および口数、基準価額の計算方法）
第9条　追加信託金は、追加信託を行う日の前営業日の基準価額に、当該追加信託に係る受益権の口数を乗じた額とします。
②　この約款において基準価額とは、信託財産に属する資産（受入担保金代用有価証券および第29条（公社債の借入れ）に規定する借入有価証券を除きます。）を法令および一般社団法人投資信託協会規則に従って時価または一部償却原価法により評価して得た信託財産の資産総額から負債総額を控除した金額（以下「純資産総額」といいます。）を、計算日における受益権総口数で除した金額をいいます。
③　外貨建資産（外国通貨表示の有価証券（以下「外貨建有価証券」といいます。）、預金その他の資産をいいます。以下同じ。）の円換算については、原則として、わが国における計算日の対顧客電信売買相場の仲値によって計算します。
④　第31条（外国為替予約取引の指図および範囲）に規定する予約為替の評価は、原則として、わが国における計算日の対顧客先物売買相場の仲値によるものとします。

（追加信託の価額および口数、基準価額の計算方法）
第9条　追加信託金は、追加信託を行う日の追加信託または信託契約の一部解約（以下「一部解約」といいます。）の処理を行う前の信託財産に属する資産（受入担保金代用有価証券および第29条（公社債の借入れ）に規定する借入有価証券を除きます。）を法令および一般社団法人投資信託協会規則に従って時価または一部償却原価法により評価して得た信託財産の資産総額から負債総額を控除した金額（以下「純資産総額」といいます。）を、追加信託または一部解約を行う前の受益権総口数で除した金額に、当該追加信託に係る受益権の口数を乗じた額とします。

（略）

〈マザーファンドの場合〉

■ 趣　旨

　投資信託約款には、「投資信託財産の評価の方法、基準及び基準日に関する事項」を記載しなければならないとされており（投信法4条2項7号）、また、その細目として「運用の指図を行う資産の種類に応じ、それぞれの評価の方法、基準及び基準日に関する事項」が定められている（投信法施行規則8条3号）。本条は、これに対応する条項である。

■ 追加信託の価額および口数

　本条第1項に定める「追加信託を行う日」とは、追加信託金を受託者に信託する日（追加設定日）のことであり、追加信託金を受託者に信託する日（追加設定日）とは、要物契約的な面を重視して、信託口座に入金があった日ととらえるようである。信託口座への入金は、基準価額適用日の翌営業日になされる。よって、本条第1項に定める「追加信託を行う日の前営業日の基準価額」とは、わかりにくいが、要するに約款第13条（受益権の申込単位および価額）第4項に定める基準価額適用日の基準価額のことである。

　追加信託に際して、追加信託を行う日の基準価額ではなくその前営業日の基準価額を追加信託金算定の基礎に置いているのは、次の理由による。すなわち、信託財産の内容が確認されなければ追加信託金の額を決定しようがなく、理論的には追加信託時の信託財産の資産価値、つまり、その時の基準価額を基礎にして算定するのが望ましいのであるが、追加信託時に常にその時の資産価値を把握しておくことは事務的に不可能である。そこで、資産価値の確認が事務的に可能であり、しかも追加信託日の最近時として「前営業日の基準価額」が算定の基礎に置かれているのである[31]。

---

[31] 大和証券投資信託委託「投資信託研究」No.3 Aug 1962、50頁

■ 基準価額の意義

本条第2項は、基準価額について定める。基準価額とは、計算日現在における信託勘定元帳の資産総額から負債総額を控除した額に所定の評価損益を加減した金額を同日の残存受益権口数をもって除して得た金額をいうとされており（投信法施行規則別表第一参照）、本条第2項はこれをふまえた規定となっている。

かかる基準価額の定義からすれば、基準価額は1口当りの価額となるが、実務上は10,000口当りの価額を10,000口当りの「基準価額」として表示することも多い。

ちなみに、初日の基準価額は、その日1日の運用結果が反映されるため、1円（10,000円）になるとは限らない。もっとも、運用しなければ価格の変動は生じないので、その場合は1円（10,000円）のままとなる。

■ 時価評価について

本条第3項および第4項は、外貨建資産および予約為替の評価に関する規定である。時価評価については、投信協会規則に詳細な規定が置かれている（協会評価及び計理等規則第2編）。

■ マザーファンドの場合

マザーファンドにおいては、原則としてベビーファンドからマザーファンドへの取得申込日における当日の暫定基準価額をもって追加設定が行われる（協会評価及び計理等規則39条本文）。暫定基準価額とは、追加設定申込当日の追加設定、一部解約の処理を行う前の純資産総額を設定、解約の処理を行う前の受益権総口数で除して得た金額をいう。

なお、インデックスファンド等のマザーファンドにおいては、所定の条件のもとで前営業日の基準価額を使用することができる取扱いとなっている（協会運用規則9条2項、協会評価及び計理等規則39条ただし書参照）。この場合の本条第1項の文言は以下のようになる。

> 第9条　追加信託金は、追加信託を行う日の前営業日の信託財産に属する資産（受入担保金代用有価証券および第29条（公社債の借入れ）に規定する借入

有価証券を除きます。)を法令および一般社団法人投資信託協会規則に従って時価または一部償却原価法により評価して得た信託財産の資産総額から負債総額を控除した金額(以下「純資産総額」といいます。)を、追加信託を行う日の前営業日の受益権総口数で除した金額に、当該追加信託に係る受益権の口数を乗じた額とします。

なお、「委託会社は、1つの親投資信託を投資対象とする子ファンドが複数ある場合において、当該親投資信託の設定又は解約の申込を行うに当たっては、子ファンド間の平等性に留意するものとする」とされている(協会運用規則9条1項)。この規定は、複数あるベビーファンドの1つの設定解約がマザーファンドの基準価額に影響を与え、結果として他のベビーファンドに影響を与える可能性を指摘し、このような不平等が生じないようにすべき旨を指摘したものである。

> （信託日時の異なる受益権の内容）
> 第10条　この信託の受益権は、信託の日時を異にすることにより差異を生ずることはありません。

■ 趣　旨

「委託者指図型投資信託の受益権は、均等に分割し、その分割された受益権は、受益証券をもって表示しなければならない」とされており（投信法6条1項）、この「均等に」の文言の存在により、異なる内容を有する複数のクラスの受益権（クラスシェア）の発行は認められないと解されている。なお、投資法人に関する法令においては「均等に」の文言は存在しない。

受益権が相互に均等の内容をもつことは、投資信託の一般原理でもあるが、追加型投資信託においては、このことが特に意味をもってくる。単位型投資信託の受益権は発生時期が同一であるからそれほど問題はないが、追加型投資信託においては受益権が時期的にずれて発生してくるので、権利内容を均等にする特別の処理方法が要請されてくる。つまり、新旧受益権の均等性の要請から収益調整金、特別分配金、特有の元本概念等、独特の技術的な処理方法が採用されている。追加型投資信託の本質は、単に元本を任意に追加していくことでなく、受益権の内容を変えずに、しかも、新旧受益権の関係を均等に保ちながら任意に追加できることにあるとされる[32]。

■ 税制との関係

税法上の個別元本方式によれば、異なる時期に発行された受益権に係る取得者の税効果は異なるが、それは受益権の均等性に反するものではない。また、同じ投資信託であっても販売会社により販売手数料が異なることがあるが、こちらも受益権の均等性には反しない。

---

[32]　大和証券投資信託委託「投資信託研究」No.3 Aug 1962、55、56頁

(受益権の帰属と受益証券の不発行)
第11条　この信託のすべての受益権は、社振法の規定の適用を受け、受益権の帰属は、委託者があらかじめこの投資信託の受益権を取り扱うことについて同意した一の振替機関（社振法第2条に規定する「振替機関」をいい、以下「振替機関」といいます。）および当該振替機関の下位の口座管理機関（社振法第2条に規定する「口座管理機関」をいい、振替機関を含め、以下「振替機関等」といいます。）の振替口座簿に記載または記録されることにより定まります（以下、振替口座簿に記載または記録されることにより定まる受益権を「振替受益権」といいます。）。
②　委託者は、この信託の受益権を取り扱う振替機関が社振法の規定により主務大臣の指定を取り消された場合または当該指定が効力を失った場合であって、当該振替機関の振替業を承継する者が存在しない場合その他やむを得ない事情がある場合を除き、振替受益権を表示する受益証券を発行しません。なお、受益者は、委託者がやむを得ない事情等により受益証券を発行する場合を除き、無記名式受益証券から記名式受益証券への変更の請求、記名式受益証券から無記名式受益証券への変更の請求、受益証券の再発行の請求を行わないものとします。
③　委託者は、第8条（受益権の分割および再分割）の規定により分割された受益権について、振替機関等の振替口座簿への新たな記載または記録をするため社振法に定める事項の振替機関への通知を行うものとします。振替機関等は、委託者から振替機関への通知があった場合、社振法の規定に従い、その備える振替口座簿への新たな記載または記録を行います。

(受益証券の発行および種類ならびに受益証券不所持の申出)
第11条　委託者は、第8条（受益権の分割および再分割）の規定により分割された受益権を表示する記名式の受益証券を発行します。
②　委託者が発行する受益証券は、1口の整数倍の口数を表示した受益証券とします。

③　受益者は、当該受益証券を他に譲渡することはできません。
④　前各項の規定にかかわらず、受益者は、委託者に対し、当該受益者の有する受益権に係る受益証券の所持を希望しない旨を申し出ることができます。
⑤　前項の規定による申出は、その申出に係る受益権の内容を明らかにしてしなければなりません。この場合において、当該受益権に係る受益証券が発行されているときは、当該受益者は、当該受益証券を委託者に提出しなければなりません。
⑥　第4項の規定による申出を受けた委託者は、遅滞なく、前項前段の受益権に係る受益証券を発行しない旨を受益権原簿に記載し、または記録します。
⑦　委託者は、前項の規定による記載又は記録をしたときは、第5項前段の受益権に係る受益証券を発行しません。
⑧　第5項後段の規定により提出された受益証券は、第6項の規定による記載または記録をしたときにおいて、無効となります。
⑨　第4項の規定による申出をした受益者は、いつでも、委託者に対し、第5項前段の受益権に係る受益証券を発行することを請求することができます。この場合において、同項後段の規定により提出された受益証券があるときは、受益証券の発行に要する費用は、当該受益者の負担とします。

〈マザーファンドの場合〉

■ 趣　旨

　投資信託約款には、受益証券に関する事項を記載しなければならないとされており（投信法4条2項5号）、本条はこれに対応する条項である。なお、受益証券に関する事項については、さらに細目として次のものが定められている（投信法施行規則8条1号）。

　　イ　受益証券の記名式又は無記名式への変更及び名義書換手続に関する事項
　　ロ　記名式受益証券の譲渡の対抗要件に関する事項
　　ハ　受益証券の再発行及びその費用に関する事項

委託者指図型投資信託の分割された受益権の譲渡および行使は、記名式の受益証券をもって表示されるものを除くほか、受益証券をもってしなければならないとされており（投信法 6 条 2 項）、受益証券が発行されるのが原則とされている[33]。

　なお、実際は、マザーファンド以外はほとんどすべての投資信託が、（公募・私募を問わず）振替制度を利用して受益証券を発行していない。また、すでに発行された受益証券は、株券と異なり、失権していない。そのため、受益証券保有者が販売会社の窓口に受益証券を持参した場合には、換金対応を要する（後記参照）。

■ 受益証券の無券面化（ペーパーレス化）

　投資信託受益権の振替制度の利用については、すでに平成14年の社振法の改正（翌年施行）の際に、投資信託の受益権に同法の一般社債の振替に関する条文を準用すると規定されることにより法律上の手当がなされたが、その後、保振における規程整備等を経て、平成19年 1 月 4 日に実際にスタートした（第 1 部「総論」第 1 章「主要法令の概観」[5]参照）。

　保振の規程上は、投資信託受益権の振替は社債等（短期社債、国債を含む）に関する規程群のなかで扱われている。保振業務規程第 6 章の 3 （58条の32以下）、保振業務規程施行規則第 5 章の 3 （27条の42以下）等である。振替制度においては、投資信託受益権の発生、消滅、移転が保振のシステム上の口座（振替口座）における記録により行われる。各受益権者（投資家）は、通常はその受益権を購入した販売会社（証券会社や銀行）が保振の口座管理機関となっており、当該口座管理機関を通じて受益権を取得することになる。

　平成19年 1 月 4 日以降、振替制度移行ファンドは受益証券を発行していない。その権利の帰属が振替口座簿の記載または記録により定まるものとされる投資信託受益権については、原則として受益証券を発行することができないとされているからであるが（社振法121条、67条 1 項）、これは制度趣旨からして当然のことである。

---

[33] 株式会社の株式については、旧商法下において株券の発行が原則であったものが会社法において不発行が原則とされたが（会社法214条）、投資信託の受益権は受益証券の発行がなお原則とされており、株式会社の株式と比較すると原則と例外が逆転している状況である。

なお、振替制度移行以前に発行された受益証券は、販売会社で保護預りされたものの大半が振替受益権になったが、受益証券を自ら保有する投資家も存在し、制度移行時に振替受益権として登録されず、受益証券としてそのまま保有されたものが現在も存在する。

　振替受益権として登録されなかった受益証券は、失権せず、振替制度移行後も受益証券として有効である。受益証券保有者が販売会社に収益分配金の支払請求や償還金の受取請求を行った場合、当該受益証券保有者に対し収益分配金や償還金の支払に応じる必要がある。そのため、受益証券を販売会社の店頭に持参された場合の対応について、振替制度移行時に、委託会社と募集の取扱いを行う指定販売会社の間で締結されている基本契約書の変更が行われ、以下の３つの業務が追加された。

・平成19年１月４日前に発行された受益証券を保有する受益者からの請求に基づいて当該受益証券を振替受入簿に記載または記録を申請する事務
・平成19年１月４日前に発行された受益証券を保有する受益者から一部解約の請求を受けた場合は、受益証券の事故の有無を照合したうえで、受益者からの請求に基づいて当該受益証券を振替受入簿に記載または記録を申請する事務
・平成19年１月４日以降においても、受益証券を保有する受益者に対する収益分配金および償還金の支払については、①収益分配金に係る収益分配金交付票と引換えに収益分配金を支払う事務、②受益証券と引換えに償還金を受益者に支払う事務

　投資信託受益権については、（ETFを除き）保振の振替制度を利用するのは任意であるが、現在では、ファミリーファンド方式のマザーファンド以外のほとんどすべての投資信託が、（公募・私募を問わず）振替制度を利用している。そのメリットは、印紙税の課税回避、受益証券の印刷・管理コストの削減のみならず、受益証券の損傷および紛失リスクを回避することもあると考えられる。また、受益証券は、実際には各投資家毎の保有分につき作成されるわけではなく、通常、大きな口数を表章する何枚かの大券が作成・保管され、追加設定・一部解約による発行受益券口数の変動は別紙に記録することにより管理されていたようであるが、かかる実務の法的有効性については理論的な難点があったとも考えられるところ、振替制度の利用によりかかる問題点も解消することとなった。

> **参 考**
>
> 　投資信託の受益証券には、以下のようにその券面金額に応じて、印紙税が課される（印紙税法2条、3条、7条、別表第一）。
>
> 　　500万円以下のもの　　　　　　　　　　　200円
> 　　500万円を超え1,000万円以下のもの　　 1,000円
> 　　1,000万円を超え5,000万円以下のもの　 2,000円
> 　　5,000万円を超え1億円以下のもの　　　 1万円
> 　　1億円を超えるもの　　　　　　　　　　 2万円
>
> 　なお、受益権を他の投資信託の受託者に取得させることを目的とする投資信託（マザーファンド）の受益証券のうち、その信託契約により譲渡が禁止されている記名式の受益証券で、券面に譲渡を禁ずる旨の表示がされているものは非課税とされている（印紙税法施行令25条の2）。

■ マザーファンドの場合

　マザーファンドは、平成19年1月4日の振替制度移行に参加しておらず、原則として受益証券の発行が必要である（保振が取り扱う投資信託受益権の要件として、「その受益権を他の投資信託（ファンド・オブ・ファンズを除く。）の受託者に取得させることを目的としないもの」が定められており、マザーファンドが除かれている。保振業務規程8条の3第2項2号）。

　平成19年9月30日施行の投信法改正による信託法の準用に伴い（投信法6条7項、信託法208条1項）、受益証券不所持の申出により受益証券を発行しないことができることになった。これに伴い、受益証券不所持に係る約款の手当が平成19年10月以降設定のすべての投資信託でなされたが、多数のファンドを有する委託会社のなかには、従前どおり受益証券を発行しているところもある[34]。

■ 社振法および保振業務規程の規定

　社振法は、投資信託受益権の振替えについては独自の規定を設けておらず、同法121条が振替社債に関する一定の条項（66条以下）を準用することとされてお

り、同条および社振法施行令24条に読替規定が置かれている。

　投資信託受益権の発行者（すなわち投資信託委託会社）は、ファンド（投資信託）の設定にあたって一定の事項を保振に通知しなければならない（社振法121条が準用する同法69条、保振業務規程58条の36第1項・2項）。保振は、この通知を受けて、受託会社等の関係者に一定の事項を通知する（保振業務規程58条の36第3項）。発行者はさらに、実際に投資信託受益権を発行する場合にも保振に一定の事項を通知しなければならない（保振業務規程58条の37）。追加設定による受益権の発行、一部解約による受益権の口数の減少についても、発行者が保振に通知することにより記録される。受益権の譲渡があった場合（実際にはほとんど生じないと思われるが）には、保振の下位の口座管理機関（販売会社がこれに該当するのが通常）が機構に対して振替えの申請を行う（保振業務規程58条の43）。

34　たとえば、ベビーファンドが旧法信託マザーファンドと新法信託マザーファンドをともに投資対象としているファミリーファンドにおいて、ベビーファンドがマザーファンドの追加設定、一部解約を行った場合、旧法信託マザーファンドでは受益証券発行、新法信託マザーファンドでは受益証券不所持申出による受益証券不発行となると、別々の事務処理を行う必要がある。これによる事務処理の煩雑さの回避、ひいては事務ミスの防止のために、あえて新法信託マザーファンドについても受益証券を発行するという実務があるようである。もっとも、事務手続の見直しにより受益証券の不発行によるコスト削減効果がより大きいことが認識され、このようなファミリーファンドにおいても、新法信託マザーファンドについて受益証券不所持の申出を行うように方針転換した委託会社もあるようである。

> （受益権の設定に係る受託者の通知）
> 第12条　受託者は、第3条（信託の目的および金額）の規定による受益権については信託契約締結日に、また、追加信託により生じた受益権については追加信託のつど、振替機関の定める方法により、振替機関へ当該受益権に係る信託を設定した旨の通知を行います。

> （受益証券の発行についての受託者の認証）
> 第12条　委託者は、第11条（受益証券の発行および種類ならびに受益証券不所持の申出）第1項の規定により受益証券を発行するときは、その発行する受益証券がこの信託約款に適合する旨の受託者の認証を受けなければなりません。
> ②　前項の認証は、受託者の代表取締役がその旨を受益証券に記載し記名捺印することによって行います。

〈マザーファンドの場合〉

■　趣　　旨

　受託者は、ファンド（投資信託）の投資信託受益権に係る信託を発行者の指図により設定したときは、保振にその旨を通知しなければならない（保振業務規程58条の41第1号）。DVP決済[35]の指定がある場合は、保振が規則で定めるところにより確認したことをもって、信託設定に伴う通知とみなすこととされている（保振業務規程58条の41第2号）。本条は、かかる規定に対応するものである。

■　マザーファンドの場合

　マザーファンドにおいては、現在も受益証券が発行される場合があるため、受

---

[35]　保振が渡方の社債等を便宜的に設けた発行口、振替口、解約口または償還口に一時的に記録しておき、日本銀行においてこれに対応する資金決済が行われたことの確認をもって、当該社債等を受方に振り替える仕組みをいう（保振業務規程2条31号）。

益証券の発行に係る受託者の認証手続が本条で規定される。

　認証とは、受益証券が法および投資信託約款に基づいて正当な手続で発行された旨を証明する行為であり、受託者の認証行為の介在により委託者の不法発行に対する安全弁を期そうという受益者保全の要請であるとされる[36]。

　平成12年の改正前の投信法においては、投資信託の受益証券の発行主体について明文の規定がなかったため、受託者を発行者と解し、本条を法令上要求される受益証券への（発行者の）「取締役」の記名捺印に関する規定と解する考え方もあったようである[37]。

　しかし、平成12年の投信法改正により委託者指図型投資信託の発行者が委託者である旨が明記され（同法2条7項）、また、平成18年の改正により法令上要求される受益証券へ記名押印を行うべき者が「代表取締役」から「委託者の代表者」（下線は筆者）と明記されるに至っており（同法6条6項）、上記の考え方をとる余地はもはやない。

　マザーファンドにおける本条の規定は、法的条件ではない、受益証券の発行に係る（単なる）事務手続を定めたものである。

---

[36] 大和証券投資信託委託「投資信託研究」No.3 Aug. 1962、59頁
[37] 投資信託事情調査会「コンメンタール証券投資信託法〔7〕」投資信託事情6巻8号13頁

（受益権の申込単位および価額）

第13条　委託者の指定する第一種金融商品取引業者（委託者の指定する金融商品取引法第28条第1項に規定する第一種金融商品取引業を行う者をいいます。以下同じ。）および委託者の指定する登録金融機関（委託者の指定する金融商品取引法第2条第11項に規定する登録金融機関をいいます。以下同じ。）（以下、総称して「指定販売会社」といいます。）は、第8条（受益権の分割および再分割）第1項の規定により分割される受益権を、その取得申込者に対し、指定販売会社が定める単位をもって取得申込みに応ずることができるものとします。ただし、第46条（収益分配金、償還金および一部解約金の支払い）第2項に規定する収益分配金の再投資に係る受益権の取得申込みを申し出た取得申込者に限り、1口の整数倍をもって取得申込みに応ずることができるものとします。

②　前項の取得申込者は、指定販売会社に、取得申込みと同時にまたはあらかじめ、自己のために開設されたこの信託の受益権の振替を行うための振替機関等の口座を示すものとし、当該口座に当該取得申込者に係る口数の増加の記載または記録が行われます。なお、指定販売会社は、当該取得申込みの代金（第4項の受益権の取得価額に当該取得申込みの口数を乗じて得た額をいいます。）の支払いと引換えに、当該口座に当該取得申込者に係る口数の増加の記載または記録を行うことができます。

③　第1項の規定にかかわらず、取得申込日が別に定める日に該当する場合は、受益権の取得の申込みに応じないものとします。ただし、第46条（収益分配金、償還金および一部解約金の支払い）第2項に規定する収益分配金の再投資に係る場合を除きます。

④　第1項の受益権の価額は、取得申込日の翌営業日の基準価額に、手数料および当該手数料に係る消費税および地方消費税（以下「消費税等」といいます。）に相当する金額を加算した価額とします。ただし、この信託契約締結日前の取得申込みに係る受益権の価額は、1口につき1円に手数料および当該手数料に係る消費税等に相当する金額を加算した価額とします。

⑤　前項の規定にかかわらず、第46条（収益分配金、償還金および一部解約金の支払い）第２項に規定する収益分配金を再投資する場合の受益権の価額は、原則として、第40条（信託の計算期間）に規定する各計算期間終了日の基準価額とします。

⑥　前各項の規定にかかわらず、委託者は、金融商品取引所（金融商品取引法第２条第16項に規定する金融商品取引所および金融商品取引法第２条第８項第３号ロに規定する外国金融商品市場をいいます。以下同じ。）等における取引の停止、外国為替取引の停止その他やむを得ない事情（投資対象国における非常事態（金融危機、デフォルト、重大な政策変更および規制の導入、自然災害、クーデター、重大な政治体制の変更、戦争等）による市場の閉鎖または流動性の極端な減少等）が発生したときは、受益権の取得申込みの受付を中止することおよびすでに受け付けた取得申込みを取り消すことができます。

（受益権の申込単位および価額）
　　（略）
 x　指定販売会社は、受益権の取得申込みに応じる場合には、受益権の取得申込者に対し、この受益権に関し金融商品取引法第４条第１項に規定する届出が行われていないこと、および第16条（受益権の譲渡制限）第１項に規定する受益権の譲渡に係る制限について、あらかじめまたは同時に書面をもって告知するものとします。

〈適格機関投資家私募の場合〉

（受益権の申込単位および価額）
　　（略）
 x　指定販売会社は、受益権の取得申込みの勧誘について、当該勧誘を行う相手方の数と当該受益権の発行される日以前６カ月以内に当該受益権と同一種類の有価証券の勧誘を行った相手方の数との合計が50名以上となると

きは、当該勧誘を行いません。
y 前項の場合における人数の計算については、当該取得申込みの勧誘の相手方に適格機関投資家（金融商品取引法第2条第3項第1号で定める適格機関投資家をいいます。）が含まれている場合において、当該適格機関投資家が取得する受益権に適格機関投資家に譲渡する場合以外の譲渡が禁止される旨の制限が付されているときは、当該取得申込みの勧誘の相手方である適格機関投資家を除くものとします。
z 指定販売会社は、受益権の取得申込みに応じる場合において、受益権の取得申込者が適格機関投資家であるときは、当該受益権の取得申込者に対し、この受益権に関し金融商品取引法第4条第1項に規定する届出が行われていないこと、および第16条（受益権の譲渡制限）第3項に規定する受益権の譲渡に係る制限について、あらかじめまたは同時に書面をもって告知するものとします。
a 指定販売会社は、受益権の取得申込みに応じる場合には、受益権の取得申込者に対し、この受益権に関し金融商品取引法第4条第1項に規定する届出が行われていないこと、および第16条（受益権の譲渡制限）第1項に規定する受益権の譲渡に係る制限について、あらかじめまたは同時に書面をもって告知するものとします。

〈一般投資家私募の場合〉

■ 趣旨（第1項）

　本条第1項は、受益権の申込単位に関する規定である。受益権の申込単位については、販売会社ごとにさまざまな定め方がされているため、本条第1項本文はかかる実務に対応した記載となっている。一方、分配金再投資の場合は1口の整数倍となり、本条第1項ただし書はかかる実務に対応した記載となっている。
　なお、直販や委託会社の自己設定の場合、本項は以下のような規定となる。
　「委託者は、第8条（受益権の分割および再分割）第1項の規定により分割される受益権を、その取得申込者に対し、委託者が定める単位をもって取得申込みに応じることができます。」

■ 趣旨（第2項）

本条第2項に言及される「振替機関等」は、約款第11条（受益権の帰属と受益証券の不発行）第1項で定義されており、社振法2条に規定する振替機関（すなわち保振）またはその下位の口座管理機関を意味する。後者は、通常、実際には受益権の取得申込者（投資家）が受益権を購入する指定販売会社がそれに該当する。通常、指定販売会社とその顧客との間で適用される約款（「投資信託総合取引約款」等）において、顧客は当該指定販売会社を口座管理機関として同社に取引口座（振替決済口座）を開設する旨を約している。

■ 趣旨（第3項）

本条第3項は、いわゆるファンド休業日に関する規定である。ファンドの投資対象である有価証券の取引市場である外国証券取引所や取引決済を行う海外の銀行が休業日となる場合は、ファンドにおける有価証券の買付けや売却ができない、または投資対象資産に係る公正な時価評価額が得られないことから、投資家からの取得申込み・一部解約の請求を受け付けないこととするものである[38]。

ただし、近年は、関連する外国証券取引所や海外の銀行の休業日に該当する日であっても取得申込み・一部解約の請求を受け付けることとしているファンドも見受けられる[39]。

ファンド休業日は、「別に定める日」として、約款本文後の付表に記載するのが一般的である。投資対象資産が1カ国の場合や1カ所の外国証券取引所の休業日を指定することでほとんどの投資対象資産の取引をカバーできる場合は、約款

---

[38] よって、主要投資対象資産が国内資産の場合は、ファンド休業日は設定されず、本条第3項は規定されない。

[39] 特に、一部解約に対応するキャッシュポジションの確保に係る手続において、時間的ミスマッチが生じないと整理しているものと考えられる。よほど有価証券売却における流動性の問題が生じない限りは、休業日1日分程度の期間短縮は対応可能であるとの判断に基づくものであろう。

他方、休業日に基準価額が更新されないという状況も生じるが、そもそもファンドの取得申込み・一部解約に適用される基準価額はブラインド方式による計算に基づくため、休業日に取得申込み・一部解約を受け付けたとしても適用される基準価額の判明が翌営業日（翌々営業日）に繰り越されるという事象にとどまり、業務運営上の問題は生じないと整理しているものと考えられる。

本文中に直接記載することもある。

■ 趣旨（第4項）

本条第4項について、基準価額の適用日は、投資対象資産が国内であるか海外であるかにより異なる。国内である場合は取得申込日当日、海外である場合は取得申込日の翌営業日となる。ファンド・オブ・ファンズの場合は取得申込日の翌々営業日となる場合もある。これらは、投資対象資産の計上のタイミングと、ブラインド[40]遵守との兼ね合いによる。

なお、投資信託約款に記載されることはないが、当日分の申込受付時限は午後3時までとなっている（協会正会員業務運営等規則8条1号）。これもブラインド遵守との兼ね合いによるものである。

■ 趣旨（第5項）

本条第5項は、収益分配金を再投資する場合の受益権の価額に関する規定である。この場合は、本条第4項の規定にかかわらず、原則として第40条（信託の計算期間）に規定する各計算期間終了日の基準価額となる旨を定めている。

■ 趣旨（第6項）

本条第6項は、緊急事態が発生した際の取得申込みの制限に係る規定である。約款第49条（信託契約の一部解約）第6項に規定する一部解約の制限と異なり、新たな受益権の取得申込みは、投資信託約款に規定されなくとも販売会社、委託会社において受付を拒否できるものと従前から解されてきたが、多様な販売会社の参入に伴い取得申込の制限についても投資信託約款に明記してほしいとの要望が寄せられ、新たに追加規定されたという経緯がある。

かかる経緯に伴い、投信協会の「緊急事態発生時における投資信託の運営等に係るガイドライン」が制定された。本ガイドラインでは、取得申込みに関して本

---

[40] 仮に前日の価額を用いる場合、投資家は当日の相場状況をみて売買することで確実に利益を上げることができるようになり、その分、既存の受益者の利益を害することになってしまう。このような弊害を防止するため、売買の申込みをした時点では適用される基準価額がわからないようになっており、これを一般に「ブラインド方式」または単に「ブラインド」という。

項類似の条項が規定されており、現在においては、本項は本ガイドラインに基づくものということができる。

■ 適格機関投資家私募の場合

　適格機関投資家私募の場合、受益権の取得申込みに関連する事項として、適格機関投資家向け勧誘の告知の内容が追加で規定される（金商法23条の13第１項および２項、特定有価証券開示府令19条１項４号、定義府令11条２項１号、上記ｘ）。

■ 一般投資家私募の場合

　一般投資家私募の場合、受益権の取得申込みに関連する事項として、少人数向け勧誘の告知の内容（金商法23条の13第４項および５項、特定有価証券開示府令20条１項２号、定義府令13条３項１号、上記ａ）に加え、以下のような少人数向け勧誘（少人数私募）の人数要件に係る事項についても追加で規定される。

- 受益権の取得申込みの勧誘を行う相手方の人数が50名以上となると募集（公募）になってしまう（金商法２条３項１号、金商法施行令１条の５）ため、かかる場合は当該勧誘を行わない旨が規定される（上記ｘ）。
- 受益権の取得申込みの勧誘の相手方に適格機関投資家が含まれている場合、当該適格機関投資家が取得する受益権に適格機関投資家に譲渡する場合以外の譲渡が禁止される旨の制限（転売制限）が付されていることが所定の方法により明示されているときは、当該取得申込みの勧誘の相手方である適格機関投資家を除くこととされている（いわゆる拡大少人数私募、金商法２条３項１号、金商法施行令１条の４第３号ハ、定義府令11条２項１号）ため、その旨が規定される（上記ｙおよびｚ）。
- 当該受益権の発行される日以前６カ月以内に当該受益権と同一種類の有価証券として内閣府令で定める他の有価証券（以下「同種の新規発行証券」という）が発行されている場合は、当該受益権の取得勧誘を行う相手方の人数とその同種の新規発行証券の勧誘を行った相手方の人数を合算する必要があるため（金商法２条３項２号ハ、金商法施行令１条の６）、合算して50名以上となるときは当該勧誘を行わない旨も規定される（上記ｘ）（公募の投資信託および適格機関投資家私募による投資信託の受益証券の勧誘の相手方の人数は合算す

る必要がない（金商法施行令1条の6カッコ書））。

なお、投資信託の受益証券（受益権）における同種の新規発行証券は、以下の各事項が同一である有価証券をいう（定義府令10条の2第2項・1項11号）。
・発行者
・投資信託財産
・信託の元本の償還および収益の分配の方法
・信託の元本の償還期限

上記の「当該受益権」は、金商法2条3項2号ハの「当該有価証券」の文言に基づく文言であるが、金商法2条3項ではまさにその時点で取得勧誘を行おうとしている有価証券を問題にしているため、文理上、過去に（勧誘が完了して）すでに発行された有価証券は含まないと解される。かかる解釈に基づく場合、1つの追加型投資信託の過去に発行された受益権は「当該受益権」に該当せず、「当該受益権」の勧誘対象人数としては、カウントする必要はないことになる。

次に、1つの追加型投資信託の過去に発行された受益権が「同種の新規発行証券」に該当するか否かを検討する。1つの追加型投資信託の発行日が異なる各受益権は、発行日は異なるものの、投信法6条によりすべて権利内容が同一（均一）であるため、「同じ」有価証券であると解される。「同種の新規発行証券」は、それらが「同一種類の有価証券として内閣府令で定める他の有価証券」（下線は筆者）と定義されているため、文理上、「他の」有価証券であることが前提であるように読める。しかしながら、かかる文理解釈にしたがうと、6カ月以内に発行された「他の」有価証券（で「同種の新規発行証券」に該当するもの）の勧誘対象人数は合算されるのに、6カ月以内に発行された「同じ」有価証券の勧誘対象人数は（「当該受益権」の勧誘対象人数としてカウントされず、かつ）合算もされないということになり、かかる結論は合理性を欠く。よって、1つの追加型投資信託の発行日が異なる各受益権は、「同じ」有価証券ではあるものの、上記通算規定の関係では、（同じ投資信託である限り上記の要件を満たすので）「同種の新規発行証券」に含まれ、6カ月以内に発行された受益権の勧誘対象人数を合算する必要があると解するべきである。かかる解釈は、「同種の新規発行証券」が「他の」有価証券であることを前提としている

ように読める同条項の文理解釈には反するが、これは関連法令が発行日を異ならせて発行される「同じ」有価証券というものを想定していないことに起因するものであり、立法による明確化が望まれるところである。

■ 私募の税務上の取扱い

私募の証券投資信託については、上場株式等には該当せず、公募の証券投資信託に対する税制上の恩典（個人投資家の申告分離課税、配当等との損益通算、損失の繰越、NISA等）は受けられない（約款第6条（受益権の取得申込みの勧誘の種類）の解説参照）。

■ マザーファンドの場合

マザーファンドはもっぱらベビーファンドから買いつけられるファンドであるため、マザーファンドの約款には本条のような規定がない。

追加型投資信託の少人数私募における、受益権の取得申込みの勧誘を行う相手方の人数カウント方法

本文記載の結論を敷衍すると、追加型投資信託の少人数私募においては、6カ月より前に発行された受益権の勧誘を行った相手方の人数は合算を免れることになり、期間と勧誘人数を適切に管理することによって半永久的に受益権の取得申込みの勧誘を行えることになる。上記のいわゆる6カ月合算ルールは発行時期を意図的にずらすことによる募集規制の潜脱防止にあるところ、追加型投資信託においては、たとえば長期間継続して勧誘が行われている場合等、場合によっては同ルールの適用によりかえって少人数私募の人数制限が緩和されるかのようにみえることに、違和感がなくはないところである。

通常の株式や社債の発行の場合、その有価証券の発行が特定の日（通常は複数日でなく1日）に定まっているため、当該発行日に発行される有価証券は「同じ有価証券」として当然に勧誘の相手方の人数にカウントされる。

一方、追加型投資信託の場合、追加型であるために募集期間の制限はな

く、その受益証券の発行が、申込みのつど、日々なされることになる。上記に記載した通常の株式や社債の場合との比較からすると、その発行が特定の日に定まっておらず、かつ複数日にわたるところに差異がある。そのため、たとえば、平成30年8月20日付発行の受益証券からみた同年1月20日付発行の受益証券のように、6カ月より前に発行された受益権というものが存在し、同ルールの適用により合算を免れるものが出てくることになる。

　冒頭の結論は、かかる考え方の論理的帰結といえる。実務においては、追加型投資信託の少人数私募は49名に勧誘して打ち止めとなるのではなく、過去に行った勧誘の相手方の人数は発行時から6カ月を経過することにより合算を免れるという特質を利用した活用がなされているようである。

（受益権の譲渡に係る記載または記録）
第14条　受益者は、その保有する受益権を譲渡する場合には、当該受益者の譲渡の対象とする受益権が記載または記録されている振替口座簿に係る振替機関等に振替の申請をするものとします。
② 　前項の申請のある場合には、前項の振替機関等は、当該譲渡に係る譲渡人の保有する受益権の口数の減少および譲受人の保有する受益権の口数の増加につき、その備える振替口座簿に記載または記録するものとします。ただし、前項の振替機関等が振替先口座を開設したものでない場合には、譲受人の振替先口座を開設した他の振替機関等（当該他の振替機関等の上位機関を含みます。）に社振法の規定に従い、譲受人の振替先口座に受益権の口数の増加の記載または記録が行われるよう通知するものとします。
③ 　委託者は、第1項に規定する振替について、当該受益者の譲渡の対象とする受益権が記載または記録されている振替口座簿に係る振替機関等と譲受人の振替先口座を開設した振替機関等が異なる場合等において、委託者が必要と認めるときまたはやむを得ない事情があると判断したときは、振替停止日や振替停止期間を設けることができます。

■ 趣　旨

　本条第1項は、受益者が振替受益権を譲渡する場合、受益者は振替機関等（通常は口座管理機関としての指定販売会社）に振替えの申請をすべき旨を定めている。受益者と指定販売会社の間の取引約款等において、同旨の規定が置かれているのが通常である。
　譲受人が譲渡人と同じ口座管理機関（指定販売会社）に振替決済口座を有している場合は同一口座管理機関での投資信託受益権口数の減少・増加を行えば足りるが（本条第2項第1文）、譲受人が振替決済口座を開設している先が譲渡人のそれと異なる場合、譲渡人の口座管理機関（指定販売会社）は、社振法の規定に基づき譲受人の振替先の口座管理機関に対して、投資信託受益権口数の増減の連絡を行う（本条第2項第2文、社振法70条、121条）。

受益権の譲受人が振替決済口座を開設している金融機関（振替先口座管理機関）が譲渡人の口座管理機関（指定販売会社）と異なる場合で、振替先口座管理機関が当該投資信託受益権を振替の申請を行う銘柄として取り扱っていない場合等、振替を実施するために一定の手続の履践を必要とする等の事態に対応するため、本条３項は、委託者の判断により振替停止日や振替停止期間を設けることができる旨を規定している。

■ マザーファンドの場合

　マザーファンドは振替制度に参加しておらず、また、そもそもマザーファンドの受益証券が第三者に譲渡されることはない（想定されていない）ため、マザーファンドの約款には本条のような受益権の譲渡に係る規定がない。

> （受益権の譲渡の対抗要件）
> 第15条　受益権の譲渡は、第14条（受益権の譲渡に係る記載または記録）の規定による振替口座簿への記載または記録によらなければ、委託者および受託者に対抗することができません。

■ 趣　旨

　本条は、振替受益権の譲渡の対抗要件について定める。

　振替受益権の譲渡は、振替口座簿への記載または記録により効力が生ずるとされており（社振法73条、121条）、これにより同時に発行者（委託者）その他の第三者にも対抗できるものとなると解される。この意味で、振替口座簿への記載・記録は、譲渡の効力発生要件でもあり、かつ対抗要件でもあるといってよく、本条の規定はかかる社振法の内容に沿ったものである。

　本条は、投資信託受益権の振替制度が開始してから現れた条項である。振替制度移行前は、（実際には受益証券は無記名式で作成されていたが）記名式の受益証券の譲渡に係る対抗要件の規定が置かれていた。

■ マザーファンドの場合

　マザーファンドは振替制度に参加しておらず、また、そもそもマザーファンドの受益証券が第三者に譲渡されることはない（想定されていない）ため、マザーファンドの約款には本条のような対抗要件の規定がない。

(受益権の譲渡制限)
第16条　受益者は、その取得した受益権を譲渡する場合には、当該受益権を適格機関投資家(金融商品取引法第2条第3項第1号に規定する者をいいます。)以外の者に譲渡することができないものとします。
②　受益者は、前項の譲渡を行う場合には、その相手方に対し、この受益権に関し金融商品取引法第4条第1項に規定する届出が行われていないこと、および前項に規定する受益権の譲渡に係る制限をあらかじめまたは同時に書面をもって告知するものとします。

〈適格機関投資家私募の場合〉

　(受益権の譲渡制限)
第16条　適格機関投資家以外の受益者は、受益権を一括して譲渡する場合以外の場合には、その譲渡を行うことができません。
②　前項の規定により受益権の譲渡を行う場合、当該受益者は、その相手方に対し、金融商品取引法第4条第1項に規定する届出が行われていないこと、および前項に規定する受益権の譲渡に係る制限を、あらかじめまたは同時に書面をもって告知するものとします。
③　適格機関投資家である受益者は、その取得した受益権を譲渡する場合には、当該受益権を適格機関投資家に譲渡する場合以外の譲渡を行うことができません。
④　前項の規定により受益権の譲渡を行う場合、当該受益者は、その相手方に対し、この受益権に関し金融商品取引法第4条第1項の規定による届出が行われていないこと、および前項に規定する受益権の譲渡に係る制限を、あらかじめまたは同時に書面をもって告知するものとします。

〈一般投資家私募の場合〉

■ 趣旨（適格機関投資家私募の場合）

　適格機関投資家私募の場合、私募要件の1つとして受益権に適格機関投資家に譲渡する場合以外の譲渡が禁止される旨の制限（転売制限）が付されているため、かかる譲渡制限の内容が本条に規定される（本条第1項）。

　適格機関投資家私募の現在の私募要件は、以下のとおりとなっている（金商法2条3項1号、金商法施行令1条の4第3号ハ、定義府令11条2項1号）。

- 次に掲げるいずれかの要件に該当すること。
  - イ　当該有価証券に適格機関投資家に譲渡する場合以外の譲渡が禁止される旨の制限（以下「転売制限」という）が付されている旨が当該有価証券に記載され、当該有価証券の取得者に当該有価証券が交付されること。
  - ロ　当該有価証券の取得者に交付される当該有価証券に関する情報を記載した書面において、当該有価証券に転売制限が付されている旨の記載がされていること。
  - ハ　社振法の規定により加入者が当該有価証券に転売制限が付されていることを知ることができるようにする措置がとられていること。

　実務的には、金商法23条の13第1項および2項に基づく告知書（いわゆる転売制限告知書）の交付をもって上記ロの要件を充足させていると解されている[41]。

　なお、平成21年の改正（平成22年4月1日施行）前の適格機関投資家私募の私募要件は、以下のようなものであった（平成21年の改正前の金商法（本条において、以下「旧金商法」という）2条3項1号、同改正前の金商法施行令（本条において、以下「旧金商法施行令」という）1条の4第3号）。

- 振替投資信託受益権の場合（同改正前の定義府令（本条において、以下「旧定義府令」という）11条3項1号）
  - イ　当該振替投資信託受益権を取得した者がその振替投資信託受益権を適格機関投資家に譲渡する場合以外の場合にはその譲渡を行わないことを

---

[41] 平成21年12月金融庁パブコメ回答7頁No.21
　　Q：定義府令案第11条第2項第2号ロの「当該有価証券に関する情報を記載した書面」とは、転売制限告知書を含むと理解してよいか。
　　A：「当該有価証券に関する情報を記載した書面」とは、転売制限告知書を含みます。

　　　　約することを取得の条件として、取得勧誘が行われていること。
　　　ロ　当該振替投資信託受益権にイに掲げる条件が付されていることが明白
　　　　となる名称が付されていること。
　・投資信託の受益証券（振替投資信託受益権に係るものを除く）の場合（旧定
　　義府令11条３項２号）
　　　イ　当該有価証券を取得しようとする者が当該有価証券を記名式とするよ
　　　　う請求し、かつ、当該請求により記名式となった当該有価証券を無記名
　　　　式とする請求をしないことを取得の条件として、取得勧誘が行われるこ
　　　　と。
　　　ロ　当該有価証券を取得した者がその有価証券を適格機関投資家に譲渡す
　　　　る場合以外の場合にはその譲渡を行わないことを約することを取得の条
　　　　件として、取得勧誘が行われていること。
　　　ハ　当該有価証券にロに掲げる条件が付されていることが明白となる名称
　　　　が付されていること。
　また、受益者が受益権を転売する際に、適格機関投資家向け勧誘の告知と同じ
内容を転売先に告知すべき旨も規定されるのが通常である（本条第２項）。転売先
にもかかる転売制限の内容を周知させ、適格機関投資家私募の要件充足の実効性
を保つため（転売が受益権の売付勧誘等に該当する場合にも私売出しに該当するよう
にするため）であると考えられる。

■ 趣旨（一般投資家私募の場合）

　一般投資家私募の場合、私募要件の１つとしての転売制限の内容は、以下のと
おりとなっている（金商法２条３項２号ハ、金商法施行令１条の７第２号ハ(3)、定義
府令13条３項１号）。
　・次に掲げるいずれかの要件に該当すること。
　　　イ　次に掲げるいずれかの制限（以下この号において「転売制限」という。）
　　　　が付されている旨が当該有価証券に記載され、当該有価証券の取得者に
　　　　当該有価証券が交付されること。
　　　　(1)　当該有価証券を取得し、又は買い付けた者がその取得又は買付けに
　　　　　係る当該有価証券を一括して譲渡する場合以外に譲渡することが禁止

　　　　される旨の制限
　　　(2)　当該有価証券の枚数又は単位の総数が50未満である場合において、当該有価証券の性質によりその分割ができない旨又は当該有価証券に表示されている単位未満に分割できない旨の制限
　　ロ　当該有価証券の取得者に交付される当該有価証券に関する情報を記載した書面において、当該有価証券に転売制限が付されている旨の記載がされていること。
　　ハ　社債等振替法の規定により加入者が当該有価証券に転売制限が付されていることを知ることができるようにする措置がとられていること。
　実務的には、上記イ(1)の転売制限の内容が記載された金商法23条の13第4項および5項に基づく告知書（いわゆる転売制限告知書）の交付をもって上記ロの条件を充足させていると解されており、かかる譲渡制限の内容が本条に規定される（本条第1項）。
　なお、これに対応する平成21年の改正前の私募要件は、以下のようなものであった（旧金商法2条3項2号ハ、旧金商法施行令1条の7第3号）。
・投資信託の受益証券（振替投資信託受益権に係るものを除く）（旧定義府令13条3項4号）
　・次のいずれかに該当する場合
　　イ　当該有価証券を取得しようとする者が当該有価証券を記名式とするよう請求し、かつ、当該請求により記名式となった当該有価証券を無記名式とする請求をしないことを取得の条件として、取得勧誘が行われる場合で、当該有価証券に転売制限が付されており、当該有価証券の取得者に交付される当該有価証券の内容等を説明した書面においてその旨が記載されている場合
　　ロ　当該有価証券の取得者が当該有価証券を分割して他の者に譲渡する場合には、あらかじめ定められた方法……に従った分割以外の分割ができない旨が当該有価証券の権利の内容を規定する信託契約において定められており、その旨が当該有価証券の取得者に交付される当該有価証券の内容等を説明した書面に記載されている場合
・振替投資信託受益権（旧定義府令13条3項4号の2）

・次のいずれかに該当する場合
　イ　当該振替投資信託受益権に転売制限が付されており、かつ、当該振替投資信託受益権の取得者に交付される当該振替投資信託受益権の内容等を説明した書面においてその旨が記載されている場合
　ロ　前号ロに規定する場合

　平成21年の改正前は、上記ロに基づき分割譲渡に関する規定をすることがあった（この場合、投資信託約款への記載が義務づけられていた）が、現在、一般投資家私募においてかかる分割譲渡は認められていない（ただし、定義府令13条3項1号イ(2)後段の要件を満たす方式による場合には可能）。

　また、受益者が受益権を転売する際に、少人数向け勧誘の告知と同じ内容を転売先に告知すべき旨も規定されるのが通常である（本条第2項）。適格機関投資家私募の場合と同様、転売先にもかかる転売制限の内容を周知させ、少人数私募の要件充足の実効性を保つためであると考えられる。

　約款第13条（受益権の申込単位および価額）yの規定により人数計算から除かれる適格機関投資家が保有する受益権の転売制限の内容および同内容の転売先への告知についても、同様に本条で規定される（本条第3項および第4項）。

（投資の対象とする資産の種類）
第17条　この信託において投資の対象とする資産の種類は、次に掲げるものとします。
1　次に掲げる特定資産（投資信託及び投資法人に関する法律施行令第3条に掲げるものをいいます。以下同じ。）
　　イ　有価証券
　　ロ　デリバティブ取引（金融商品取引法第2条第20項に規定するものをいい、第24条（先物取引等の運用指図）、第25条（スワップ取引の運用指図）および第26条（金利先渡取引および為替先渡取引の運用指図）に定めるものに限ります。）に係る権利
　　ハ　約束手形
　　ニ　金銭債権
2　次に掲げる特定資産以外の資産
　　イ　為替手形

■　趣　　旨

　投資信託約款には、運用に関する事項（投資の対象とする資産の種類を含む）を記載しなければならないとされており（投信法4条2項6号、投信法施行規則8条2号ロ）、本条はこれに対応する条項である。

　委託者指図型投資信託は、信託財産を主として「特定資産」に投資するものであることが必要である（投信法2条1項）。本条第1号は、この投資信託で投資の対象とする資産のうち、特定資産に該当するものを列挙したものである。

　「特定資産」に属しない資産への投資は、主として、でなければ許容される。本条第2号は、このような制限のなかで、この投資信託で投資の対象とする資産のうち、特定資産に該当しないものを列挙したものである。為替手形への投資について、実務上のニーズがどの程度あるかは不明であるが、特定資産以外の資産として、通常あげられていることが多い。

　本約款例の場合、本条に記載された資産以外の資産（たとえば、動産等）には、

たとえ少量であっても投資することができないので、留意が必要である。

■ 特定資産の意義

「特定資産」は、投信法施行令3条に定義されており、以下のものを指す。

① 有価証券（金商法2条1項の有価証券および同条2項の規定により有価証券とみなされる権利をいう[42]）
② デリバティブ取引に係る権利
③ 不動産
④ 不動産の賃借権
⑤ 地上権
⑥ 約束手形（上記①に該当するものを除く）
⑦ 金銭債権（上記①、②、⑥および後記⑩に該当するものを除く）
⑧ 上記①～⑦ならびに後記⑪および⑫の財産等に主として投資する匿名組合出資持分
⑨ 商品（商品先物取引法2条1項に規定する商品）
⑩ 商品投資等取引に係る権利
⑪ 再生可能エネルギー発電設備
⑫ 公共施設等運営権（いわゆるコンセッション）

なお、⑪および⑫は、投資信託による再生可能エネルギー発電設備等のインフラ施設等への投資を可能とすべく、平成26年の投信法施行令の改正で加わったものである。

■ ファンド・オブ・ファンズの場合

ファンド・オブ・ファンズについては、原則としてファンド以外への投資が制限されているため、本条第1号ロの「デリバティブ取引に係る権利」は通常記載されない。

---

[42] 金商法2条2項の規定により有価証券とみなされる権利には、同項柱書により有価証券とみなされる有価証券表示権利と、同項各号の規定により有価証券とみなされる権利（二項有価証券）の両方が含まれ、この二項有価証券を含む点で「証券投資信託」の定義に際しての「有価証券」の範囲と異なる（約款第1条（信託の種類、委託者および受託者）の解説参照）。

■ 業務方法書との関係

　委託会社の業務方法書には「運用する資産の種類」を記載することになっており（金商業者監督指針Ⅵ－3－1－1(2)③ハ）、同書に投資対象の有価証券およびデリバティブ取引に係る権利の種類を明記する必要がある。実際の業務運営に際しては、業務方法書の記載内容との整合性に留意する必要がある。

　なお、旧投信法では「運用の指図又は運用を行う資産の種類」が金融庁届出の業務方法書の法定記載事項であったが（旧投信法8条4項1号）、金商法では業務方法書の法定記載事項ではなくなっており、上記のとおり監督指針上の要請事項となっている。

（有価証券および金融商品の指図範囲等）

第18条　委託者は、信託金を、主として、次の有価証券（金融商品取引法第2条第2項の規定により有価証券とみなされる同項各号に掲げる権利を除きます。）に投資することを指図します。

1　株券または新株引受権証書
2　国債証券
3　地方債証券
4　特別の法律により法人の発行する債券
5　社債券（新株引受権証書と社債券とが一体となった新株引受権付社債券（以下「分離型新株引受権付社債券」といいます。）の新株引受権証書を除きます。）
6　特定目的会社に係る特定社債券（金融商品取引法第2条第1項第4号で定めるものをいいます。）
7　特別の法律により設立された法人の発行する出資証券（金融商品取引法第2条第1項第6号で定めるものをいいます。）
8　協同組織金融機関に係る優先出資証券（金融商品取引法第2条第1項第7号で定めるものをいいます。）
9　特定目的会社に係る優先出資証券または新優先出資引受権を表示する証券（金融商品取引法第2条第1項第8号で定めるものをいいます。）
10　コマーシャル・ペーパー
11　新株引受権証券（分離型新株引受権付社債券の新株引受権証券を含みます。以下同じ。）および新株予約権証券
12　外国または外国の者の発行する証券または証書で、前各号の証券または証書の性質を有するもの
13　投資信託または外国投資信託の受益証券（金融商品取引法第2条第1項第10号で定めるものをいいます。）
14　投資証券、新投資口予約権証券、投資法人債券または外国投資証券（金融商品取引法第2条第1項第11号で定めるものをいいます。）
15　外国貸付債権信託受益証券（金融商品取引法第2条第1項第18号で定め

るものをいいます。)
16 オプションを表示する証券または証書（金融商品取引法第2条第1項第19号で定めるものをいい、有価証券にかかるものに限ります。）
17 預託証書（金融商品取引法第2条第1項第20号で定めるものをいいます。）
18 外国法人が発行する譲渡性預金証書
19 受益証券発行信託の受益証券（金融商品取引法第2条第1項第14号で定めるものをいいます。）
20 抵当証券（金融商品取引法第2条第1項第16号で定めるものをいいます。）
21 外国の者に対する権利で、貸付債権信託受益権であって第19号の有価証券に表示されるべき権利の性質を有するもの

　なお、第1号の証券または証書ならびに第12号および第17号の証券または証書のうち第1号の証券または証書の性質を有するものを以下「株式」といい、第2号から第6号までの証券ならびに第14号の証券のうち投資法人債券ならびに第12号および第17号の証券または証書のうち第2号から第6号までの証券の性質を有するものを以下「公社債」といい、第13号の証券および第14号の証券（新投資口予約権証券および投資法人債券を除きます。）を以下「投資信託証券」といいます。

② 委託者は、信託金を、前項に掲げる有価証券のほか、次に掲げる金融商品（金融商品取引法第2条第2項の規定により有価証券とみなされる同項各号に掲げる権利を含みます。）により運用することを指図することができます。
1 預金
2 指定金銭信託（金融商品取引法第2条第1項第14号に規定する受益証券発行信託を除きます。）
3 コール・ローン
4 手形割引市場において売買される手形
5 貸付債権信託受益権であって金融商品取引法第2条第2項第1号で定めるもの
6 外国の者に対する権利で前号の権利の性質を有するもの

③ 第1項の規定にかかわらず、この信託の設定、解約、償還、投資環境の変動等への対応等、委託者が運用上必要と認めるときは、委託者は、信託

金を前項に掲げる金融商品により運用することを指図することができます。

（有価証券および金融商品の指図範囲等）
第18条　委託者は、信託金を、主として、●●アセットマネジメント株式会社を委託者とし●●信託銀行株式会社を受託者として締結された●●マザーファンド（以下「マザーファンド」といいます。）の受益証券のほか、次の有価証券（金融商品取引法第2条第2項の規定により有価証券とみなされる同項各号に掲げる権利を除きます。）に投資することを指図します。
　（略）

〈ベビーファンドの場合〉

（有価証券および金融商品の指図範囲等）
第18条　委託者は、信託金を、主として、別に定める投資信託証券のほか、次の有価証券（金融商品取引法第2条第2項の規定により有価証券とみなされる同項各号に掲げる権利を除きます。）に投資することを指図します。
　1　コマーシャル・ペーパーおよび短期社債等
　2　外国または外国の者の発行する証券または証書で、前号の証券または証書の性質を有するもの
　3　国債証券、地方債証券、特別の法律により法人の発行する債券および社債券（新株引受権証券と社債券とが一体となった新株引受権付社債券の新株引受権証券および短期社債等を除きます。）
　4　指定金銭信託の受益証券（金融商品取引法第2条第1項第14号で定める受益証券発行信託の受益証券に限ります。）
　なお、第3号の証券を以下「公社債」といい、公社債に係る運用の指図は買い現先取引（売戻し条件付きの買入れ）および債券貸借取引（現金担保付債券借入れ）に限り行うことができるものとします。

```
        (略)
```

〈ファンド・オブ・ファンズの場合〉

```
(有価証券および金融商品の指図範囲等)
第18条  委託者（第21条（運用の権限委託）に規定する委託者から運用指図権限
 の委託を受けた者を含みます。以下、第19条（利害関係人等との取引等）、第20
 条（運用の基本方針）、第22条（投資する株式等の範囲）から第29条（公社債の
 借入れ）、第31条（外国為替予約取引の指図および範囲）、第32条（信託業務の
 委託等）、および第35条（有価証券売却等の指図）から第38条（損益の帰属）に
 おいて同じ。）は、信託金を、主として、次の有価証券（金融商品取引法第
 2条第2項の規定により有価証券とみなされる同項各号に掲げる権利を除きま
 す。）に投資することを指図します。
   (略)
```

〈運用の権限委託を行う場合〉

■ 趣旨（本条全体）

　投資信託約款には、運用に関する事項を記載しなければならないとされており（投信法4条2項6号）、本条はその1つとして有価証券および金融商品の指図範囲を定めるものである。

　本条は、約款第17条（投資の対象とする資産の種類）で一般的に（カテゴリカルに）投資可能とされた「有価証券」（一項有価証券および二項有価証券を含む）のうち、この投資信託で実際に投資対象となるものを具体的に列挙するものである。すなわち、金商法2条1項または2項の「有価証券」であっても、本条に列挙されていない有価証券はこの投資信託の投資対象とはならない。

■ 趣旨（第1項）

　本条第1項は、証券投資信託の要件に関連しており、主として投資の対象となる（投資信託財産の総額の50％超の投資の対象となる）一項有価証券を具体的に列

記する条項である。

　ここで、本条第1項の「主として」の読み方として、「主として」でなければ第1項に列挙されていない有価証券にも投資できるという読み方も文法的には可能であるが、上記の本条の趣旨からすれば、かかる読み方は妥当ではない。なぜなら、ここでの「主として」は、既述の証券投資信託の定義との関係で、この投資信託が投信法施行令6条で定義される「主として」の要件を満たすものであることを示すものであり、「主として」でない列挙外の有価証券への投資を許容する趣旨ではないと解されるからである[43]、[44]。

　本条第1項第1号に株券が規定されているが、投資対象に株式が含まれる場合、税務上、公社債投資信託ではなく、株式投資信託に該当することとなる。本条第1項第1号は、この投資信託が株式投資信託として取り扱われるための税務上の意義を有する規定でもある（第2章「約款本文前の付表」③の解説参照）。

　なお、コマーシャル・ペーパーは、今日では振替決済によりペーパーレス化されており、電子CPというかたちで発行・流通している。本条第1項第10号に規定される「コマーシャル・ペーパー」は、「CP」の文字が印刷された用紙を使用して発行されるものであり（金商法2条1項15号、定義府令2条）、電子CPを含まない。電子CPは、社振法に基づき発行される短期社債として（「コマーシャル・ペーパー」ではなく）金商法上の社債に該当するものとされている（社債券に表示されるべき権利として社債券とみなされる（金商法2条2項前段））。そのため、投資対象に社債が含まれていない約款の場合は、コマーシャル・ペーパーおよび短期社債を併記する必要がある。

---

[43] 本文記載の本条の「主として」の考え方に基づけば、本条の約款例は、有価証券関連デリバティブ取引のために預託した証拠金（オプション取引についてはプレミアム）を含めずに、有価証券に対する投資のみで50％超の有価証券投資比率を維持する趣旨と読まれる可能性がある。よって、有価証券関連デリバティブ取引のために預託した証拠金（オプション取引についてはプレミアム）を含めて50％超の有価証券投資比率を維持する予定であれば、その趣旨が明確になるように規定を工夫することが望ましい。

[44] 本条第1項で「主として」の文言を使用しない例も散見される。その場合、証券投資信託の要件を満たすための「主として」有価証券に投資する、という当該投資信託の枠組みは、「運用の方針」において示されるか、または約款第1条（信託の種類、委託者および受託者）の「この信託は、証券投資信託であり」の文言で読み込むことになるのであろう。

■ 趣旨（第2項）

本条第2項は、主とならない（投資信託財産の総額の50％以下の）範囲で投資が可能な、一項有価証券以外の資産を具体的に列挙する条項である。本条第2項の金融商品は、いずれも前条第1項に列挙した投信法上の特定資産に該当するもの（二項有価証券を含む）である。実際、余資の運用は、本条第2項に基づき指定金銭信託（同項第2号）やコール・ローン（同項第3号）により行われている。

預金（同項第1号）について、信託勘定の余裕金を同信託銀行の自行預金とする取扱いは行わないものとし、それにかえて銀行勘定貸として経理できるものとされているが、銀行勘定貸は信託兼営金融機関内部の経理方法に係るものにすぎないため、銀行勘定貸が「預金」といえるかという解釈上の問題があるとされる[45]。このようなこともあり、投資信託の実務においては、預金および銀行勘定貸は余資運用にはあまり利用されていない。

預金にかわって利用されているのが、指定金銭信託（同項第2号）である。指定金銭信託は、運用の目的物の種類が大まかに指示され、その範囲内において受託者が具体的な運用を行うもので、そのなかでも、投資信託の余資運用としては、複数の信託された金銭を合同して運用する合同運用指定金銭信託が利用されている。

コール・ローン（同項第3号）は、制度創設当初は投資信託の運用方法として金銭の貸付が禁止されていたため余資運用として利用することができなかったが[46]、余資運用としての有用性・安全性が確認され、昭和28年の法改正によって金銭の貸付の禁止からコール・ローンが除外されたことにより、認められることになった（ただし、大蔵省通達によってその放出先が短資業者に限られる等の制約があった）[47]。平成10年の法改正により投資信託の運用方法として金銭の貸付自体が

---

[45] 社団法人信託協会『信託実務講座　第4巻』（有斐閣、1962年）175頁、三菱UFJ信託銀行編著『信託の法務と実務 [6訂版]』（金融財政事情研究会、2015年）325、326頁

[46] 金銭の貸付の指図が禁止された趣旨は「委託会社は有価証券売買の専門家ではあっても、金銭貸付けの専門家であることが予想されておらず、また貸付けは往々に不良貸付けによって信託財産に不測の損害を及ぼす可能性があるので、こうしたことを未然に防止しようというもの」であったとされる（佐々木功・松本崇『特別法コンメンタール　証券投資信託法・貸付信託法』（第一法規出版、1977年）107頁）。

解禁となり、現在はコール・ローンによる余資運用に法令上の制約は何もなく、実際によく利用されている[48]。

■ 趣旨（第3項）

本条第3項は、第1項の50％超の一項有価証券投資義務に対する免責条項であり、同項記載の状況下において、所定の割合を超える同項記載の資産への投資を可能とするものである。

■ ベビーファンドの場合

ベビーファンドについては、組入対象となるマザーファンドの名称に加え、委託者および受託者を本文中に記載する。

■ ファンド・オブ・ファンズの場合

公募のファンド・オブ・ファンズについては、原則として所定の要件に適合する（外国）投資信託証券（ファンド）へ投資することとされており（協会運用規則22条1項1号）、投資対象ファンドの選定条件およびリストは投資信託約款に記載されなければならない（同項4号）。そして、ファンド以外への投資および取引は制限されており、協会運用規則22条1項2号に掲げる投資および取引に限られている。

投資対象ファンドの規定の仕方としては、上記約款例のように「別に定める」と規定し、約款本文後の付表に記載するものと、本文中に直接記載するものがある。ファンド・オブ・ファンズの商品性の根幹をなす投資対象ファンドは本文中に記載し、そうでない投資対象ファンドは付表に記載するという整理がされているのであれば、前者の変更には重大な約款変更の手続を要し、後者の変更には重大な約款変更の手続を要しないとの考え方にも合理性があるが、あくまで「商品

---

[47] 社団法人信託協会『信託実務講座　第4巻』（有斐閣、1962年）37、38頁、佐々木功・松本崇『特別法コンメンタール　証券投資信託法・貸付信託法』（第一法規出版、1977年）107頁

[48] 余資運用としての安全性の観点から、実務上のコール・ローンの放出先は引き続き短資業者であり、また、原則として有担保コールとなっている。もっとも、昨今の低金利政策の影響によるコール・レートの低迷もあり、より良いレートを求めて無担保コールが検討されることもある。

としての基本的な性格を変更させることとなるもの」か否かで判断されるのであり、記載位置によって決まるものではないことに留意する必要がある。

私募のファンド・オブ・ファンズについては、協会運用規則22条の準用がないため（同規則24条）、公募のファンド・オブ・ファンズのような規定とする必然性はないが、特殊な投資戦略を有するものでない限り、通常は類似の規定が入れられる。

■ 運用の権限委託を行う場合

運用の権限委託を行う場合、委託者から運用指図権限の委託を受けた者が約款中の「委託者」に含まれる箇所を特定する必要があるため、上記記載例のように、最初の該当箇所である本条にてその旨を記載する。

■ 信託宣言の有効性

委託者が自らの固有財産につき信託を設定し受託者となる、いわゆる信託宣言の有効性に疑義があった旧信託法下においては、投資信託の受託者が、自らを受託者とする投資信託受益証券や指定金銭信託、貸付債権信託受益権等に投資することが、信託宣言に該当し、禁止されるのではないかという議論があった。

ある信託（第一の信託）の受託者が、第一の信託の信託財産をさらに信託し（第二の信託）、第二の信託の受託者にもなることは、二重受託といわれ、かかる信託は二重信託といわれている。二重信託は、外見上は信託宣言に類似しているものの、第二の信託の信託財産は、委託者の固有財産ではなく、第一の信託の受託者が信託財産の管理機関として信託を設定したものであり、実質的な法主体を異にするものである。

かかる理由により、旧法の時代より、二重信託は信託宣言には当たらず、有効な信託の設定とされていた（昭和37年4月1日法務省民事局から大蔵省銀行局長への回答、法務省民事局甲第943号）[49]。

現行の（新）信託法においても、旧法のもとでの考え方と同様に、二重信託は信託法3条3号の自己信託（信託宣言）には当たらないと解される。現行の（新）

---

[49] 三菱UFJ信託銀行編著『信託の法務と実務［6訂版］』（金融財政事情研究会、2015年）48頁

信託法においては、所定の手続を踏むことにより自己信託（信託宣言）が認められているため、旧法の時代と比べてこの議論の重要性は低くなっているが、それでも、公正証書等で信託の内容を記録する等の手続を要しないという差異があるため、この議論は依然として意味あるものといえる。

一項有価証券と二項有価証券の区別

　外国の法令に基づき発行される有価証券については、一項有価証券か二項有価証券かの区別が困難なものがある。たとえば、MLP（Master Limited Partnership）は、米国で上場されているPartnershipであり、外国において有価証券として株式同様に上場して取引されているものとして「外国上場株式類似物」と表現され、一項有価証券である旨を明確化するよう業界から要望が出されたこともあるが[50]、実現に至っていないのが現状である。
　MLPへの投資を行う投資信託の約款には本条にMLPを明記する必要があるので、留意が必要である。

50　平成24年3月7日開催の「金融審議会「投資信託・投資法人法制の見直しに関するワーキング・グループ」（第1回）」参考資料2

（利害関係人等との取引等）
第19条　受託者は、受益者の保護に支障を生じることがないものであり、かつ信託業法、投資信託及び投資法人に関する法律ならびに関連法令に反しない場合には、委託者の指図により、信託財産と、受託者（第三者との間において信託財産のためにする取引その他の行為であって、受託者が当該第三者の代理人となって行うものを含みます。）および受託者の利害関係人、第32条（信託業務の委託等）第1項に定める信託業務の委託先およびその利害関係人または受託者における他の信託財産との間で、第17条（投資の対象とする資産の種類）、第18条（有価証券および金融商品の指図範囲等）第1項および同条第2項に掲げる資産への投資等ならびに第23条（信用取引の指図範囲）、第24条（先物取引等の運用指図）、第25条（スワップ取引の運用指図）、第26条（金利先物取引および為替先渡取引の運用指図）、第27条（有価証券の貸付の指図および範囲）、第28条（公社債の空売りの指図範囲）、第29条（公社債の借入れ）、第31条（外国為替予約取引の指図および範囲）、第35条（有価証券売却等の指図）、第36条（再投資の指図）および第37条（資金の借入れ）に掲げる取引その他これらに類する行為を行うことができます。
②　受託者は、受託者がこの信託の受託者としての権限に基づいて信託事務の処理として行うことができる取引その他の行為について、受託者または受託者の利害関係人の計算で行うことができるものとします。なお、受託者の利害関係人が当該利害関係人の計算で行う場合も同様とします。
③　委託者は、金融商品取引法、投資信託及び投資法人に関する法律ならびに関連法令に反しない場合には、信託財産と、委託者、その取締役、執行役および委託者の利害関係人等（金融商品取引法第31条の4第3項および同条第4項に規定する親法人等または子法人等をいいます。）または委託者が運用の指図を行う他の信託財産との間で、第17条（投資の対象とする資産の種類）、第18条（有価証券および金融商品の指図範囲等）第1項および同条第2項に掲げる資産への投資等ならびに第23条（信用取引の指図範囲）、第24条（先物取引等の運用指図）、第25条（スワップ取引の運用指図）、第26条（金利先物取引および為替先渡取引の運用指図）、第27条（有価証券の貸付の指図お

よび範囲)、第28条(公社債の空売りの指図範囲)、第29条(公社債の借入れ)、第31条(外国為替予約取引の指図および範囲)、第35条(有価証券売却等の指図)、第36条(再投資の指図)および第37条(資金の借入れ)に掲げる取引その他これらに類する行為を行うことの指図をすることができ、受託者は、委託者の指図により、当該投資等ならびに当該取引、当該行為を行うことができます。
④　前3項の場合、委託者および受託者は、受益者に対して信託法第31条第3項および同法第32条第3項の通知は行いません。

■ 趣旨(第1項および第2項)

　受託者は、受益者のため忠実に信託事務の処理その他の行為をしなければならない(忠実義務、信託法30条)。
　利益相反行為は、かかる受託者の忠実義務に反するおそれがある行為類型であるが、受益者の利益が害されるおそれのない場合まで一律に禁止する必要はないと考えられることから、信託契約に当該行為をすることを許容する旨の定めがあるとき、その他信託法31条2項各号または同法32条2項各号に掲げる事由に該当するときは、当該行為を行うことができるとされている。本条第1項および第2項は、かかる信託法の規定に基づく記載である。

■ 趣旨(第3項)

　委託者も、受益者のため忠実に信託事務の処理その他の行為をしなければならず(忠実義務、金商法42条1項2号)、金融業等府令130条1項各号において、禁止される利益相反行為について規定されている。本条第3項は、かかる規定の内容について確認するとともに、それに反しない範囲での行為が許容される旨を念のため規定しているものと解される。
　法令により原則として禁止される取引として、金商法42条の2第1号の自己取引、同条2号の運用財産間取引がある。これらには例外として許容される場合(適用除外)が規定されているが(金融業等府令128条および129条)、本条第3項で言及される取引を行うためには、これら適用除外の要件を満たす必要があるの

で、留意が必要である。

なお、委託会社の受益者に対する忠実義務については、協会運用規則5条において、「委託会社は、投資信託財産と利害関係人との取引若しくは利害関係人が発行する有価証券等の取得又は処分に係る指図を行うに当たっては、受益者に対する忠実義務に十分留意するものとする」と規定されている。

■ 趣旨（第4項）

利益相反行為を行った場合、受託者は、受益者に対し、当該行為についての重要な事実を通知しなければならないとされているが、信託契約に別段の定めがあるときは、その定めるところによるものとされている（信託法31条3項および同法32条3項）。本条第4項は、かかる信託法の規定に基づく記載である。

本条第4項では、委託者の受益者に対する通知についても規定されているが、委託者は、利益相反行為に関し、受益者に対して通知を行う信託法上の義務はない。なお、投信法13条に基づく、利益相反のおそれがある場合の受益者への書面交付に関しては、約款第58条（利益相反のおそれがある場合の受益者への書面交付）の解説参照。

利害関係人（等）の範囲

本条第1項の「利害関係人」は、第2条（信託事務の委託）で定義されており、兼営法2条1項で準用する信託業法29条2項1号に規定する「利害関係人」を指すものとされている。

具体的には、受託者の個人株主およびそれに係るものを除けば、以下の者である（信託業法施行令2条1項）。

　一　受託者の役員（取締役、執行役、会計参与等）または使用人
　二　受託者の子法人等
　三　受託者を子法人等とする親法人等
　四　受託者を子法人等とする親法人等の子法人等
　五　受託者の関連法人等
　六　受託者を子法人等とする親法人等の関連法人等

「親法人等」「子法人等」「関連法人等」は、信託業法施行令2条2項および3項に定義されている。やや単純化すると、ある法人が、他の法人の議決権の過半数を保有しているか、または議決権の40％以上（50％未満）を保有しており、かつ一定の支配権を有している場合、当該他の法人を「子法人等」といい、逆の関係がある場合を「親法人等」という。ある法人が、他の法人の議決権の20％以上を保有しているか、または議決権の15％以上（20％未満）を保有しており、かつ一定の影響力を有している場合、当該他の法人を「関連法人等」という。

一方、本条第3項の委託者の「利害関係人等」は、同項において、金商法31条の4第3項および同条4項に規定する親法人等または子法人等をいうと定められている。

上記「親法人等」とは、具体的には、委託者の個人株主およびそれに係るものを除くと、以下の者であり、逆の関係がある場合が「子法人等」である（金商法施行令15条の16）。

　一　その親会社等
　二　その親会社等の子会社等
　三　その親会社等の関連会社等

ここで「親会社等」「子会社等」「関連会社等」の定義は、金商法施行令15条の16第3項および4項を受けた金商業等府令33条および34条にあるが、上記信託業法上の「親法人等」「子法人等」「関連法人等」と基本的に同じである。

このように、本条第1項および第2項に定める受託者の「利害関係人」と本条第3項に定める委託者の「利害関係人等」の範囲は、それぞれの基礎となる業法の目的によりその範囲が多少異なっているので、留意が必要である。

なお、受益者への書面交付が必要となる利害関係人等との取引（投信法13条）、運用報告書の記載事項としての利害関係人等との取引（投信法14条、投信法計算規則58条1項22号）がある。いずれの「利害関係人等」も、投信法11条1項に規定する「利害関係人等」を意味する（投信法計算規則55条の9第4号参照）。投信法11条1項を受けた投信法施行令17条によれば、（委託会社の

個人株主を除けば）以下のとおりであり、本条第3項の委託者の「利害関係人等」と同一である。
　一　当該投資信託委託会社の親法人等（金商法31条の4第3項に規定する親法人等をいう）
　二　当該投資信託委託会社の子法人等（金商法31条の4第4項に規定する子法人等をいう）

> （運用の基本方針）
> 第20条　委託者は、信託財産の運用にあたっては、別に定める運用の基本方針に従って、その指図を行います。

■　趣　旨

　投資信託約款には、運用に関する事項を記載しなければならないとされており（投信法4条2項6号）、その細則として資産運用の基本方針が定められている（投信法施行規則8条2号イ）。本条および約款本文前の付表に記載される「運用の基本方針」は、これに対応する条項である。なお、上記約款例中「別に定める運用の基本方針」とは、約款本文前の付表に記載される「運用の基本方針」を指す。

　また、本条は「委託者は、信託財産の運用にあたっては……指図を行います」と規定されており、この投資信託が委託者指図型投資信託であることを表す条項でもある。

> （運用の権限委託）
> 第21条　委託者は、運用の指図に関する権限のうち、●●の運用に関する権限の一部を次の者に委託します。
> 　名　　称：●●
> 　所在地：●●
> ②　（記載例１）　前項の委託を受けた者が受ける報酬は、委託者が支払うものとし、その額は信託財産の日々の純資産総額に年10,000分の●以内の率を乗じて得た額とします。報酬の支払いは、毎年●月●日および●月●日または信託終了のときに行うものとします。
> 　（記載例２）　前項の委託を受けた者が受ける報酬は、第43条（信託報酬等の額）の規定に基づいて委託者が受ける報酬から支弁するものとし、信託財産中からの直接的な支弁は行いません。委託者は、かかる報酬の額および支弁の時期を、当該委託を受ける者との間で別に定めるものとします。
> ③　第１項の規定にかかわらず、第１項により委託を受けた者が、法律に違反した場合、信託契約に違反した場合、信託財産に重大な損失を生ぜしめた場合等において、委託者は、運用の指図に関する権限の委託を中止または委託の内容を変更することができます。

〈運用の権限委託を行う場合〉

■ 趣　旨

運用の権限委託を行う場合、以下の事項を投資信託約款に記載する必要がある（投信法４条２項14号、15号および18号、投信法施行規則７条５号、６号および８条８号）。

・委託者が運用の指図に係る権限を委託する場合におけるその委託の内容
・委託者がその運用の指図に係る権限を委託する者の商号または名称および所在の場所
・委託者から運用の指図に係る権限の委託を受けた者が当該権限の一部をさらに

委託（再委託）する場合においては、当該者がその運用の指図に係る権限の一部をさらに委託する者の商号または名称および所在の場所
・委託に係る費用（委託の報酬の額、支払時期および支払方法に関する事項）

　本条第1項は、委託する運用権限の内容、運用委託先の名称および所在地を定めるものである。運用委託先の所在地について、以前は住所のすべてを記載していたが、海外の運用会社が頻繁に住所変更を行う可能性を考慮して、現在は国と市までの表記にとどめ、住所変更による約款変更手続が頻繁に発生しないよう工夫している。なお、どの程度の詳しい記載が必要であるかについては、法令上特に定めがない。

　本条第2項は、運用委託先に支払う委託報酬の額、支払時期および支払方法に関する事項を定めるものである。記載例1は、これらの事項を直接規定する、原則的な記載例である。委託報酬の支払日は、信託報酬の支払日と同じである必要はなく、運用委託先との間の運用委託契約（投資顧問契約）に定める支払日を記載すればよい。もっとも、一般的には信託報酬の支払日と同じ日が記載されている。記載例2は、委託報酬の額および支払時期について約款に直接規定せず、運用委託先との間で別に定めることとするものである。かかる規定のあり方でも約款の法定記載事項としての要件を満たすと整理されているようである。

　本条第3項は、運用委託先に法律違反等があった場合に、運用の権限委託の中止または委託内容の変更をすることができる旨を定めるものである。運用委託先に法律違反等があった場合は緊急性が高く、事前の約款変更を求めるのは適当でないため、かかる手続なく対応できるようにするための規定である。

　運用の権限委託は、平成12年の投信法改正により可能となったものである。さらに平成19年の改正により再委託が可能となっている。

　運用の権限委託の根拠規定は金商法42条の3にあり、運用会社は、運用を行う権限の全部または一部を運用会社等に委託することができるとされているが、一方で、当該運用会社のすべての運用財産の運用権限の全部を委託してはならないとされている（金商法42条の3第1項2号・2項）。

　投信法では、委託会社は、その運用の指図を行うすべての委託者指図型投資信託につき、その指図に係る権限の全部を委託してはならないとされている（投信法12条1項）。

このように、委託者が複数の委託者指図型投資信託の運用の指図を行っている場合において、そのなかの1つの投資信託の運用権限の全部を委託することは禁止されていない。

■ 運用の権限委託を行う場合の留意点

運用の権限委託を行う場合、以下の点に留意する必要がある（金商業者監督指針Ⅵ−2−3−1(1)④）。
・金商法42条の3の規定により権利者のための運用を行う権限の全部又は一部を他の者に委託する場合（当該他の者が委託された権限の一部を再委託する場合を含む。）に、委託先の選定基準や事務連絡方法が適切に定められているか。
・委託先の業務遂行能力や、契約条項の遵守状況について継続的に確認できる態勢が整備されているか。
・委託先の業務遂行能力に問題がある場合における対応策（業務の改善の指導、再委任の解消等）を明確に定めているか。

また、以下の点にも留意する必要がある（金商業者検査マニュアルⅡ−1−5態勢編・投資運用業者1(7)）。
① 委託先等の選定に当たっては運用実績の優位性、信用力及び運用・資産管理体制の状況を確認するほか、再委託先等から運用内容に関する十分な情報開示を求めているか。
② 運用の再委託等を行う場合には、運営状況について権利者に対し説明を行い得るものとなっているか。
③ 再委託先等との契約締結に際しては、当該契約の遂行に伴って生じる再委託先等の責任の範囲、その他紛争の防止や適正処理のために必要な事項について定めているか。
④ 運用の再委託先等に対する指図書類と委託内容に離齟はないか。また、投資助言・代理業者に発注を行わせていないか。
⑤ 投資判断が海外拠点等で行われる場合、現地のファンドマネージャーに法令等の理解及び遵守を徹底しているか。
⑥ 再委託先等の法令等の遵守状況に関し、定期的に内部監査等の実効性のある確認を行っているか。

⑦　再委託先等の運用実績に優位性がないにもかかわらず、合理的な理由のないまま契約を継続していないか。

■ マザーファンドの運用の権限委託を行う場合

　マザーファンドの運用の権限委託を行う場合、その委託報酬は当該マザーファンドに投資するベビーファンドから支払われる。

　そのため、本条第2項は、マザーファンド（およびベビーファンド）については、かかる内容を反映させるための修正が必要となるので、留意が必要である。

　なお、マザーファンドの運用の権限委託に係る報酬については、各ベビーファンド間で公平に負担されるべきことにも注意する必要がある。

■ 業務方法書との関係

　委託会社の業務方法書には「運用権限の委託に関する事項」を記載することになっており（金商業者監督指針Ⅵ－3－1－1⑵③ニ）、運用権限の委託を行う場合は、同書にその旨を記載する必要がある。

　なお、旧投信法では「運用の指図又は運用に係る権限の委託を行う場合における……運用の指図又は運用を行う資産の種類」が金融庁届出の業務方法書の法定記載事項であったが（旧投信法8条4項2号）、金商法では業務方法書の法定記載事項ではなくなっており、上記のとおり監督指針上の要請事項となっている。

運用権限の再委託および再々委託

・上記に記載のとおり、委託者から運用の指図に係る権限の委託を受けた者が、当該権限の一部をさらに委託する（再委託する）ことも認められている。

　金商法および投信法において、この再委託を認める直接の規定は存在しないが、金商業等府令において、「法第42条の3第1項の規定により権利者のため運用を行う権限の全部又は一部の委託を行う場合において、当該委託を受けた者が当該委託に係る権限の再委託（当該権限の一部を同項に規定する政令で定める者に更に委託するもの（更に委託を受けた者が当該委託に係る権限を更に委託しないことを確保するための措置を講じている場合に限

る。）を除く。）をしないことを確保するための措置を講ずることなく、当該委託を行うこと」が、投資運用業に関する禁止行為の１つとして定められており（金商業等府令130条１項10号）、再々委託をしない措置をとる限り再委託が認められているととらえることができる。

　また、投信法施行規則においても、約款記載事項である「委託者が運用の指図に係る権限を委託……する場合におけるその委託の内容」の「権限を委託」に、「当該委託に係る権限の一部を更に委託するものを含む」と定められており（投信法施行規則７条５号）、また、委託者から運用の指図に係る権限の委託を受けた者が当該権限の一部をさらに委託する場合においては、「当該者がその運用の指図に係る権限の一部を更に委託する者の商号又は名称……及び所在の場所」が約款記載事項として定められており（投信法施行規則７条６号）、これらの規定からも再委託が認められていることを読み取ることができる。

　なお、上記各規定より明らかなとおり、再委託は、委託された権限の一部のみについて許容されるものであり、委託された権限の全部を再委託することは認められない。その場合は、再委託先を当初の委託先とすれば足りるからである。

・再委託を受けた者が、当該権限の一部をさらに委託する（再々委託する）ことは禁止されている。

　金商法および投信法において、この再々委託を禁止する直接の規定は存在しないが、上記の金商業等府令130条１項10号において「更に委託（再委託）を受けた者が当該委託に係る権限を更に委託（再々委託）しないことを確保するための措置を講じている場合に限」り再委託することができると規定されていることからして、再々委託が禁止されていることを読み取ることができる。

【参考】　平成19年７月金融庁パブコメ回答439頁No.69
Q：投資運用業務に係る委託された権限の一部の再委託について、
　①　「再委託」については金商法自体では特に規定されておらず、特に禁

止もされていないと思われるが、金商業等府令案第137条[51]第1項第10号によれば、投資運用業務に係る「委託」された権限の一部については、「再々委託」をしない措置をとる限り「再委託」してよいとの理解でよいか。

② 金商業等府令案第137条[52]第1項第10号の反対解釈により、再々委託は禁止されているとの理解でよいか。

A：①については、委託に係る権限の全部の「再委託」は禁止されている一方、一部の「再委託」は禁止されていないものと考えられます。

②については、貴見のとおりと考えられます。

【参考】 平成19年7月金融庁パブコメ回答580頁No.10

Q：① 投信法施行規則案第8条第8号は、投信法第12条第2項及び金商法第42条の3にいう運用指図に係る権限の全部又は一部の委託について、「更に委託する」場合を含むとの解釈を前提としていると理解されるが、同号では、「更に委託」することを「一部」に限定している。これは、「全部」「更に委託する」ことを禁じる趣旨との理解でよいか。

② 仮に、「全部」を「更に委託する」ことを禁ずるとした場合、その理由は、更なる委託先を最初から当初の委託先とすれば足りるとの趣旨との理解でよいか。

A：①貴見のとおりと考えられます。

②貴見のとおりと考えられます。

・以上を図示すると、以下のようになる。

---

51 金商業等府令130条
52 金商業等府令130条

※「委託」は、全部の委託であってもOK。
　「再委託」は、一部の委託であればOK。
　「再々委託」は、いっさい不可。

・なお、旧法ファンドについても、（新法ファンド成りすることなく）運用権限の再委託は可能であると考えられる。第Ⅰ部「総論」第１章「主要法令の概観」[1]で述べたように、平成18年の投信法の改正（平成19年９月30日施行）は、信託法等整備法による部分と証取法等改正法による部分からなるが、前者により改正された条項については、経過規定によって改正前の旧投信法の規定が適用される。旧信託法には再委託に関する規定が存在せず、再委託はできないと解されていた。しかし、証取法等改正法によって、金商法（および同法に基づく内閣府令）は、再委託を可能とする規定を設け、投信法施行規則にもそれを前提とする規定が入った（同施行規則７条５号、６号）。この投信法施行規則の規定は投信法４条２項18号に基づく規定であるが、これらは信託法等整備法によって改正されたものではなく、したがって旧法ファンドにも適用があると考えられる。

> （投資する株式等の範囲）
> 第22条　委託者が投資することを指図する株式、新株引受権証券および新株予約権証券は、金融商品取引所に上場されている株式の発行会社の発行するもの、金融商品取引所に準ずる市場において取引されている株式の発行会社の発行するものとします。ただし、株主割当または社債権者割当により取得する株式、新株引受権証券および新株予約権証券については、この限りではありません。
> ②　前項の規定にかかわらず、上場予定または登録予定の株式、新株引受権証券および新株予約権証券で目論見書等において上場または登録されることが確認できるものについては、委託者が投資することを指図することができるものとします。

■ 趣　旨

　投資信託約款には、運用に関する事項を記載しなければならないとされており（投信法4条2項6号）、本条は株式等に投資する場合にその範囲を定める条項である。

　本条第1項は上場銘柄および店頭登録銘柄が、本条第2項は上場予定銘柄および店頭登録予定銘柄が投資対象であることを明記している。いずれも流動性があり市場もしくは証券会社等との相対取引が可能な株式が投資対象であることを説明している。上場予定または登録予定の銘柄に投資する投資信託は、本条第2項で必ず「上場予定の株式」を記載しなければならないことに留意が必要である。なお、本条第1項の「金融商品取引所」は、約款第13条（受益権の申込単位および価額）第6項に定義があり、国内の取引所（金商法2条16項に規定する金融商品取引所）のみでなく、金商法2条8項3号ロに規定する外国金融商品市場も含む。「外国金融商品市場」は「取引所金融商品市場」（国内の証券取引所等を指す）「に類似する市場で外国に所在するもの」をいうとされている。

　非上場株式、未登録株式について投資する予定があるのであれば、こちらも本条で必ず規定する必要がある。また、非上場株式、未登録株式へ投資する際は、

受託会社と日々の時価評価の計上についてどのように対応するかについても、事前に協議する必要がある。なお、投信法11条2項、投信法施行規則22条により、株式の場合、未上場・未登録の株式は「指定資産」（投信法11条2項）に該当せず、投信法11条2項の定める価格調査が必要となる。この理由から、未上場株式、未登録株式は、通常は投資対象とされず、例外的に上場または登録予定のものが投資対象とされるにとどまる。

■ 公募投信の場合

　公募投信が投資対象とする株式については、次のいずれかに該当するものに限られている（協会運用規則11条）。
① 金融商品取引所又は外国金融商品市場に上場されているもの及び外国において開設されている店頭売買金融商品市場に登録等をされているもの
② 未上場株式又は未登録株式のうち、金商法又は会社法若しくはこれらに準じて開示が行われているもので細則に定める要件を満たすもの（外国で発行される株式でこれらと同様のものとして自主規制委員会が定める株式[53]を含む。）

　そして、協会運用規則11条2号に規定する細則で定める要件として、次のいずれかの要件を満たす必要がある（協会運用細則2条）。
① 金商法24条の規定に基づき有価証券報告書（金商法5条に規定する有価証券届出書を含む。）を提出している会社で、当該有価証券報告書に総合意見が適正である旨の監査報告書が添付されている会社の発行するものであること
② 公認会計士又は監査法人により、会社法に基づく監査が行われ、かつ、その総合意見が適正又は適法である旨の監査報告書が添付されている財務諸表等が入手できる会社の発行するものであること
③ 公認会計士又は監査法人により、金商法又は会社法に準ずる監査が行われ、かつ、その総合意見が適正又は適法である旨の監査報告書が添付されている財務諸表等を入手できるものであって、今後も継続的に開示が見込める会社の発行するものであること

---

[53] 自主規制委員会が定める株式として、米国におけるピンク・シート銘柄および米国におけるOTCブリティンボード銘柄が指定されている（投信協会の「投資信託等の運用に関する委員会決議」1項）。

■ ファンド・オブ・ファンズの場合

　公募のファンド・オブ・ファンズについては、原則として投資信託証券（ファンド）以外への投資が制限されているため（協会運用規則22条1項）、本条のような規定がない。

　私募のファンド・オブ・ファンズについては、協会運用規則22条の準用がないため（同規則24条）、公募のファンド・オブ・ファンズのように株式等への投資は制限されないが、私募のファンド・オブ・ファンズで株式等への投資に関する規定が入れられているものはあまりみられず（約款第18条（有価証券および金融商品の指図範囲等）参照）、よって投資する株式等の範囲に関する本条のような規定もあまりみられない。

(信用取引の指図範囲)
第23条　委託者は、信託財産の効率的な運用に資するため、信用取引により株券を売り付けることの指図をすることができます。なお、当該売付の決済については、株券の引渡しまたは買戻しにより行うことの指図をすることができるものとします。
②　前項の信用取引の指図は、次の各号に掲げる有価証券の発行会社の発行する株券について行うことができるものとし、かつ次の各号に掲げる株券数の合計数を超えないものとします。
1　信託財産に属する株券および新株引受権証書の権利行使により取得する株券
2　株式分割により取得する株券
3　有償増資により取得する株券
4　売出しにより取得する株券
5　信託財産に属する転換社債の転換請求および新株予約権（転換社債型新株予約権付社債の新株予約権に限ります。）の行使により取得可能な株券
6　信託財産に属する新株引受権証券および新株引受権付社債券の新株引受権の行使、または信託財産に属する新株予約権証券および新株予約権付社債券の新株予約権（前号のものを除きます。）の行使により取得可能な株券

■ 趣　旨

　投資信託約款には、運用に関する事項を記載しなければならないとされており（投信法4条2項6号）、本条は信用取引を行う場合に必要な条項である。
　「信託財産の効率的な運用に資するため」とは、ヘッジ目的の取引（信託財産に属する資産の価格変動の影響を抑え、または減少させる目的で行う取引）には限定されず、当該取引により収益を得ることを目的とすることも可能という趣旨である（以下同じ）。ヘッジ目的での利用に限定する場合には、「信託財産に属する資産の価格変動リスクを回避するため」等と記載される。

■ 信用取引の概要

　信用取引は、制度信用取引と一般信用取引がある。両タイプについて、投資信託における取引実績が存在するようであるが、一般信用取引を活用するケースはあまり多くはないようである[54]。　図表4は、制度信用取引を図示したものである。

　信用取引は、以前は投資信託ではほとんど利用されておらず、本条は死文のようにとらえられていたが、近年は実際に信用取引を行うファンドも出てきているようである。国内の投資信託で株式の空売りは行われないため、たとえば中小型株ロングショートファンドで個別銘柄の売付けを行う場合に信用取引が利用されている。また、ヘッジ目的の場合もありうる（購入した株式を信用取引で売り付ける）。

図表4　制度信用取引のイメージ図

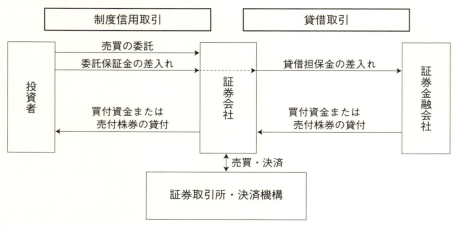

---

[54] 制度信用取引の場合は証券取引所等の規則に準拠するとした取扱いとなるが、一般信用取引の場合は証券取引所等の規則に準じた取扱いを社内規程で定めなければならず、実務的には、規程の整備までして一般信用を使うよりも制度信用を活用することが対応しやすいという利点が1つの理由となっているようである。

■ 公募投信の場合

　公募投信については、売付けを目的とした信用取引に限り認められており、買付けを目的とした信用取引は認められていない（協会運用規則15条1項1号）。もっとも、同号は私募には準用されていないため、私募の投資信託であれば買付けを目的とした信用取引も許容される（ただし、投信計理やシステム上の問題があり、実務上は私募においても行われていないようである）。

■ ファンド・オブ・ファンズの場合

　公募のファンド・オブ・ファンズについては、原則として投資信託証券（ファンド）以外への投資が制限されているため（協会運用規則22条1項）、本条のような規定がない。

　私募のファンド・オブ・ファンズについては、協会運用規則22条の準用がないため（同規則24条）、公募のファンド・オブ・ファンズのように信用取引を制限する必然性はないが、私募のファンド・オブ・ファンズで信用取引に関する規定が入れられているものはあまりみられない。

■ 業務方法書との関係

　金商法では「業務執行の方法」が金融庁届出の業務方法書の法定記載事項となっており（金商業等府令8条2号）、また、金商業者監督指針では④「業務執行の方法」イ「運用の方法に関する事項」が業務方法書の記載事項として規定されている（金商業者監督指針Ⅵ－3－1－1⑵④イ）。

　よって、信用取引を行う場合、約款に規定されるだけでなく、委託会社の業務方法書に運用の方法の1つとして信用取引が記載されている必要がある。

約款に規定されていない取引の可否およびその規定のあり方

　本条から約款第31条（外国為替予約取引の指図および範囲）までは、投資対象とできる資産という観点ではなく、この投資信託において行うことができる「取引」に関する一定の規定である。

約款上は明示的な記載のない取引について、一方でその取引を禁止する規定もない場合の当該取引の可否については、以前より議論があるところである。

従前の議論においては、投資信託の本質、現行法の建前、各条文の趣旨等から個別具体的に判断されるべきであろうとされていたようであるが、「投資の対象とする資産の種類」は約款の法定記載事項になっており（投信法施行規則8条2号ロ）、ここでいう「資産」には取引により取得される権利も含まれると解されることから、約款上明示的な記載のない取引は行うことができないと解釈されるべきと考えられる。

そのため、事務ミス等を防ぐために、その取引を行う予定がなくても、念のため一連の取引に関する規定をセットで入れておくという実務が見受けられる。かかる実務は、当初はその予定がなくても、事後的にその取引を行いたくなることがありうるため、その場合に約款変更の手続を要しないでスムーズに取引実行に至ることができるというメリットがある。

しかし、想定されない取引を約款に記載することは、投資家保護の観点から問題がありうる。ヘッジ目的のみでデリバティブ取引を行っているにもかかわらず、ヘッジ目的以外でのデリバティブ取引等の投資指図を可能としている約款があるのであれば、実際の投資にあわせて約款を変更することが望ましいという投信協会のパブコメ回答がある（平成26年7月投信協会パブコメ回答26頁No.121）。想定されない取引の目的を記載すべきでないのであれば、想定されない取引自体はより記載すべきでないということになる。

（先物取引等の運用指図）
第24条　委託者は、信託財産の効率的な運用に資するため、わが国の金融商品取引所における有価証券先物取引（金融商品取引法第28条第8項第3号イに掲げるものをいいます。）、有価証券指数等先物取引（金融商品取引法第28条第8項第3号ロに掲げるものをいいます。）および有価証券オプション取引（金融商品取引法第28条第8項第3号ハに掲げるものをいいます。）ならびに外国の金融商品取引所におけるこれらの取引と類似の取引を行うことの指図をすることができます。なお、選択権取引は、オプション取引に含めるものとします（以下同じ。）。

②　委託者は、信託財産の効率的な運用に資するため、わが国の金融商品取引所における通貨に係る先物取引、外国の金融商品取引所における通貨に係る先物取引およびオプション取引を行うことの指図をすることができます。

③　委託者は、信託財産の効率的な運用に資するため、わが国の金融商品取引所における金利に係る先物取引およびオプション取引、外国の金融商品取引所におけるこれらの取引と類似の取引を行うことの指図をすることができます。

■ 趣　旨

　投資信託約款には、運用に関する事項を記載しなければならないとされており（投信法4条2項6号）、本条は先物取引等を行う場合に必要な条項である。

　約款本文前の付表の「投資制限」に「先物取引等は約款第24条の範囲にて行います」等と規定することがあるが、その場合は本条でその範囲を規定することになる。

　なお、約款本文前の付表の「投資制限」に当該記載を求める法令諸規則があるわけではなく、委託会社の判断により当該箇所に記載しないとすることができる。このような場合であっても、実際に先物取引等を行うには、本条の規定は必要である。

■ **先物取引等の概要**

投資信託において、先物取引等は、図表5のような場合に利用されている。

図表5　買いヘッジ、売りヘッジ、レバレッジ取引等のイメージ図

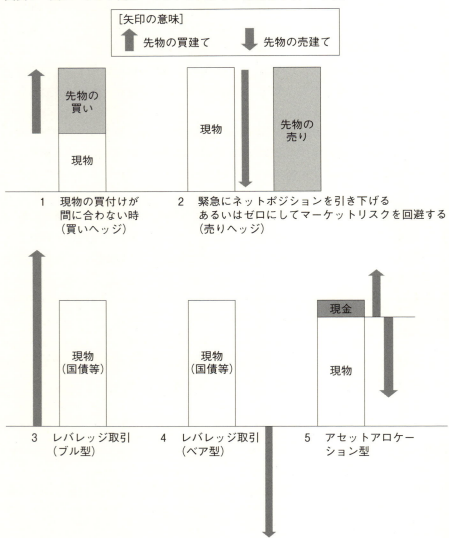

■ **ヘッジ目的に限定されない場合**

　上記約款例は、外貨建資産に投資するファンドで、純資産総額を超えて先物取引の指図をする、ヘッジ目的に限定されない場合を想定しているため、範囲の定めに関する記載がない。国内資産（円建資産）にのみ投資するファンドの場合、本条第2項は削除される。

　なお、ヘッジ目的に限定せず先物取引等を利用する場合は、約款（付表を含む）にその投資態度を明確に記載しなければならない（協会運用規則18条1項、約款本文前の「運用の基本方針」の「②　運用方法」の解説参照）。

■ **ヘッジ目的に限定する場合**

　ヘッジ目的に限定して先物取引等を利用する場合は、その旨およびその範囲（純資産総額の範囲内に限る等）を本条に明記することになる。この場合の約款例は、たとえば以下のようになる（上記約款例と同様、国内資産（円建資産）にのみ投資するファンドの場合、本条第2項は削除される）。

　（先物取引等の運用指図・目的・範囲）

　第24条　委託者は、信託財産が運用対象とする有価証券の価格変動リスクを回避するため、わが国の金融商品取引所における有価証券先物取引（金融商品取引法第28条第8項第3号イに掲げるものをいいます。）、有価証券指数等先物取引（金融商品取引法第28条第8項第3号ロに掲げるものをいいます。）および有価証券オプション取引（金融商品取引法第28条第8項第3号ハに掲げるものをいいます。）ならびに外国の金融商品取引所におけるこれらの取引と類似の取引を次の範囲で行うことの指図をすることができます。なお、選択権取引は、オプション取引に含めるものとします（以下同じ。）。

　1　先物取引の売建ておよびコール・オプションの売付けの指図は、建玉の合計額が、ヘッジの対象とする有価証券の時価総額の範囲内とします。

　2　先物取引の買建ておよびプット・オプションの売付けの指図は、建玉の合計額が、有価証券の組入可能額（組入有価証券を差し引いた額）に信託財産が限月までに受け取る組入公社債および組入外国貸付債権信託受

益証券ならびに組入貸付債権信託受益権の利払金および償還金を加えた額を限度とし、かつ信託財産が限月までに受け取る組入有価証券に係る利払金および償還金等ならびに第18条（有価証券および金融商品の指図範囲等）第2項第1号から第4号に掲げる金融商品で運用している額（以下「金融商品運用額等」といいます。）の範囲内とします。

 3 コール・オプションおよびプット・オプションの買付けの指図は、本条で規定する全オプション取引に係る支払いプレミアム額の合計額が取引時点の信託財産の純資産総額の5％を上回らない範囲内とします。

② 委託者は、信託財産に属する資産の為替変動リスクを回避するため、わが国の金融商品取引所における通貨に係る先物取引、外国の金融商品取引所における通貨に係る先物取引およびオプション取引を次の範囲で行うことの指図をすることができます。

 1 先物取引の売建ておよびコール・オプションの売付けの指図は、建玉の合計額が、為替の売予約とあわせて、ヘッジの対象とする外貨建資産の時価総額の範囲内とします。

 2 先物取引の買建ておよびプット・オプションの売付けの指図は、建玉の合計額が、為替の買予約とあわせて、外貨建有価証券の買付代金等実需の範囲内とします。

 3 コール・オプションおよびプット・オプションの買付けの指図は、支払いプレミアム額の合計額が取引時点の保有外貨建資産の時価総額の5％を上回らない範囲内とし、かつ本条で規定する全オプション取引に係る支払いプレミアム額の合計額が取引時点の信託財産の純資産総額の5％を上回らない範囲内とします。

③ 委託者は、信託財産に属する資産の価格変動リスクを回避するため、わが国の金融商品取引所における金利に係る先物取引およびオプション取引、外国の金融商品取引所におけるこれらの取引と類似の取引を次の範囲で行うことの指図をすることができます。

 1 先物取引の売建ておよびコール・オプションの売付けの指図は、建玉の合計額が、ヘッジの対象とする金利商品（以下「ヘッジ対象金利商品」といいます。）の時価総額の範囲内とします。

2 先物取引の買建ておよびプット・オプションの売付けの指図は、建玉の合計額が、信託財産が限月までに受け取る組入有価証券に係る利払金および償還金等ならびに金融商品運用額等の範囲内とします。ただし、保有金利商品が外貨建てで、信託財産の外貨建資産組入可能額（約款上の組入可能額から保有外貨建資産の時価総額を差し引いた額。以下同じ。）に信託財産が限月までに受け取る外貨建組入公社債および組入外国貸付債権信託受益証券ならびに外貨建組入貸付債権信託受益権の利払金および償還金を加えた額が当該金融商品運用額等の額より少ない場合には外貨建資産組入可能額に信託財産が限月までに受け取る外貨建組入有価証券に係る利払金および償還金等を加えた額を限度とします。
3 コール・オプションおよびプット・オプションの買付けの指図は、支払いプレミアム額の合計額が取引時点のヘッジ対象金利商品の時価総額の５％を上回らない範囲内とし、かつ本条で規定する全オプション取引に係る支払いプレミアム額の合計額が取引時点の信託財産の純資産総額の５％を上回らない範囲内とします。

■ つみたてNISA適格要件

つみたてNISAにおいては、いわゆるヘッジ目的等による場合を除き、所定のデリバティブ取引の利用を行わない旨の約款記載が要件となる。具体的には、「信託財産は、安定した収益の確保及び効率的な運用を行うためのものとして内閣総理大臣が財務大臣と協議して定める目的により投資する場合を除き、……デリバティブ取引[55]に係る権利に対する投資として運用を行わないこと」が約款に定められている必要がある（租特法施行令25条の13第14項２号）。なお、「安定した収益の確保及び効率的な運用を行うためのものとして内閣総理大臣が財務大臣と協議して定める目的」として、以下が示されている（内閣府告示第540号「租税特別措置法施行令第25条の13第14項の規定に基づき内閣総理大臣が財務大臣と協議して定

---

[55] 「金利、通貨の価格、商品の価格その他の指標の数値としてあらかじめ当事者間で約定された数値と将来の一定の時期における現実の当該指標の数値との差に基づいて算出される金銭の授受を約する取引又はこれに類似する取引であって、財務省令で定めるもの」をいう（法人税法61条の５第１項）。

める要件等を定める件」6条）。

① 上場等株式投資信託[56]が投資の対象とする資産を保有した場合と同様の損益を実現する目的
② 上場等株式投資信託の資産または負債に係る価格変動および金利変動により生じるリスク（為替相場の変動、市場金利の変動、経済事情の変化その他の要因による利益または損失の増加または減少の生じるおそれ）を減じる目的
③ 先物外国為替取引により、上場等株式投資信託の資産または負債について為替相場の変動により生じるリスクを減じる目的

■ ファンド・オブ・ファンズの場合

　公募のファンド・オブ・ファンズについては、原則として投資信託証券（ファンド）以外への投資が制限されており、協会運用規則22条1項2号において限定的に先物取引等が認められているにすぎないため、公募のファンド・オブ・ファンズで先物取引等に関する規定が入れられているものはあまりみられない。

　私募のファンド・オブ・ファンズについては、協会運用規則22条の準用がないため（同規則24条）、公募のファンド・オブ・ファンズのように先物取引等を制限する必然性はないが、私募のファンド・オブ・ファンズで先物取引等の規定が入れられているものはあまりみない。

投資信託におけるデリバティブ取引利用の歴史

　昭和63年法律第75号「証券取引法の一部を改正する法律」に含まれた投信法（当時は証券投資信託法）2条1項の改正により、証券投資信託の定義が「特定の有価証券に対する投資として運用することを目的とする信託」から「特定の有価証券に対する投資として運用すること（当該運用に関連して有価証券指数等先物取引、有価証券オプション取引又は外国市場証券先物取引を行うことを含む。）を目的とする信託」と改正された。これにより、投資信託における一部のデリバティブ取引の利用が法令上可能となったが、当初は行政指

---

[56] 上場株式投資信託（ETF）および公募株式投資信託をいう。

導によりヘッジ目的に限定されていた。その後、大蔵省が平成6年12月12日付けで発表した「投資信託改革の概要について」およびそれを受けて社団法人証券投資信託協会が発表した「投資信託改革の実施について」に基づく制度改革により、これらの取引のヘッジ目的以外での積極利用が可能となった。

上記を受けて、平成7年には、いわゆるブルベアファンド（先物・オプションを用いてTOPIX等の指数の変動率に一定の倍数を乗じた値動きを目指すもの）が多数設定された。

「ヘッジ」の意味

「ヘッジ」という文言は、運用業界でよく用いられているが、そもそもカタカナ言葉であり、現在の法令諸規則にその定義は存在しない。そのため、その用いられ方は、一般の投資家がイメージするものと異なる場合もありうる。

たとえば、インデックスに連動させるために、流動性の低いインデックス構成銘柄を購入するかわりに先物を買う行為は「買いヘッジ」等と呼ばれるが、これは、投資家が一般にイメージする「（リスク）ヘッジ」とは異なる意味内容である（ただし、海外ではこういう取引も「ヘッジ」と呼ぶようであり、日本とは少し異なるようである）。

ヘッジとは投資対象の価値を固定化することである、という一般的な解釈に基づけば、先物の買建ては反対売買時に現物の買付けを伴わなければならないことになり、先物の買建てを継続的にロールオーバーする取引はヘッジに該当しないことになる。実際、ヘッジ目的に限定して先物取引等を行う投資信託において、一時、先物取引のロールオーバーの継続を認めない措置がとられたものもあるようである。かかる考え方は必ずしも一義的なものではないが、このような解釈上の混乱を避けるために、約款上の先物取引等の目的を明確化することが望ましい場合もある。

為替に関するヘッジとして、以前は他通貨ヘッジという為替取引が行われ

ていたが、これはリスクヘッジとは異なる目的であり、投資家からみればわかりにくい。実際、現在は、かかる取引は「ヘッジ」とは認められておらず、対円のみを為替ヘッジととらえることになっている。

（スワップ取引の運用指図）
第25条　委託者は、信託財産の効率的な運用に資するため、異なった通貨、異なった受取り金利または異なった受取り金利とその元本を一定の条件のもとに交換する取引（以下「スワップ取引」といいます。）を行うことの指図をすることができます。
② 　スワップ取引の指図にあたっては、当該取引の契約期限が、原則として第5条（信託期間）に定める信託期間を超えないものとします。ただし、当該取引が当該信託期間内で全部解約が可能なものについてはこの限りではありません。
③ 　スワップ取引の評価は、当該取引契約の相手方が市場実勢金利等をもとに算出した価額で評価するものとします。
④ 　委託者は、スワップ取引を行うにあたり担保の提供あるいは受入れが必要と認めたときは、担保の提供あるいは受入れの指図を行うものとします。

■ 趣　　旨

　投資信託約款には、運用に関する事項を記載しなければならないとされており（投信法4条2項6号）、本条はスワップ取引を行う場合に必要な条項である。

■ スワップ取引の概要

　店頭デリバティブ取引としてのスワップ取引の代表例として、「金利スワップ」や「通貨スワップ」があるが、これらは主に債券等の元利金の支払に係るキャッシュフローに関する金利リスクや通貨リスクをコントロールするために使われている。したがって、たとえば投資対象が米国国債であれば支払金利と元本返済分の米ドル受領金額について、スワップ取引を用いて米ドル支払、円の受取へと取引方法を変化させる等して、利回りを確定させ、リスクの軽減を図る（図表6参照）。
　本条第2項は、スワップのキャッシュフローが原資産である米国国債の償還期

図表6　通貨スワップ取引の例（米ドルと円交換）

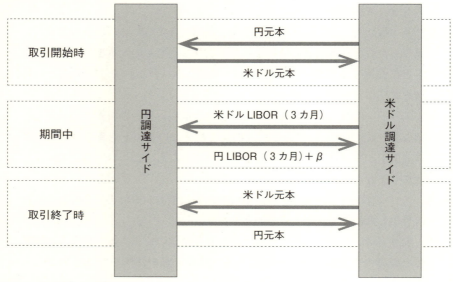

β：スワップ・スプレッド

限を超えて発生しないこと、あるいは米国国債が償還されるまでにスワップ取引が解消できるものであることを規定し、取引可能なスワップ取引を明確化している。本条第3条はスワップ取引の評価の方法、本条第4項はスワップ取引に伴う担保の受渡しについて規定している。

■ ファンド・オブ・ファンズの場合

　公募のファンド・オブ・ファンズについては、原則として投資信託証券（ファンド）以外への投資が制限されているため（協会運用規則22条1項）、本条のような規定がない。

　私募のファンド・オブ・ファンズについては、協会運用規則22条の準用がないため（同規則24条）、公募のファンド・オブ・ファンズのようにスワップ取引を制限する必然性はないが、私募のファンド・オブ・ファンズでスワップ取引に関する規定が入れられているものはあまりみられない。

クレジット・デリバティブ取引

いわゆるクレジット・デリバティブ取引は、トータル・リターン・スワップ（TRS）等、スワップの形式をとって行われることが多い（クレジット・デフォルト・スワップ（CDS））。

かかるCDSは、投資信託約款における「スワップ取引」の定義に含まれるであろうか。

金商法では、その2条22項5号と6号に、店頭スワップ取引に関連する定義が置かれている。

五 当事者が元本として定めた金額について当事者の一方が相手方と取り決めた金融商品……の利率等若しくは金融指標の約定した期間における変化率に基づいて金銭を支払い、相手方が当事者の一方と取り決めた金融商品……の利率等若しくは金融指標の約定した期間における変化率に基づいて金銭を支払うことを相互に約する取引（これらの金銭の支払とあわせて当該元本として定めた金額に相当する金銭又は金融商品……を授受することを約するものを含む。）又はこれに類似する取引

六 当事者の一方が金銭を支払い、これに対して当事者があらかじめ定めた次に掲げるいずれかの事由が発生した場合において相手方が金銭を支払うことを約する取引（当該事由が発生した場合において、当事者の一方が金融商品、金融商品に係る権利又は金銭債権……を移転することを約するものを含み、第2号から前号までに掲げるものを除く。）又はこれに類似する取引

  イ 法人の信用状態に係る事由その他これに類似するものとして政令で定めるもの

  ロ 当事者がその発生に影響を及ぼすことが不可能又は著しく困難な事由であって、当該当事者その他の事業者の事業活動に重大な影響を与えるものとして政令で定めるもの（イに掲げるものを除く。）

上記5号は、通貨スワップおよび金利スワップ取引を規定しており、6号はCDS等のクレジット・デリバティブ取引等を規定していると解される。

6号は、金融商品や金融指標を対象とするのではなく、一定の事由（クレジット事由）の発生の有無を対象とする点で、他の取引の類型と異なる。上記の5号と6号の規定ぶりの差に鑑みると、上記約款第25条（スワップ取引の運用指図）の規定は、5号のスワップ取引に対応するものであり、6号のCDSをも含むと考えることは困難であろう。CDSへの運用指図も行えるようにするためには、約款第25条（スワップ取引の運用指図）を別の表現とするか、以下のような別の条項を設けるべきであろうと思われる。この場合、投資態度と投資制限にCDS特有の内容を規定することがある。

　　（クレジット・デリバティブ取引の指図および目的）
　第●条　委託者は、投資信託財産に属する資産の効率的な運用に資するため、クレジット・デリバティブ取引（金融商品取引法第2条第21項第5号イおよび同条第22項第6号イに掲げるものをいいます。以下同じ。）を行うことの指図をすることができます。
　②　クレジット・デリバティブ取引の評価は、価格情報会社の提供する価額または当該取引契約の相手方が適切に算出した価額等で評価するものとします。
　③　委託者は、クレジット・デリバティブ取引を行うにあたり担保の提供あるいは受入れが必要と認めたときは、担保の提供あるいは受入れの指図を行うものとします。

> （金利先渡取引および為替先渡取引の運用指図）
> 第26条　委託者は、信託財産の効率的な運用に資するため、金利先渡取引および為替先渡取引を行うことの指図をすることができます。
> ②　金利先渡取引および為替先渡取引の指図にあたっては、当該取引の決済日が、原則として、第5条（信託期間）に定める信託期間を超えないものとします。ただし、当該取引が当該信託期間内で全部解約が可能なものについてはこの限りではありません。
> ③　金利先渡取引および為替先渡取引の評価は、当該取引契約の相手方が市場実勢金利等をもとに算出した価額で評価するものとします。
> ④　委託者は、金利先渡取引および為替先渡取引を行うにあたり担保の提供あるいは受入れが必要と認めたときは、担保の提供あるいは受入れの指図を行うものとします。

■　趣　旨

　投資信託約款には、運用に関する事項を記載しなければならないとされており（投信法4条2項6号）、本条は金利先渡取引および為替先渡取引を行う場合に必要な条項である。
　金利先渡取引は、いわゆるFRA（Forward Rate Agreement）、為替先渡取引は、いわゆるFXA（Forward Exchange Agreement）のことである。
　これらの取引は、平成6年に刑法上の賭博行為の例外として大蔵省によって解禁されたものである。当初は運用者の取引ニーズを元に上記条文が規定されたようであるが、その後は定型条文のように取り扱われ、他のデリバティブ取引等に係る条文とセットで規定されることがあるのみである。FRAやFXAは、現在ではほとんど利用されていないようである。

■　ファンド・オブ・ファンズの場合

　公募のファンド・オブ・ファンズについては、原則として投資信託証券（ファンド）以外への投資が制限されているため（協会運用規則22条1項）、本条のよう

な規定がない。

 私募のファンド・オブ・ファンズについては、協会運用規則22条の準用がないため（同規則24条）、公募のファンド・オブ・ファンズのように金利先渡取引および為替先渡取引を制限する必然性はないが、私募のファンド・オブ・ファンズで金利先渡取引および為替先渡取引に関する規定が入れられているものはあまりみられない。

(有価証券の貸付の指図および範囲)
第27条　委託者は、信託財産の効率的な運用に資するため、信託財産に属する株式および公社債を次の各号の範囲内で貸付の指図をすることができます。
　1　株式の貸付は、貸付時点において、貸付株式の時価合計額が、信託財産で保有する株式の時価合計額を超えないものとします。
　2　公社債の貸付は、貸付時点において、貸付公社債の額面金額の合計額が、信託財産で保有する公社債の額面金額の合計額を超えないものとします。
② 　前項各号に定める限度額を超えることとなった場合には、委託者は、速やかに、その超える額に相当する契約の一部の解約を指図するものとします。
③ 　委託者は、有価証券の貸付にあたって必要と認めたときは、担保の受入れの指図を行うものとします。

■ 趣　旨

　投資信託約款には、運用に関する事項を記載しなければならないとされており（投信法4条2項6号）、投資信託財産で取得した資産を貸し付ける場合には、その内容を記載しなければならないとされている（投信法施行規則8条2号ニ）。本条は有価証券の貸付を行う場合に必要な条項である。

　有価証券の貸付は国内外で広く行われており、国内の投資信託においてはパッシブファンドで活用されるケースが多い。委託会社は、貸出先となる証券会社等の顧客に対して、貸出限度額を定め、クレジットファシリティを与え、それと引換えに貸出先のクレジットリスクに変化が起きていないか常時モニターするとしたリスク管理を行うことが貸付業務の基本となる。貸出方法は、オンデマンド取引とコーラブル取引の2つに分かれるが、返却期間の定めがないオンデマンド取引に高い需要があり、また貸出フィーも高くなる傾向がある。フィーについては、契約当事者である受託銀行、委託者である運用会社、貸出当事者となる投資

信託で按分される。

約款上は「貸付株式の時価合計額が、信託財産で保有する株式の時価合計額を超えないものとします」等と記載されているが、一般的には信託財産の50％程度の貸出にとどめるケースが多い。担保の受入れについては、一般的には現金または代用有価証券が使われ、現金の場合は借り手に対する資金運用責任が生じることとなり、また代用有価証券の場合は担保金額の値洗を毎日行い、掛け目による時価評価が貸出額を下回る場合は追証が必要となる。有価証券の引渡しと担保金の受入れに関する手続は、リーマン・ショックを機に保振を通じたDVP決済（証券資金同時受渡し）に移行し、決済リスクに関する措置が講じられた。

次条（公社債の空売りの指図範囲）で説明する債券レポ取引を貸方で行う場合、借方に対する公社債の貸付は本条の規定に基づき行うことになる。

■ ファンド・オブ・ファンズの場合

ファンド・オブ・ファンズについては、債券の貸借取引等は認められているものの（協会運用規則22条1項2号ロ）、本条のような有価証券の貸付に関する規定が入れられているものはあまりみられない。

> （公社債の空売りの指図範囲）
> 第28条　委託者は、信託財産の効率的な運用に資するため、信託財産の計算においてする信託財産に属さない公社債を売り付けることの指図をすることができます。なお、当該売付の決済については、公社債（信託財産により借り入れた公社債を含みます。）の引渡しまたは買戻しにより行うことの指図をすることができるものとします。
> ②　前項の売付の指図は、当該売付に係る公社債の時価総額が信託財産の純資産総額の範囲内とします。
> ③　信託財産の一部解約等の事由により、前項の売付に係る公社債の時価総額が信託財産の純資産総額を超えることとなった場合には、委託者は、速やかに、その超える額に相当する売付の一部を決済するための指図をするものとします。

■　趣　旨

　投資信託約款には、運用に関する事項を記載しなければならないとされており（投信法4条2項6号）、本条は公社債の空売りを行う場合に必要な条項である。
　本条は、平成8年4月に投信協会規則により債券レポ取引が認められたことに伴い、次条とセットで導入された経緯がある。それ以前、債券レポ取引は、消費貸借契約であって有価証券取引ではないという理由により、投資信託では行うことができなかった。そのため、同様の経済効果を得るために債券現先が行われていた（が、債券現先については平成7年4月までは有価証券取引税が課せられていた）。

■　債券レポ取引の概要

　債券レポ取引は、現金担保付債券貸借取引といわれ、典型的には図表7のような取引のうちの貸方借方間の取引をいう。
　上記の取引を、貸方からみた場合に「レポ取引」、借方からみた場合に「リバースレポ取引」という（レポ取引とリバースレポ取引とで何か別の取引があるわけではなく、ある取引をどちら側からみるかの問題にすぎない）。

図表7　レポ取引

　貸方がレポ取引に入る動機は、資金調達目的であり、借方がリバースレポ取引に入る動機は、資金運用目的か、空売り運用を行うための特定銘柄の調達目的である。

　たとえば、投資信託が債券レポ取引を用いて資金運用を行う場合、次条（公社債の借入れ）の規定に基づき公社債の借入れ（リバースレポ取引）を行い、本条の規定に基づき当該公社債の空売りを行うことになる。

　投資信託が債券レポ取引を借方で行う場合、借り入れた公社債は、有価証券投資比率の計算上、分子にカウントできない（「証券投資信託の定義について」の「有価証券のカウントについて」参照。なお、「レポ」「カウントしない」となっているが、これは、借方として借り入れた有価証券は（借りたにすぎず返さなくてはいけないものだから）分子にカウントしないということを述べているものと考えられるので、ここは「リバースレポ」と読むべきと思われる）。

■ 債券現先の概要（参考）

　債券レポ取引にかえて（または同取引と併用して）、債券現先も行われている。債券現先は、売戻（または買戻）条件付債券売買といわれ、典型的には図表8のような取引のうちの売主買主間の取引をいう。

　上記の取引を、売主からみた場合に「売り現先」、買主からみた場合に「買い現先」という（売り現先と買い現先とで何か別の取引があるわけではなく、ある取引をどちら側からみるかの問題にすぎない）。

　売主が売り現先の取引に入る動機は、資金調達目的であり、買主が買い現先の取引に入る動機は、資金運用目的か、空売り運用を行うための特定銘柄の調達目的である。

図表 8　現先取引

　たとえば、投資信託が買い現先を用いて資金運用を行う場合、売戻条件付売買により債券を買い、当該債券の利子を受け取るか、または当該債券を第三者に（これを空売りというかどうかはともかく）買戻条件付きで売却することになる。これらの取引は、売戻（または買戻）条件が付されているものの、その本質は有価証券の売買なので、レポ取引とは異なり、本条および次条（公社債の借入れ）の規定がなくても行うことができる。

　投資信託が買い現先を行う場合、その公社債は、売戻条件が付されているとはいえ売買により取得したものであるため、原則として分子にカウントできる（「証券投資信託の定義について」の「有価証券のカウントについて」参照）。

　なお、現先取引の対象は、国債、地方債、社債、CP（短期社債）等の債券であり、株式は対象外となっている。

■ ファンド・オブ・ファンズの場合

　債券の貸借取引は、ファンド・オブ・ファンズにも認められている（協会運用規則22条1項2号ロ）。ここでいう債券の貸借取引とは、債券の借入れとセットで行われる債券の空売りも含めたリバースレポ取引全体を含むものと解釈されるようである（協会運用規則15条1項4号カッコ書参照）。

　ファンド・オブ・ファンズについても、余資運用目的でリバースレポ取引を行う場合に本条が規定されることがある。

> （公社債の借入れ）
> 第29条　委託者は、信託財産の効率的な運用に資するため、公社債の借入れの指図をすることができます。なお、当該公社債の借入れを行うにあたり担保の提供が必要と認めたときは、担保の提供の指図を行うものとします。
> ②　前項の指図は、当該借入れに係る公社債の時価総額が信託財産の純資産総額の範囲内とします。
> ③　信託財産の一部解約等の事由により、前項の借入れに係る公社債の時価総額が信託財産の純資産総額を超えることとなった場合には、委託者は速やかに、その超える額に相当する借り入れた公社債の一部を返還するための指図をするものとします。
> ④　第1項の借入れに係る品借料は信託財産中から支弁します。

■ 趣　旨

　投資信託約款には、運用に関する事項を記載しなければならないとされており（投信法4条2項6号）、本条は公社債の借入れ（リバースレポ取引）を行う場合に必要な条項であり、通常は前条（公社債の空売りの指図範囲）とセットで規定される（内容は、前条（公社債の空売りの指図範囲）の解説参照）。

■ ファンド・オブ・ファンズの場合

　債券の貸借取引はファンド・オブ・ファンズにも認められており（協会運用規則22条1項2号ロ）、余資運用目的でリバースレポ取引を行う場合に本条が規定されることがある。

> **(特別の場合の外貨建有価証券への投資制限)**
> **第30条** 外貨建有価証券への投資については、わが国の国際収支上の理由等により特に必要と認められる場合には、制約されることがあります。

■ 趣　　旨

　本条は、日本の政治経済的背景により、やむをえない事情により取引ができない、あるいは国や当局から制約を受けることがあり（いわゆる経済制裁措置、外為法21条等）、このような制約を受けるべき事情が生じた場合には、想定していた運用ができないおそれがあることについて、事前に説明することをその趣旨としていると思われる（そのような説明を投資信託約款に記載するのが妥当であるかという問題はあるが）。

外国証券への投資制限

　投資信託における外国証券への投資は、以前は禁止されていたが、当時の外貨準備高の急増と証券市場の国際化の趨勢に照らし、対外証券投資自由化の第一歩として、昭和45年２月に当局により解禁されたものである[57]。
　当時は、外国証券への投資は、外為法の規定により当局の事前届出・許可制になっており、また、外国証券の組入れを行っても投資家保護上問題ないと認められる委託会社等に限って認められていた。その適合性の判定にあたっては、運用体制、人的構成等において外国証券に対する投資運用能力や経費の負担能力が考慮されるべきとされていた。
　平成10年に外為法が改正され、投資信託による外国証券への投資は（一定の場合に）事後報告で足りることになる等、規制が緩和され、現在に至る。
　このような経緯をふまえると、外国証券への投資が制限されていた時代において本条は意味あるものであったかもしれないが、現在では本文記載のよ

---

[57]　『証券投資信託年報（昭和45年版）』（社団法人証券投資信託協会）51頁

うな一般論以上の意義は見出しがたいように思われる。

(外国為替予約取引の指図および範囲)
第31条　委託者は、信託財産の効率的な運用に資するため、外国為替の売買の予約取引の指図をすることができます。
②　前項の予約取引の指図は、信託財産に係る為替の買予約の合計額と売予約の合計額との差額につき円換算した額が、信託財産の純資産総額を超えないものとします。ただし、信託財産に属する外貨建資産の為替変動リスクを回避するためにする当該予約取引の指図については、この限りではありません。
③　前項の限度額を超えることとなった場合には、委託者は、所定の期間内に、その超える額に相当する為替予約の一部を解消するための外国為替の売買の予約取引の指図をするものとします。

(外国為替予約取引の指図および範囲)
第31条　委託者は、信託財産の効率的な運用に資するため、外国為替の売買の予約取引の指図をすることができます。
②　前項の予約取引の指図は、信託財産に係る為替の買予約とマザーファンドの信託財産に係る為替の買予約のうち信託財産に属するとみなした額との合計額と信託財産に係る為替の売予約とマザーファンドの信託財産に係る為替の売予約のうち信託財産に属するとみなした額との合計額との差額につき円換算した額が、信託財産の純資産総額を超えないものとします。ただし、信託財産に属する外貨建資産（マザーファンドの信託財産に属する外貨建資産のうち信託財産に属するとみなした額を含みます。）の為替変動リスクを回避するためにする当該予約取引の指図については、この限りではありません。
③　前項の限度額を超えることとなった場合には、委託者は、所定の期間内に、その超える額に相当する為替予約の一部を解消するための外国為替の売買の予約取引の指図をするものとします。
④　第2項において信託財産に属するとみなした額とは、信託財産に属する

マザーファンドの受益証券の時価総額にマザーファンドの信託財産の純資産総額に占める為替の買予約、為替の売予約、または外貨建資産の時価総額の割合を乗じて得た額をいいます。

〈ベビーファンドの場合〉

■ 趣　旨

　投資信託約款においては、運用に関する事項を記載しなければならないとされており（投信法4条2項6号）、本条は外国為替予約取引を行う場合に必要な条項である。

　本規定は、典型的には為替ヘッジ付投資信託のヘッジ取引が該当することになるが、必ずしも円貨と外貨が対象になるとは限らず、外貨と外貨における為替ヘッジにおける利用も含まれる。たとえば、多国籍に投資するバランスファンドの場合は、基軸通貨をドルとし、その他の外貨建資産について、当該通貨をドルに対してヘッジ取引を行い、受益者がドルの為替リスクをとるケース等が実例として存在する。

■ デリバティブ取引該当性

　本条に規定されている外国為替予約取引は、差金決済が想定されていない売買の予約であり、金商法上のデリバティブ取引には該当しない。しかし、約款第26条（金利先渡取引および為替先渡取引の運用指図）に定める為替先渡取引のほか、差金決済が前提とされている外国為替証拠金取引（いわゆるFX取引）や、NDF（ノンデリバラブル・フォワード）取引は、金商法2条22項1号が定める取引であって、金商法上のデリバティブ取引（店頭デリバティブ取引）に該当するので、留意が必要である。

ヘッジ目的のために行う為替予約取引はデリバティブ取引か

　投資信託において行われるヘッジ目的のための為替予約は、通常、期間1カ月から3カ月の予約取引で、その後同期間ごとにロールオーバーされる

（期間中に投資信託の購入または解約があれば、それに応じた為替取引をスポットで行い、同時に、為替比率の調整のために、当初の予約取引と期限をあわせた予約取引を当該投資信託の購入または解約にあわせて行う）。

　ロールオーバーは、当初の予約取引の反対売買をスポット取引で行って相殺し、予約取引時点の為替レートに基づいて計算される金額と反対売買のスポット取引時点の為替レートに基づいて計算される金額の差額の授受を行う。そして、それと同時に、新規の同期間の予約取引を再度行い、これを投資信託の償還まで繰り返し行う方法が一般的と思われる。

　この場合、その投資信託は、ロールオーバーの時点では（投資対象の有価証券に投資しているため）取引対象物たる通貨を保有していない。そのため、この時点では、当該通貨の実際の受渡しはなく、差額の授受のみが行われる。ロールオーバーの取引を、この部分だけをとらえて考えると、デリバティブ取引に該当する可能性がないとはいえない（平成19年7月金融庁パブコメ回答101頁No.9参照）。

　これに対して、かかる取引において行われる差額の授受は、予約取引、反対売買のスポット取引、相殺の組合せの結果としてなされるものにすぎず、これをもって当初の予約取引自体が「差金決済を行うことができるもの」となるものではないと解して、デリバティブ取引に該当しないとする考え方がある[58]。

　また、ロールオーバー取引を個別にみるのではなく、投資信託における為替取引を全体としてとらえる考え方もありうる。投資信託における為替取引を全体としてみれば、償還時には投資対象有価証券を売却して為替予約の取引対象物たる通貨を取得し、その通貨と償還金の支払に必要な通貨の受渡しがそれぞれ行われることになる。償還時には投資家に償還金をあらかじめ定められた通貨で受け渡さなければならないため、差金決済でこの通貨の受渡しを省略することはできない。よって、この考え方に基づくと、「差金決済を行うことができないもの」としてデリバティブ取引に該当しないと考えることになる。

---

[58] 長島・大野・常松法律事務所編『アドバンス金融商品取引法［第2版］』（商事法務、2014年）46頁参照

上記のとおり、投資信託におけるヘッジ目的のための為替予約取引がデリバティブ取引に該当するか否かは、その為替予約取引のみに着目するか、1つのロールオーバー取引として着目するか、投資信託における為替取引全体に着目するかによって、考え方が変わりうるように思われる。
　まず、その為替予約取引のみに着目して、差金決済は反対売買および相殺の組合せの結果にすぎないとする考え方であるが、このような決済手法はデリバティブ取引において一般的なものであり、その点のみで「デリバティブ取引」でないとする論拠にはなりがたいと解される。また、投資信託における為替のロールオーバーは、その時点では（投資対象の有価証券に投資しているため）取引対象物たる通貨を保有しておらず、実際問題としては現物決済ができない。それにもかかわらず、その差金決済がたまたま反対売買および相殺がなされた結果にすぎないと整理することには躊躇を覚えるところである（NDF取引が基本的にはデリバティブ取引に該当すると考えられていることとも整合する（平成19年7月金融庁パブコメ回答102頁No.10参照））。
　次に、1つのロールオーバー取引として着目する考え方であるが、ロールオーバーは予約の期間を伸長するために行われる技術的な取引であるため、それらを個別にとらえて解釈するのは妥当でないと考えられる。
　しかしながら、投資信託における為替取引を全体としてみれば、この一連の取引は、最終的には取引対象通貨の現物の受渡しが必ず行われる。かかる考え方に基づいて、投資信託におけるヘッジ目的のための為替予約取引はデリバティブ取引に該当しないと整理するのが、理論的にも実務的にも、最も落ち着きどころがよいように思われる。

通貨選択型投資信託で行われる為替予約取引はデリバティブ取引か

　通貨選択型投資信託は、より多くの分配原資を得るために、原資産通貨と選択した円以外の他の通貨との間で為替予約取引を行い、為替取引によるプレミアムや為替差益をねらう投資信託のことである。従来の「為替ヘッジ」の仕組みが利用されていることもあって、選択された円以外の他の通貨との

間では原資産通貨の為替変動リスクがヘッジされるという意味で、このような為替予約取引についても「ヘッジ」という文言が使用されていたこともあった。しかし、投信協会の関連規則等が改正され、現在ではそのような表現は用いられなくなっている。

　ヘッジ目的であればデリバティブ取引でなく、積極的に収益をねらう目的であればデリバティブ取引であるという論調が一部で見受けられるが、かかる議論は必ずしも的を射たものではない。デリバティブ取引に該当するかどうかは、目的によって定まるものではなく、差金決済を行うことができる（またはできない）ものかどうかによって決定されるものであり、かかる観点からの検討が必要になる。

　通貨選択型投資信託において選択された円以外の通貨は、円ではないため、償還金の支払に必要な通貨ではない。そのため、償還時に当該通貨の現物の受渡しが行われるともいえず、「差金決済を行うことができないもの」とはいいがたいように思われる。

　よって、その投資信託における為替取引を全体としてとらえるという考え方に基づいたとしても、通貨選択型投資信託で行われる為替予約取引についてはデリバティブ取引に該当するという結論が妥当であるように思われる。

■ ベビーファンドの場合

　ファミリーファンドにおいて、為替ヘッジ取引はマザーファンドで行われる場合もベビーファンドで行われる場合もある。また、実質的な運用はマザーファンドにおいて行われる。よって、ベビーファンドの約款では、マザーファンドの信託財産にかかわるもののうち当該ベビーファンドの信託財産に属するものとみなした額を含めて外国為替予約取引の範囲を定める必要があり、上記のような規定となる。

（信託業務の委託等）

第32条　受託者は、委託者と協議のうえ、信託業務の一部について、信託業法第22条第1項に定める信託業務の委託をするときは、以下に掲げる基準のすべてに適合するもの（受託者の利害関係人を含みます。）を委託先として選定します。

1　委託先の信用力に照らし、継続的に委託業務の遂行に懸念がないこと
2　委託先の委託業務に係る実績等に照らし、委託業務を確実に処理する能力があると認められること
3　委託される信託財産に属する財産と自己の固有財産その他の財産とを区分する等の管理を行う体制が整備されていること
4　内部管理に関する業務を適正に遂行するための体制が整備されていること

② 受託者は、前項に定める委託先の選定にあたっては、当該委託先が前項各号に掲げる基準に適合していることを確認するものとします。

③ 前2項にかかわらず、受託者は、次の各号に掲げる業務を、受託者および委託者が適当と認める者（受託者の利害関係人を含みます。）に委託することができるものとします。

1　信託財産の保存に係る業務
2　信託財産の性質を変えない範囲内において、その利用または改良を目的とする業務
3　委託者のみの指図により信託財産の処分およびその他の信託の目的の達成のために必要な行為に係る業務
4　受託者が行う業務の遂行にとって補助的な機能を有する行為

■ 趣旨（本条全体）

　本条は、受託者が行う信託業務の一部を委託する場合に関するものである。旧信託業法が全面改正され、信託業法により信託業務を委託する際は信託行為（信託契約）に所定の事項を記載すべき旨が新規に定められたことにより、約款に規

定されるようになった条項である。

　信託業法は、次に掲げるすべての要件を満たす場合に限り、信託業務の一部を第三者に委託することができる旨を規定している（同法22条1項）。

　　一　信託業務の一部を委託すること及びその信託業務の委託先（委託先が確定していない場合は、委託先の選定に係る基準及び手続）が信託行為において明らかにされていること。
　　二　委託先が委託された信託業務を的確に遂行することができる者であること。

■ 趣旨（第1項）

　本条第1項は、上記信託業法22条1項に基づく、信託業務の委託に係る規定である。同項各号に掲げる事項は、信託会社監督指針3－2－2(5)（同11－2－2(3)により信託兼営金融機関にも適用）に鑑み、信託業法22条1項2号の委託先の適格性についての要件より厳しい条件を設定している。

　本条第1項第3号に記載されている分別管理については、平成18年の改正（平成19年9月30日施行）前の信託業法において委託に係る契約（業務委託契約）への記載が求められていたものである（同法22条1項3号）。現在の信託業法においては、当該条項は削除されており、分別管理義務の業務委託契約への記載は必須ではなくなっているが、善管注意義務に基づき委託業務の適格遂行者を委託先として選任することを信託会社に求めることを前提に当該条項が削除されたというのが立法経緯であり[59]、かかる経緯に鑑みれば、上記信託業法22条1項2号の要件を満たすための項目の1つとしてこれを記載することは、その趣旨に沿うものであるといえる。

　約款第2条（信託事務の委託）に規定する再信託は、信託業法22条1項に基づく業務の委託に該当し、再信託の方式による信託業務の委託における同法22条1項1号の要件は、約款第2条（信託事務の委託）の記載により充足されるという関係にあると考えられる（信託事務の委託と信託業務の委託の関係については、後記参照）。

---

[59] 小出卓哉・及川富美子「改正信託業法の概要（下）」金融法務事情55巻10号、83頁

信託業法22条１項が規定する信託業務の委託は再信託の方式によるものには限定されないので、本条第１項が規定する業務の委託には再信託以外のものも存在しうるが、実際には考えにくいように思われる。

■ 趣旨（第２項）

本条第２項は、第１項に定める委託先の選定にあたり、当該委託先が同項各号に掲げる基準に適合していることを確認する義務を受託者に課すものである。受託者は、信託業務の委託を行った場合であってもその業務に係る義務および責任を免れるものではなく、委託先の選定についても善管注意義務が課せられる旨を念のため規定するものである。

■ 趣旨（第３項）

本条第３項は、信託業法22条３項に基づくものであり、同項と同趣旨の規定である。裁量性の低い事務等の第三者への委託がこれに該当すると考えられる（どのような業務がこれに該当するかについては、信託会社監督指針３－４－５参照）。

信託業法22条３項は、同条３項各号に掲げる業務を委託する場合には、同条１項および２項を適用しない（ただし、１項２号を除く）としており、具体的には、信託業務の一部を委託することおよびその信託業務の委託先（委託先が確定していない場合は、委託先の選定に係る基準および手続）が信託契約において明らかにされていなくとも、記載された業務に限ってはその委託を認めるというものである。

しかし、信託業法22条３項は、信託契約に記載がなくとも委託が認められる業務に関する規定であり、それを信託契約に記載しても特段の意味はない。また、同項は、本条第３項各号に掲げる業務の委託であっても、信託業法22条１項２号の規定は適用除外から除外されており（したがって依然として適用される）、委託先が委託された信託業務を的確に遂行することができる者であることの確保およびその確認は、なお必要である。本条第３項は「前２項にかかわらず」と規定し、本条第１項および第２項の適用を除外しているが、かかる要件が不充足の場合に業務の委託を認める趣旨であるなら、それは信託業法22条３項と整合せず、妥当でないことになる。

■ 信託事務の委託と信託業務の委託の関係

　約款第2条（信託事務の委託）が言及する信託法28条の規定する信託事務の委託と本条の規定する信託業法22条の信託業務の委託との異同は必ずしも明確でない。参考になりうる資料として、平成16年12月金融庁パブコメ回答4頁No.3－3－5において「信託業法第22条に規定する信託業務の委託と信託法（旧信託法）第26条（新信託法の対応する規定は第28条）に規定する信託事務の委任の範囲とは必ずしも一致しませんが、重なるところが多いと考えます」とされている程度である。

　実務的には、委託されるそれぞれの業務または事務がそのいずれに（または双方に）該当するか、明確でない場合であっても、いずれも信託契約に規定することによりその委託が可能となるため、特に再信託が予定されている場合には、もれがないよう約款に両方併記されているものと考えられる。ただ、両条項が別々に規定され、さらに条項の位置も離れているので、その趣旨が理解しにくくなっている点は否めない。

> （混蔵寄託）
> 第33条　金融機関または第一種金融商品取引業者（金融商品取引法第28条第1項に規定する第一種金融商品取引業を行う者および外国の法令に準拠して設立された法人でこの者に類する者をいいます。以下本条において同じ。）から、売買代金および償還金等について円貨で約定し円貨で決済する取引により取得した外国において発行された譲渡性預金証書またはコマーシャル・ペーパーは、当該金融機関または第一種金融商品取引業者が保管契約を締結した保管機関に当該金融機関または第一種金融商品取引業者の名義で混蔵寄託できるものとします。

■ 趣　旨

　本条は、信託財産の分別管理の方法の1つとして、外国において発行された譲渡性預金証書またはコマーシャル・ペーパーについて混蔵寄託できる旨を規定したものである。本来は、信託財産に帰属する資産は受託銀行（あるいは再信託先）の顧客資産口座において分別管理されるべきであるが、すべての資産が受託銀行（再信託先）において管理されるわけではなく、外国において発行された譲渡性預金証書またはコマーシャル・ペーパーは、当該取引先の金融機関または第一種金融商品取引業者において保管されうることを説明している。

　特に、外国において発行されたコマーシャル・ペーパーについては、取引先の証券会社側の理由により、受託銀行の顧客資産口座において分別管理することができない取扱いとなっているようである。

　円貨で約定し円貨で決済する取引により取得する外国において発行されたコマーシャル・ペーパーは、為替変動リスクをヘッジするため、為替予約とセットで成立させるケースが多いようである。そのため、取引先の証券会社においては、当該コマーシャル・ペーパーと為替取引をセットで管理することが多いようである。この場合にコマーシャル・ペーパーだけを切り離して受託銀行（あるいは再信託先）の顧客資産口座で管理するとなると、取引先の証券会社には為替予約だけが残されることとなり、取引管理がむずかしくなるケースが生じるようで

あり、このような状況に対応するために本条のような規定が必要になると説明されることがあるようである。

一方で、信託財産でありながら受託銀行（あるいは再信託先）に保管されない有価証券があり、それが取引先の証券会社において当該証券会社の名義で混蔵寄託されるとなると、受益者は当該証券会社の信用リスクを負担することになるため、当該有価証券の保全管理上の問題が残されていることになる。

■ 分別管理との関係

受託者は、信託法34条により信託財産に属する財産と固有財産および他の信託の信託財産に属する財産とを分別して管理することが要求されているが、分別管理の方法につき信託行為に別段の定めがある場合にはその定めによることができるとされており、本条の規定はかかる「別段の定め」に相当する（次条（信託財産の登記等および記載等の留保等）の解説参照）。ただし、受託者の信託財産に係る帳簿作成義務（信託法37条）を免れるものではない。

（信託財産の登記等および記載等の留保等）
第34条　信託の登記または登録をすることができる信託財産については、信託の登記または登録をすることとします。ただし、受託者が認める場合は、信託の登記または登録を留保することがあります。
② 　前項ただし書にかかわらず、受益者保護のために委託者または受託者が必要と認めるときは、速やかに登記または登録をするものとします。
③ 　信託財産に属する旨の記載または記録をすることができる信託財産については、信託財産に属する旨の記載または記録をするとともに、その計算を明らかにする方法により分別して管理するものとします。ただし、受託者が認める場合は、その計算を明らかにする方法により分別して管理することがあります。
④ 　動産（金銭を除きます。）については、外形上区別することができる方法によるほか、その計算を明らかにする方法により分別して管理することがあります。

■ 趣　旨

　信託法14条において、登記または登録をしなければ権利の得喪および変更を第三者に対抗することができない財産については、信託の登記または登録をしなければ、当該財産が信託財産に属することを第三者に対抗することができないとされている。そして、信託法34条において、受託者は、信託財産に属する財産と固有財産および他の信託の信託財産に属する財産とを分別して管理しなければならず、信託の登記または登録をすることができる財産については、信託契約に別段の定めがあるときであっても、信託の登記または登録をする義務を免除することができないとされている。

　もっとも、信託の登記または登録をする義務を当面は免除するものの、受託者が経済的な窮境に陥ったときには遅滞なくこれをする義務が課せられているような場合、すなわち、信託契約の定めをもってこのような義務を一時的に猶予することについては、禁止されるものでないとされている[60]。本条第１項ただし書お

よび第2項は、信託法上のかかる規定に基づくものである。

　本条第3項および第4項は、信託の登記または登録をすることができない信託財産に関し、分別管理の方法について定めた規定である（信託法34条1項ただし書）。

　株式投資信託における典型的な投資対象である上場株式は、社振法上の振替株式である。振替株式については、上記の原則に対して社振法に特別規定が置かれており、当該振替株式が信託財産に属する旨を振替口座簿に記載し、または記録しなければ、当該株式が信託財産に属することを第三者に対抗することができない（社振法142条1項）[61]。この社振法上の手続は信託の登記または登録に該当するため、振替株式は本条第1項の信託の登記または登録をすることができる信託財産に該当すると解される。

　実務上、かかる手続は行われていない（本条第1項ただし書に基づくものと解される）。その理由として、資産規模が大きく有価証券の出入りが比較的頻繁な投資信託において、個々の有価証券に一々信託の表示をすることは技術的に困難であるということや、投資信託の受託者は信託銀行であり、信託財産であることにより生ずる効果を信託の公示により第三者に主張する現実的要請が少ないということがあげられるようである[62]。しかし、たとえば、万が一、受託者が破産手続開始決定を受けた場合、信託財産が受託者の破産財団に属しないことを主張できないことになり、受益者に不測の損害を与えるおそれがある。本条第3項に基づき分別管理したとしても、第三者対抗要件が付与されるわけではない。

　振替制度開始前の時代は、信託財産に属することを第三者に対抗するために株主名簿や社債原簿への記載または記録が求められていたため、上記のように、現実的にこれを行うことはむずかしかったといえる。振替制度に移行した現在においてなおこの手続を省略するかは、振替制度上の手続に要する事務負荷およびコ

60　寺本昌広『逐条解説　新しい信託法〔補訂版〕』（商事法務、2008年）138頁
61　振替制度の対象となる他の有価証券についても、類似の規定が置かれている。たとえば、振替社債については社振法75条（同法121条で振替投資信託受益権に準用）、振替国債については同法100条、振替受益権については同法127条の18、振替新株予約権については同法176条、振替新株予約権付社債については同法207条がこれに該当する。いずれも、信託財産に属する旨を振替口座簿に記載し、または記録しなければ、信託財産に属することを第三者に対抗することができない。
62　大和証券投資信託委託「投資信託研究」No.6 May 1963、82頁

ストと、それにより実現される受益者保護の程度との兼ね合いで判断されるべきものであろう。

(有価証券売却等の指図)
第35条　委託者は、信託財産に属する有価証券の売却等の指図ができます。

(一部解約の請求および有価証券売却等の指図)
第35条　委託者は、**信託財産に属するマザーファンドの受益証券に係る信託契約の一部解約の請求および**信託財産に属する有価証券の売却等の指図ができます。

〈ベビーファンドの場合〉

■ 趣　　旨

　本条は、投資した有価証券の売却等の指図ができることを表したものであり、有価証券への投資等の指図について定める約款第18条（有価証券および金融商品の指図範囲等）とセットで規定されるものである。
　もっとも、投資した有価証券の売却等の指図ができないと運用行為として完結しないため、本条でわざわざ規定しなくとも、委託者に売却等の指図権限があることは当然のことのようにも思われる。

■ ベビーファンドの場合

　ベビーファンドについては、原則としてマザーファンドを通じて運用を行っているため、マザーファンドを通じて投資している有価証券等の売却を行う際は、売却される有価証券等に相当するマザーファンドの一部解約の請求もセットで行うことになる。そのため、ベビーファンドの約款には、マザーファンドの一部解約の請求の指図についても規定される。

> （再投資の指図）
> 第36条　委託者は、第35条（有価証券売却等の指図）の規定による売却代金、有価証券に係る償還金等、有価証券等に係る利子等およびその他の収入金を再投資することの指図ができます。

> （再投資の指図）
> 第36条　委託者は、第35条（<u>一部解約の請求および</u>有価証券売却等の指図）の規定による<u>一部解約代金および</u>売却代金、有価証券に係る償還金等、有価証券等に係る利子等およびその他の収入金を再投資することの指図ができます。

〈ベビーファンドの場合〉

■ 趣　旨

　本条は、投資家からの直接の投資金だけでなく、売却等の指図による売却代金、有価証券に係る償還金等、有価証券等に係る利子等およびその他の収入金について、再投資の指図ができることを表したものであり、約款第18条（有価証券および金融商品の指図範囲等）および前条（有価証券売却等の指図）とセットで規定されるものである。

■ ベビーファンドの場合

　ベビーファンドについては、前条にマザーファンドの一部解約の請求の指図が含まれることから、その一部解約代金についても再投資の指図ができる旨を本条に追記する。

（資金の借入れ）
第37条　委託者は、信託財産の効率的な運用ならびに運用の安定性に資するため、一部解約に伴う支払資金の手当て（一部解約に伴う支払資金の手当てのために借り入れた資金の返済を含みます。）を目的として、または再投資に係る収益分配金の支払資金の手当てを目的として、資金借入れ（コール市場を通じる場合を含みます。）の指図をすることができます。なお、当該借入金をもって有価証券等の運用は行わないものとします。
② 　一部解約に伴う支払資金の手当てに係る借入期間は、受益者への解約代金支払開始日から信託財産で保有する有価証券等の売却代金の受渡日までの間、または受益者への解約代金支払開始日から信託財産で保有する有価証券等の解約代金入金日までの間、もしくは受益者への解約代金支払開始日から信託財産で保有する有価証券等の償還金の入金日までの期間が5営業日以内である場合の当該期間とし、資金借入額は当該有価証券等の売却代金、解約代金および償還金の合計額を限度とします。ただし、資金借入額は、借入指図を行う日における信託財産の純資産総額の10％を超えないこととします。
③ 　収益分配金の再投資に係る借入期間は、信託財産から収益分配金が支弁される日からその翌営業日までとし、資金借入額は収益分配金の再投資額を限度とします。
④ 　借入金の利息は信託財産中から支弁します。

■ 趣　旨

　投資信託約款には、受託者が信託に必要な資金の借入れをする場合においては、その借入金の限度額に関する事項を記載しなければならないとされており（投信法4条2項13号）、また、その細目として「借入れの目的、借入限度額及び借入金の使途に関する事項並びに借入先を適格機関投資家に限る場合には、その旨」が定められている（投信法施行規則8条7号）。本条は資金の借入れをする場合に必要な条項である。

■ 借入制限

　委託会社は、資金の借入れ（コール市場を通じた取引を含む）について、解約代金支払目的、分配金再投資型投資信託の分配金支払目的および事故処理に伴う資金手当（当該投資信託財産に借入金利を負担させないものに限る）目的に限り、細則で定める限度額の範囲内で資金の借入れの指図を行うことができるとされている（協会運用規則15条9号）。この規定は、私募の投資信託にも準用されている（同規則21条3号）。

　このように、日本の投資信託では、借入金による運用は認められていない[63]。

　協会運用規則15条1項9号に規定する細則で定める限度額は、次に掲げる場合について、当該各号で定める期間および限度額とされている（協会運用細則4条）。

① 投資信託財産が当該投資信託財産の解約代金の支払いに応ずるために資金手当て（解約代金の支払いのために借り入れた資金の返済を含む。）を目的とする場合の借入れ

　　投資信託の解約時における顧客への解約代金の支払日から投資信託財産で保有する有価証券等（有価証券および金融商品をいう。以下同じ。）の売却代金の受渡日まで、または有価証券等の解約代金の入金日まで、もしくは有価証券等の償還金の入金日までの期間が5営業日以内の場合の当該期間とし、当該有価証券等の売却代金、解約代金および償還金の合計額を借入残高の限度額とする。

② 分配金再投資型投資信託の分配金の支払いに応ずるための資金手当てを目的とする場合の借入れ

　　分配金の支払日から翌営業日までの間とし、分配金再投資額を借入残高の限度額とする。

③ 事故処理に伴う資金手当て（当該投資信託財産に借入金利を負担させないものに限る。）を目的とする場合の借入れ

　　投資者本位に資すると考えられるやむを得ない事故処理に係る借入れとし、

---

[63] かかる規制は、今日における諸外国のファンド規制と比較して一般的なものではない。また、デリバティブ取引や債券の空売り等の取引を通じてレバレッジを利かせ、借入金による運用と同様の経済効果を得ることが可能となっている。借入金による運用のみを規制することの合理性には再考の余地があるように思われる。

この場合の借入れは、当該投資信託財産の事故処理に伴う対応に必要な範囲の借入期間および借入限度額とする。
　本条第2項第1文は、上記協会運用細則の規定①に基づくものである。解約代金支払目的の資金の借入れについては、通常の投資信託約款には、資金借入額の限度として、ファンドの信託財産の純資産総額の10％を上限とする旨があわせて規定されている（本条第2項第2文）[64]。
　本条第3項は、上記協会運用細則の規定(2)に基づくものである。
　なお、事故処理に伴う資金手当（当該投資信託財産に借入金利を負担させないものに限る。）の目的は、平成30年6月13日付協会運用規則の改正により認められたものである。本条の約款案には反映していないが、今後はこの目的による資金の借入れについても本条に規定されるものと考えられる。
　このような制限があるため、資金の借入れは、受渡タイミングの調整や資金ショートの防止のため等、限定的な場面に限って用いられている。

■ 借入れの実務

　資金の借入れは、実務的には、この投資信託の受託者である信託銀行から行われている。委託会社および受託銀行は、極度枠を設定した借入契約をあらかじめ締結しておき、必要な場面に備えているのが通常である。

■ 借入コストの負担

　ファンドが解約代金支払目的で資金を借り入れる場合、だれがその借入コストを負担すべきかについて、検討されることがある。
　委託会社は、資金ショートを起こさないようにすべく適切なキャッシュマネジメントを行うことを含め運用管理責任を負っているわけであり、したがって善管注意義務の観点から委託会社に任務懈怠がなかったことを合理的に説明できない限り、ファンドに借入コスト負担させるのはむずかしいと考えられる。

---

[64] この10％上限の根拠については、当時の海外におけるファンド借入れをモデルとしたものである等、諸説ある。

> （損益の帰属）
> 第38条　委託者の指図に基づく行為により信託財産に生じた利益および損失は、すべて受益者に帰属します。

■ 趣　旨

　信託財産に生じた利益および損失が受益権の価値の変動を通じて受益者に帰属するのは当然のことであり、本条は当然のことを念のため規定したにすぎないものと考えることができる。

■ 基準価額がマイナスになった場合

　さらに進んで、本条の解釈として、仮に基準価額がマイナスになった場合、受益者が当該負債（負の財産）についてまで負担することを表しているかが問題となる（受益者の有限責任性にもかかわる問題である、第42条（信託事務の諸費用および監査費用）の解説参照）。

　投資信託の基準価額がマイナスになるようなことは、通常は起こりがたいものと考えられるが、私募でデリバティブ取引等を用いてレバレッジをかけた運用を行う投資信託においては、このような事態が生じることがありうる。実際、この問題点については、リーマン・ショックの際に業界内でも議論されたことがあるようである。

　理論上受益者にそのような責任があるかどうかはともかく、投資信託の投資家の責任は元本（基準価額ゼロ）までと一般に解釈されており、実務的にもかかる解釈に基づいたリスク説明が行われている。そのため、それを超えて当該負債（負の財産）を受益者から徴収することは困難であり、そのような不測の事態が生じた場合は委託会社が実質的に負担（おそらく単に運用会社が破綻するだけで、支払い切ることはできない）することになるのであろう。委託会社が支払い切れず破綻するような場合にはシステミック・リスクが生じうるため、さらなる検討が必要と思われる。

(受託者による資金の立替え)
第39条　信託財産に属する有価証券について、借替えがある場合で、委託者の申出があるときは、受託者は資金の立替えをすることができます。
②　信託財産に属する有価証券に係る償還金等、有価証券等に係る利子等およびその他の未収入金で、信託終了日までにその金額を見積りうるものがあるときは、受託者がこれを立て替えて信託財産に繰り入れることができます。
③　前2項の立替金の決済および利息については、受託者と委託者との協議によりそのつど別にこれを定めます。

■ 趣旨（第1項）

借替えとは、社債・債券発行者が既発行債の償還に必要な資金を獲得するために行う新たな社債・債券の発行をいう。本条第1項は、かかる借替えがある場合に、委託者の申出に応じて受託者が資金の立替えをすることができる旨を定めた規定である。

■ 趣旨（第2項）

本条第2項は、有価証券に係る償還金等その他の未収入金を受領する権利がある場合で、信託終了日（ファンド償還日）までにそれを受領することができないものについて、その金額を合理的に見積もったうえ受託者が立て替えることができる旨を定めた規定である。

信託財産に属する有価証券等に係る償還金等その他の未収入金は、原則として信託終了時（ファンド償還時）の受益者に返還されるべきと考えられるが、それらの金銭を受領するまで相当程度の期間を要する場合があり、信託終了後（ファンド償還後）の受益者情報の管理の問題がある。また、受益者に返還すべき金銭が少額で、返還に要する費用がそれを超えるような場合にまで返還義務があるのかという問題もある。

これらの問題意識をふまえ、投信協会の「投資信託の終了後に生じる金銭の取

扱いに関するガイドライン」が定められている。このガイドラインでは、投資信託の終了後に生じた金銭は原則として信託終了時（ファンド償還時）の受益者に返還すべきとし（同ガイドライン2.）、信託終了後（ファンド償還後）に入金が見込まれる金銭につき、発生の確実性および金額の確実性を判断基準として信託財産への計上可否を判定し（同ガイドライン4.）、信託財産に計上できる金銭があると認められる場合は立替えにより計上を行ったうえで終了することとされている（同ガイドライン3.第1文）。可能な限り信託終了前（ファンド償還前）に信託財産に計上し、信託終了後（ファンド償還後）に受益者に返還するような事態に陥らないようにするための措置である。なお、立替えは、本条の約款の規定をふまえ、処理方法を受託者に確認したうえで実施するものとされている（同ガイドライン3.第2文）[65]。

投資信託の終了後に生じる金銭の取扱い

　平成13年末に大手米国企業エンロンが破たんした際、国内の投資信託（MMFを含む）は当該発行体の社債を信託財産として組み入れていた。その後、破たん処理のため相当期間が経過した後になって、社債権者に対し分配金の支払に係る通知が送られてきた。しかし、その時点ですでに償還ずみとなっていた投資信託も少なからず存在しており、当該金銭の処理に苦慮することになった。

　この件に関し、各委託会社は、信託終了時（ファンド償還時）の受益者に返還すべき金銭として、販売会社が有する過去の受益者情報を頼りに、販売会社を通じて受益者に連絡を試み、説明を行い、当該金銭の返還を行った。

　その後も、信託終了後（ファンド償還後）に生じる外税還付金やクラスアクションの和解金の入金等への対応も含め整理が必要との議論が業界内で展開され、平成25年7月18日に投信協会の「投資信託の終了後に生じる金銭の

---

[65] このガイドラインでは、信託終了後（ファンド償還後）に新たに生じた金銭の返還についても定めており、信託終了後（ファンド償還後）に生じた金銭が返還費用を下回る場合は返還不可と判定する等、返還可否の判定方法に係る一定の考え方を示している（同ガイドライン5.および6.）。

取扱いに関するガイドライン」が制定されるに至ったものである。

■ 趣旨（第3項）

　本条第3項は、立替金の決済および利息については受託者と委託者との協議により別途定める旨を規定したものである。

　通常の立替金の決済等であれば約款第42条（信託事務の諸費用および監査費用）の定めに基づき処理されるが、たとえばファンド償還時の立替金については、決済時にはファンド償還ずみとなっているため、別途の精算方法を合意しておく必要がある。

■ 資金の立替えに関する実務

　実務においては、本条に基づき、委託者および受託者（再信託がなされる場合には、さらに再信託受託者）の間で資金の立替えに関する覚書が締結されることが通常である。立替えを行う受託者（または再信託受託者）の回収不能リスクに備えるため、委託会社が受託者（または再信託受託者）に対する未収入金と同額の預金を当該受託者（または再信託受託者）の口座に保有していることを条件とする等、実質的な担保提供を求められることも多い。

> （信託の計算期間）
> 第40条　この信託の計算期間は、毎月●日から翌月●日までとします。ただし、第1計算期間は信託契約締結日より平成●年●月●日までとします。
> ②　前項にかかわらず、前項の原則により各計算期間終了日に該当する日（以下「該当日」といいます。）が休業日のとき、各計算期間終了日は該当日の翌営業日とし、その翌日より次の計算期間が開始されるものとします。ただし、最終計算期間の終了日は第5条（信託期間）に定める信託期間の終了日とします。

■　趣　　旨

　信託の計算期間に関する事項は、投資信託約款の法定記載事項であり（信託法4条2項10号、信託法施行規則8条6号）、本条はこれに対応する条項である。

　この計算期間は、原則として1年を超えることができないとされているが（投信法4条3項）、計算期間が投資信託財産設定後最初の計算期間であって2年未満である場合と、計算期間の初日から1年を経過した日が休業日であるためその翌営業日を当該計算期間の末日とする場合については、例外として1年を超えることができる（投信法計算規則9条）。

　よって、年1回決算の投資信託であっても、第1回計算期間に限っては2年未満であれば1年を超えることができ、また、営業日処理により1年を超えることも認められる。

■　信託の計算期間に関する留意点

　信託の計算期間については、以下の点に留意する必要がある。

　まず、公募の投資信託の募集に係る有価証券届出書および目論見書の有効期間は16カ月以内とされている点である（協会正会員業務運営等規則7条）。

　このため、年1回決算の公募の投資信託について、第1回計算期間を16カ月以上にすることは実務的に困難である（当初募集期間の存在や有価証券届出書提出のタイミング等を考えると、可能となる最長期間はさらに短くなる）。

また、最終決算日は営業日処理されないことにも留意が必要である（本条第1項ただし書参照）。実務的には、最終決算日が休業日に該当しないよう、また最終計算期間が1年を超えないよう、事前に確認をとっている。

　なお、ETFには休業日対応はないため、「各計算期間終了日は該当日の翌営業日とし、その翌日より次の計算期間が開始されるものとします」という取扱いはない。株式と同じ取扱いとなっているためと考えられる。

■ 税制との関係

　税務上、投資信託の収益分配金の認識時期として、収益の計算期間の末日（終了または一部解約の場合は当該終了または解約のあった日）の属する投資家の事業年度に収益が計上される。ただし、投資家が法人の場合、継続して支払を受けた日の属する事業年度の収益としている場合は、その処理も認められるとされている（法人税基本通達2−1−27、28）。

> （信託財産に関する報告等）
> 第41条　受託者は、毎計算期末に損益計算を行い、信託財産に関する報告書を作成して、これを委託者に提出します。
> ②　受託者は、信託終了のときに最終計算を行い、信託財産に関する報告書を作成して、これを委託者に提出します。
> ③　受託者は、前2項の報告を行うことにより、受益者に対する信託法第37条第3項に定める報告は行わないこととします。
> ④　受益者は、受託者に対し、信託法第37条第2項に定める書類または電磁的記録の作成に欠くことのできない情報その他の信託に関する重要な情報および当該受益者以外の者の利益を害するおそれのない情報を除き、信託法第38条第1項に定める閲覧または謄写の請求をすることはできないものとします。

■ 趣旨（第1項から第3項）

　信託法37条では、受託者は、毎年1回、一定の時期に、貸借対照表、損益計算書その他の法務省令で定める書類または電磁的記録を作成しなければならず、その内容について受益者等に報告しなければならないとされているが、一方で、信託契約に別段の定めがあるときは、その定めるところによると規定されている。

　本条第1項から第3項は、この信託法の規定を受けて、信託財産に関する報告を受益者ではなく委託者に対して行うことを定めたものと解される。もっとも、受託者から委託者に対して実務上どのような報告書が作成、提出されているか、判然としない。

> **参考**　**信託財産状況報告書**
> 　信託業法上、受託者には「信託財産状況報告書」の作成、交付義務があるが（同法27条）、この報告書は、同条ただし書および信託業法施行規則38条3号に基づき、その交付が免除されているものと理解されている。

【信託業法施行規則38条3号】
　投資信託及び投資法人に関する法律第3条に規定する委託者指図型投資信託契約による信託の引受けを行った場合において、投資信託委託会社……に対し、当該投資信託委託会社が同法第14条第1項の運用報告書を作成するために必要な情報を提供している場合

■ 趣旨（第4項）

　本条第4項は、受益者の受託者に対する帳簿等の閲覧等の請求の制限に係る規定である。

　信託法38条では、受益者は、受託者に対し、帳簿等の閲覧等の請求をすることができるとされているが、一方で、信託契約において、次に掲げる情報以外の情報について、受益者が同意をしたときは帳簿等の閲覧等の請求をすることができない旨の定めがある場合には、当該同意をした受益者（その承継人を含む）はその同意を撤回することができないものとし（同条4項）、受託者は当該同意をした受益者（その承継人を含む）からの次に掲げる情報以外の情報に係る閲覧等の請求を拒むことができることを定めている（同条5項）。

　一　前条第2項の書類又は電磁的記録の作成に欠くことのできない情報その他の信託に関する重要な情報
　二　当該受益者以外の者の利益を害するおそれのない情報

　受益者の同意は、かかる投資信託約款上の規定を了解したうえで行われる取得申込みにより、かかる同意がなされたものとみなすことになると解される。

　なお、本条第4項は、受益者の<u>受託者に対する</u>帳簿等の閲覧権の請求の制限であって、<u>委託者に対する</u>帳簿等の閲覧権が制限されているものではない（投信法15条2項参照）。

帳簿閲覧請求制限に係る受益者の同意はどこで取得されているか

　立法担当官の解説によると、新信託法38条4項・5項の趣旨は、閲覧謄写請求の拒否事由について微妙な利害調整の必要性を敷衍したものと説明され

第3章　約款本文（第41条）　197

ている（寺本昌広『逐条解説　新しい信託法〔補訂版〕』（商事法務、2008年）152頁）。その趣旨からすると、本来は、条文の文言どおり、投資信託約款においては、特定の情報以外の情報について、「受益者が同意をしたときは帳簿等の閲覧等の請求をすることができない」旨を定めることが必要であるようにも思われる（それに加えて個別の受益者の同意が必要）。特に、信託法92条は、同条に掲げる受益者による権利の行使は、信託行為の定めにより制限することができないと規定し、同条8号は、38条1項の規定による閲覧・謄写の請求権をあげていることからも、そのように解するのが自然とも思われる。

しかし、他方で受益者の「同意」の方法については特段の定めはないことから、当該信託契約の締結時に、当該契約中で同意をすることも可能、という考え方も成り立ちえないではなく、実際、たとえば以下のような規定ぶりの信託契約の例も存在する。

「第●条（受益者による閲覧又は謄写）
　信託法38条4項各号に掲げる情報以外の情報（以下、本条において「閲覧等制限情報」といいます。）について、受益者が同条1項の規定による閲覧又は謄写の請求をすることができない旨を同意した場合、受益者は、閲覧等制限情報の閲覧又は謄写の請求をすることができないものとします。<u>当初受益者たる委託者</u>は、ここに、<u>閲覧等制限情報の閲覧又は謄写の請求をすることができないことについて同意します。</u>」（下線は筆者）

しかし、投資信託約款に限らず、指定金銭信託契約に係る信託契約書等でも、単純に「信託法38条1項に定める閲覧または謄写の請求をすることはできないものとします」と規定するものも多くみられる。

このような規定については、実質的には上記に引用した信託契約の例（信託契約書中で同意する旨規定する）と変わらないともいえることから、それが信託法の要件を満たしているとすれば、本条第4項のような規定ぶりでもさしつかえないとも考えられる（その場合、受益者が信託契約の規定を前提として受益権を購入することによって、信託法上の同意がなされたとみなすことができる、と考えることになろう）。

> （信託事務の諸費用および監査費用）
> 第42条　信託財産に関する租税、信託事務の処理に要する諸費用および受託者の立て替えた立替金の利息（以下「諸経費」といいます。）は、受益者の負担とし、信託財産中から支弁します。
> ②　信託財産に係る監査費用および当該監査費用に係る消費税等に相当する金額は、毎計算期末または信託終了のとき信託財産中から支弁します。

■ 趣　旨

　本条第1項は、信託財産に関する租税、信託事務の処理に要する諸費用および受託者の立て替えた立替金の利息をまとめて諸経費と称し、受益者が負担する旨を規定しているものである。また、本条第2項は、信託財産に係る監査費用および当該監査費用に係る消費税等の支弁のタイミングおよび支弁元について規定しているものである。

　監査費用の計算方法については、委託会社が複数あるファンドを一括して監査依頼を行うこと前提として監査費用総額からファンドの本数を基準として除す場合と、純資産を基準として除す場合がある。

■ ファンド負担とする費用の範囲

　どのような費用をどこまでファンド負担とすることができるかについて、明確な定めがあるわけではない。上記約款例に記載された諸経費や監査費用をファンド負担とすることについてはさほど異論がないであろうが、法律顧問への報酬や目論見書等の印刷費用、さらにはアウトソーシングに要する費用や、その他広く投資信託に関して発生する費用を本条に規定する例も見受けられる。また、クラスアクションへの参加に関する着手金その他の費用をファンド負担として明記する約款例も存在する。ファンド負担となる費用は、最終的には投資家が負担することになるので、投資家に負担させることにつき合理性があるものに限り認められると考えることになろう。

　これらの費用については、ファンドの負担額に上限が設定されている例が多

い。また、ファンドからの支弁の仕方として、いったん（受託者ではなく）委託会社が立替払いをするケースもある。以下は、この場合の約款例である。

（信託事務の諸費用および監査費用）

第42条 信託財産に関する租税、信託事務の処理に要する諸費用および受託者の立て替えた立替金の利息（以下「諸経費」といいます。）は、受益者の負担とし、信託財産中から支弁します。

② 前項に定める諸費用のほか、法律顧問への報酬、印刷費用等、また信託財産に係る監査費用および当該監査費用に係る消費税等に相当する金額は、毎計算期末または信託終了のときに信託財産中から支弁することができるものとします。

③ 委託者は、前項に定める諸費用の支払いを信託財産のために行い、支払い金額の支弁を信託財産から受けることができ、また、現に信託財産のために支払った金額の支弁を受けることについて、あらかじめ受領する金額に上限を付することができます。この場合、委託者は、信託財産の規模等を考慮して、かかる上限金額を定期的に見直すことができます。

④ 前項に基づいて実際に支払った金額の支弁を受ける代わりに、委託者はかかる諸費用の金額をあらかじめ合理的に見積もった上で、実際の費用額にかかわらず、合理的な見積率により計算した金額を諸経費とみなして、その支弁を信託財産から受けることができます。この場合、委託者はかかる見積率に上限を付することとし、その上限の範囲内で、かかる見積率を見直すことができるものとします。

■ 税制との関係

証券投資信託が受け取る株式の配当や社債の利子については、帳簿登載を要件として、日本の源泉税は課されないこととされている（所得税法176条ほか）。

また、平成30年9月現在施行の税法上、外国で課された税金は、公募の証券投資信託の場合、ファンド内で外国税額控除を行うことができないため、ファンドのコストとなる。

なお、平成30年度税制改正により、この点が改正され、2020年1月1日以後に支払われる証券投資信託の収益の分配等について、収益分配に係る日本の所得税

から外国所得税の控除をすることとなり、ファンド内での外国税額控除が可能となる。この場合において、源泉所得税の額から控除する外国所得税等の額は、当該収益の分配に係る所得税の額に証券投資信託の外貨建資産への運用割合を乗じた額が限度とされる。

■ **マザーファンドの場合**

マザーファンドは、監査費用の負担を原則として行わない（ベビーファンドがかわりに費用負担する）。そのため、マザーファンドの約款には本条第2項の規定は存在しない。

受益者の「有限責任」性

受益者の責任は有限なのか、が議論されることがあるが、以下の二様の意味がありうることに注意が必要である。
① 信託勘定が負担した債務（で信託財産を超えるもの）につき、受益者が取引相手方（＝信託勘定に対する債権者）に対して直接責任を負うか。
② （上記①の責任は負わないことを前提として）受託者が債務を固有財産で弁済した場合、信託財産を超える部分につき、受益者に費用償還請求ができるか。

このうち①については、組合契約の場合（民法、投資事業有限責任組合に関する法律）や、会社法下の合名会社、合資会社の場合のように法律に明文の規定があるわけではないので、受益者はこのような責任を負うものではないと解される。

これに対して、上記②については、法令には直接の規定は存在しない。現行の（新）信託法は、旧信託法36条が信託行為に定めがなくても受益者は当然に受託者に対して費用の補償義務を負うと規定していたことが不合理であったことに鑑み、48条1項・2項において、かかる費用償還請求権を原則として否定している（いわゆる有限責任の原則）。しかし、同条5項において、別途、受託者と受益者との間で費用の補償についての合意をすることはさしつかえない、とされており、信託契約書中に費用の補償についての条項

がある場合には、その条項が5項にいう合意に該当し、その定めに従うことになると考えられる。

　この点、費用の負担に関する、典型的な約款規定が本条である。

　この規定ぶりであれば、「信託財産中から支弁」する旨の規定しかなく、不足分を受益者に請求する旨の規定がないので、仮に信託財産が負担した債務（で信託財産を超えるもの）も「費用」に該当するとしても、受益者にはその補償請求はできないと考えられる。

　上記に対して、旧法信託の場合、約款の規定ぶりはほぼ同様であるが、旧信託法36条が適用されるので、受益者への請求の可否については解釈上の困難が生ずる。しかし、他益信託であり（受益者は信託契約の内容の決定には関与しない）、また不特定多数の受益者が想定されている投資信託においては、受益権を取得することで受託者との契約関係に入る際の受益者の通常の合理的な意思解釈として、信託財産で支弁し切れない債務負担につき受託者から請求を受けて履行する義務はないと考えることに相当な理由があるとすれば、新信託法のもとでの規律と同様の結論に至ることも可能ではないかと思われる。

(信託報酬等の額)

第43条　委託者および受託者の信託報酬の総額は、第40条（信託の計算期間）に規定する計算期間を通じて毎日、信託財産の純資産総額に年10,000分の●の率を乗じて得た額とします。

②　前項の信託報酬は、毎計算期末または信託終了のとき信託財産中から支弁するものとし、委託者と受託者との間の配分は別に定めます。

③　第1項の信託報酬に係る消費税等に相当する金額を、信託報酬支弁のときに信託財産中から支弁します。

(信託報酬)

委託者および受託者は、この信託契約に関して信託報酬を収受しません。

〈マザーファンドの場合〉

■　趣　　旨

投資信託約款には、受託者および委託者の受ける信託報酬その他の手数料の計算方法ならびにその支払の方法および時期に関する事項を記載しなければならないとされており（投信法4条2項11号）、本条はこれに対応する規定である。

■　信託報酬の意義および内訳

信託報酬は、委託者が収受する委託者報酬、受託者が収受する受託者報酬、販売会社が収受する販売会社報酬に大別される。

このうち、信託財産から直接の支弁を受けるのは、委託者報酬と受託者報酬であり、本条第1項はその額および計算方法について定めている。詳細については、別途委託者および受託者の間で信託報酬に関する覚書を締結し、取り決めている（本条第2項）。

販売会社報酬は、信託財産から直接の支弁を受けるのではなく、委託者を経由して支払われる（そのため本条には販売会社報酬に関する規定がない）。詳細につい

ては、別途委託者および販売会社の間で販売契約に紐づく手数料に関する覚書を締結し、取り決めている。そのため、約款に規定される委託者報酬は、委託者が実際に収受する報酬と委託者がいったん受領しその後販売会社に支払う報酬の合計額となっている。

■ 成功報酬

委託会社の報酬として、信託報酬の1つとしての成功報酬を収受するケースがみられる。成功報酬は、運用パフォーマンスが一定の水準以上に達した場合に、運用者としての委託会社が委託者報酬に加えて収受する報酬である。

オフショアファンドに比べ、日本の投資信託において成功報酬制度を導入するものは少数である。これは、特に追加型投資信託において、計算期間中に投資を行った投資家が負担すべき成功報酬額の計算について公平性を担保しがたい、またはシステムが対応していない等の理由によるものと考えられる。成功報酬額を毎営業日確定させる計算方法であればこのような計算上のゆがみは生じないが、この場合、基準価額がハイウォーターマークを超え、その後当該計算期間中にドローダウンを喫した場合であっても、成功報酬は基準価額が最高値のところで取り切られることになり、投資家に不利となる。

なお、委託者以外の者が成功報酬の一部を収受することについては、その対価としてどのような役務の提供が想定されるかという観点も含め、検討が必要である。

■ マザーファンドの場合

マザーファンドでは信託報酬の支弁を行わないため、上記のような規定となる。

（収益の分配方式）

第44条　信託財産から生ずる毎計算期末における利益は、次の方法により処理します。
1　配当金、利子、貸付有価証券に係る品貸料およびこれらに類する収益から支払利息を控除した額（以下「配当等収益」といいます。）は、諸経費、監査費用および当該監査費用に係る消費税等に相当する金額、信託報酬および当該信託報酬に係る消費税等に相当する金額を控除した後、その残金を受益者に分配することができます。なお、次期以降の分配金にあてるため、その一部を分配準備積立金として積み立てることができます。
2　売買損益に評価損益を加減した利益金額（以下「売買益」といいます。）は、諸経費、監査費用および当該監査費用に係る消費税等に相当する金額、信託報酬および当該信託報酬に係る消費税等に相当する金額を控除し、繰越欠損金のあるときは、その全額を売買益をもって補てんした後、受益者に分配することができます。なお、次期以降の分配にあてるため、分配準備積立金として積み立てることができます。
② 毎計算期末において、信託財産につき生じた損失は、次期に繰り越します。

（収益の分配方式）

第44条　信託財産から生ずる毎計算期末における利益は、次の方法により処理します。
1　配当金、利子、貸付有価証券に係る品貸料およびこれらに類する収益から支払利息を控除した額（以下「配当等収益」といいます。）<u>とマザーファンドの信託財産に属する配当等収益のうち信託財産に属するとみなした額（以下「みなし配当等収益」といいます。）との合計額</u>は、諸経費、監査費用および当該監査費用に係る消費税等に相当する金額、信託報酬および当該信託報酬に係る消費税等に相当する金額を控除した後、その

残金を受益者に分配することができます。なお、次期以降の分配金にあてるため、その一部を分配準備積立金として積み立てることができます。
2　売買損益に評価損益を加減して得た額からみなし配当等収益を控除して得た利益金額（以下「売買益」といいます。）は、諸経費、監査費用および当該監査費用に係る消費税等に相当する金額、信託報酬および当該信託報酬に係る消費税等に相当する金額を控除し、繰越欠損金のあるときは、その全額を売買益をもって補てんした後、受益者に分配することができます。なお、次期以降の分配にあてるため、分配準備積立金として積み立てることができます。
② 　前項第1号におけるみなし配当等収益とは、マザーファンドの信託財産に属する配当等収益の額にマザーファンドの信託財産の純資産総額に占める信託財産に属するマザーファンドの受益証券の時価総額の割合を乗じて得た額をいいます。
③ 　毎計算期末において、信託財産につき生じた損失は、次期に繰り越します。

〈ベビーファンドの場合〉

（利益の留保）
第44条　信託財産から生ずる利益は、信託終了時まで信託財産中に留保し、分配は行いません。

〈マザーファンドの場合〉

■ 趣　旨

　投資信託約款には、収益の分配に関する事項を記載しなければならないとされており（投信法4条2項8号）、また、その細目として「収益分配可能額の算出方法に関する事項」が定められている（投信法施行規則8条4号イ）。本条はこれらに対応する規定である。

収益の分配については、分配可能額の計算方法を中心に、投信協会規則に詳細な規定が置かれている（協会評価及び計理等規則第5編）。本条はそのうちの追加型株式投資信託に係る規定の内容に沿ったものとなっている（同規則55条）。また、約款本文前の付表の「運用の基本方針」中にも、収益分配方針として、分配対象額の範囲、分配対象額の分配方針、および留保益の運用方針が規定される。

図表9　分配金イメージ図
（例）計算期間中に発生した収益を超えて支払われる場合のイメージ図

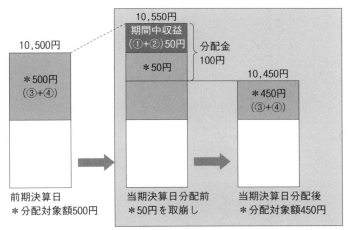

＊　分配対象額は、①経費控除後の配当等収益および②経費控除後の評価益を含む売買益ならびに③分配準備積立金および④収益調整金である。分配金は、分配方針に基づき、分配対象額から支払われる。

■ 安定的に継続して分配を行うことを前提とする投資信託の場合

　安定的に継続して分配を行うことを前提とする投資信託（毎月分配型投資信託および隔月分配型投資信託）については、委託会社は、分配原資・余力を保守的に見極めて分配金を決定する等、分配方針に沿った分配を行うよう、所定の事項を盛り込んだ運営マニュアル等の整備等を行い、当該運営マニュアル等に基づいた運営を行うべきとされている（協会正会員業務運営等規則5条の2）。
　これは、このようなタイプの投資信託について、必ずしも投資家の利益にならないような多額の分配金を支払うことへの警鐘であり、分配金の決定に関し委託

会社の健全な業務運営を求めるものである。

■ 税制との関係

収益分配金のうち普通分配金は、分配時に投資家において課税される（第46条（収益分配金、償還金および一部解約金の支払い）の解説参照）。

■ ベビーファンドの場合

マザーファンドの配当等収益および収益調整金相当額をベビーファンドの分配対象額とすることができるが、一度マザーファンドの分配原資をベビーファンドの分配原資として処理すると、ファンドが償還するまで変更できない（協会評価及び計理等規則60条）。

上記のベビーファンドの約款例は、マザーファンドの配当等収益をベビーファンドの分配対象額とする場合の記載例である。

■ マザーファンドの場合

マザーファンドでは収益の分配が行われないため、上記のような規定となる。

> （追加信託金および一部解約金の計理処理）
> 第45条　追加信託金または信託の一部解約金は、当該金額と元本に相当する金額との差額を、追加信託にあっては追加信託差金、信託の一部解約にあっては解約差金として処理します。

〈マザーファンドの場合〉

■ 趣　　旨

　本条は、マザーファンドにおける追加信託金および一部解約金の計理処理の方法に関する規定であり、協会評価及び計理等規則61条3項の内容をふまえたものである。

　なお、約款への記載は通常なされないが、追加型投資信託およびベビーファンドについても投信協会規則に追加信託金および一部解約金の計理処理に関する定めがあり、その内容に従って処理される（協会評価及び計理等規則57条、61条2項）。

（収益分配金、償還金および一部解約金の支払い）

第46条　収益分配金は、毎計算期間終了日後1カ月以内の委託者の指定する日から、毎計算期間の末日において振替機関等の振替口座簿に記載または記録されている受益者（当該収益分配金に係る計算期間の末日以前において一部解約が行われた受益権に係る受益者を除きます。また、当該収益分配金に係る計算期間の末日以前に設定された受益権で取得申込代金支払前のため指定販売会社の名義で記載または記録されている受益権については原則として取得申込者とします。）に支払います。

②　前項の規定にかかわらず、別に定める自動けいぞく投資約款による契約（以下「別に定める契約」といいます。）に基づいて収益分配金を再投資する受益者に対しては、受託者が委託者の指定する預金口座等に払い込むことにより、原則として毎計算期間終了日の翌営業日に、収益分配金が指定販売会社に支払われます。この場合、指定販売会社は、受益者に対し、遅滞なく収益分配金の再投資に係る受益権の取得の申込みに応じるものとします。当該取得申込みにより増加した受益権は、第11条（受益権の帰属と受益証券の不発行）第3項の規定に従い、振替口座簿に記載または記録されます。

③　償還金（信託終了時における信託財産の純資産総額を受益権口数で除した額をいいます。以下同じ。）は、信託終了日後1カ月以内の委託者の指定する日から、信託終了日において振替機関等の振替口座簿に記載または記録されている受益者（信託終了日以前において一部解約が行われた受益権に係る受益者を除きます。また、当該信託終了日以前に設定された受益権で取得申込代金支払前のため指定販売会社の名義で記載または記録されている受益権については、原則として取得申込者とします。）に支払います。なお、当該受益者は、その口座が開設されている振替機関等に対して、委託者がこの信託の償還をするのと引換えに、当該償還に係る受益権の口数と同口数の抹消の申請を行うものとし、社振法の規定に従い当該振替機関等の口座において当該口数の減少の記載または記録が行われます。

④　一部解約金（第49条（信託契約の一部解約）第4項の一部解約の価額に当該

一部解約口数を乗じて得た額をいいます。以下同じ。）は、第49条（信託契約の一部解約）第１項の受益者の請求を受け付けた日から起算して、原則として、●営業日目から当該受益者に支払います。
⑤　前各項（第２項を除きます。）に規定する収益分配金、償還金および一部解約金の支払いは、指定販売会社の営業所等において行うものとします。
⑥　収益分配金、償還金および一部解約金に係る収益調整金は、原則として、受益者ごとの信託時の受益権の価額等に応じて計算されるものとします。

（償還金の支払いの時期）
第46条　委託者は、受託者より償還金（信託終了時における信託財産の純資産総額を受益権口数で除した額をいいます。以下同じ。）の交付を受けた後、受益証券と引換えに、当該償還金を受益者に支払います。

〈マザーファンドの場合〉

■ 趣　旨

　投資信託約款には、信託の元本の償還および収益の分配に関する事項を記載しなければならないとされており（投信法４条２項８号）、また、その細目として「収益分配金、償還金及び一部解約金の支払時期、支払方法及び支払場所に関する事項」が定められている（投信法施行規則８条４号ロ）。本条は、これに対応する規定である。

　本条第３項について、受益権の償還が行われる場合、受益者は振替機関等（通常は口座管理機関としての指定販売会社）に対して償還される受益権の口数と同口数の抹消の請求をするものとされているが、この点は、実際には受益者と指定販売会社の間の取引約款等において、「抹消申請の委任」等として、受益者から包括的に指定販売会社に対して抹消申請に関する手続の委任があったものとする趣旨の規定が置かれているのが通常である。かかる規定に基づき、指定販売会社は、口座管理機関として受益者の振替決済口座における口数の減少の記載または記録を行うとともに、保振または直近も上位口座機関に対して通知を行う（社振

法71条、121条)。

本条第4項は、いわゆる受渡日に関する規定である。投資家が一部解約の請求を行った日の何営業日後に一部解約金を受領することができるかを定めるものであり、ファンドのタイプによって長短があるので、投資判断に際して確認が必要な項目の1つである。

■ 税制との関係

受益者が受け取る収益分配金の税務上の取扱いであるが、収益分配金は、所得税法上、課税対象の分配金(普通分配金)と非課税の分配金(いわゆる特別分配金)[66]とに区分され、普通分配金に対して源泉徴収が行われる。

> **参考** 所得税法9条、所得税法施行令27条
>
> 所得税法上、オープン型の証券投資信託の収益の分配のうち、信託財産の元本の払戻しに相当する部分として政令で定めるものは、非課税とされている(所得税法9条1項11号)。所得税法施行令27条では、「所得税法第9条第1項第11号に規定する政令で定めるものは、オープン型の証券投資信託の契約に基づき収益調整金のみに係る収益として分配される特別分配金とする」とされている。

証券投資信託の信託財産は、投下元本(信託金)とその運用による実損益(評価損益を含む)とから形成されているものとみられる。オープン型投資信託について追加信託が行われた場合には、追加信託金の全額を元本として経理することはせず、当初設定時の1口当りの価額により求められる(経理上の)元本とその他の部分とに区分経理することになっており、この、その他の部分を「収益調整金」という。オープン型の証券投資信託の経理処理においては元本固定方式がとられているため、場合によっては赤字の収益調整金が生ずることもあるが、分配原資となるのは黒字の収益調整金である。上記の所得税施行令に記載されている「収益調整金」の定義は法令にはないが、所得税基本通達9－13では「令第27条

---

[66] 特別分配金は元本払戻金ともいう。

に規定する収益調整金とは、オープン型の証券投資信託の追加信託が行われる際に、黒字の収益調整金として経理された金額をいう」とされており、経理上の（黒字の）収益調整金を指すことが明示されている。

　以上が税法令の規定であり、税法上は「収益調整金のみに係る収益として分配される特別分配金が非課税とされる」と規定されているが、実務的には、個別元本方式のもと、個々の投資家の個別元本を基に分配金の課税／非課税が決定されることとされている。具体的には、個々の受益者ごとに、「個別元本」と決算日の「分配落ち後の基準価額」とを比較して、

① 落ち後の基準価額がその受益者の個別元本と同額または上回る場合には全額が「普通分配金」となり（図表10－1参照）、

② 下回る場合は、分配金の範囲内で下回る部分に相当する金額を「特別分配金」、残余の金額が「普通分配金」として区分される（図表10－2参照）、

とされている（平成12年5月15日日本証券業協会通知「追加型株式投信に係る「個別元本方式」の実務上の取扱いの概要等の送付について」の別添「追加型株式投信の「個別元本方式」導入に伴う販売会社における実務上の取扱い」、日本証券業協会作成パンフレット「追加型株式投資信託の個別元本方式について」）。

　従前は、税務上の「元本」の考え方として、いわゆる平均信託金方式がとられていたが、追加型株式投資信託では、平成12年4月に、日本証券業協会の会員通知（国税庁・金融庁・日証協・投信協議事項）のかたちで、平均信託金方式から個別元本方式に変更がなされた。また、平成14年4月1日以降、日本の追加型公社債投資信託についても個別元本方式が導入された。

図表10－1　分配金の全額が普通分配金となる場合のイメージ図

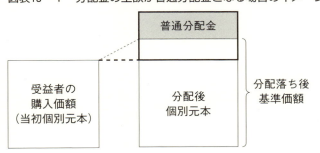

図表10−2　分配金の一部または全部が元本の一部払戻しに相当する場合のイメージ図
［分配金の一部が元本の一部払戻しに相当する場合］

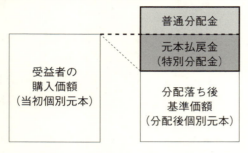

［分配金の全部が元本の一部払戻しに相当する場合］

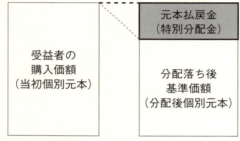

＊元本払戻金（特別分配金）は実質的に元本の一部払戻しとみなされ、その金額だけ個別元本が減少する。また、元本払戻金（特別分配金）部分は非課税扱いとなる。

　個別元本方式の導入後、委託会社における信託財産の経理上は、従来どおり、実際に追加信託された金額が信託の元本額（設定時の当初元本）を上回る部分を黒字の収益調整金、下回る部分を赤字の収益調整金として仕訳・管理することになる一方、分配金の支払段階における普通分配金と特別分配金は個別の受益者ごとの個別元本をベースに計算されることから、ファンド経理上の収益調整金と特別分配金が必ずしも一致しないこととなった。しかしながら、これはファンドの運用期間（設定から償還まで）を総合すると最終的に一致することをふまえた当面の取扱いであるとされている（平成12年5月15日日本証券業協会通知「追加型株式投信に係る「個別元本方式」の実務上の取扱いの概要等の送付について」）。

　期中の収益分配において「特別分配金」の支払を受けた受益者については、分配金発生時にその個別元本から特別分配金を控除した額が、その後の個別元本と

なる。

> ■用語解説
> ●個別元本方式
>   個々の受益者がファンドに信託した額を当該受益者の元本とする方式。
>   ・個々の受益者ごとに個別元本の額（個々の受益者がファンドに信託した額）を把握する必要があり、また複数回取得の場合は移動平均法[67]を使用して計算する。
>   ・販売会社が受益証券を受益者から買い取って新たな投資家に転売する場合や、第三者間で受益証券の譲渡が行われる場合、買い手は売り手の個別元本を引き継ぐ。
> ●平均信託金方式
>   すべての受益者の平均購入価額である平均信託金を当該受益者の元本とする方式。
>   ・平均信託金方式の弊害……平均信託金が受益者の元本とみなされた結果、平均信託を下回る基準価額で購入した受益者は、購入価額よりも上昇したが平均信託金よりも低い基準価額で解約した場合は、実質非課税となったことから、平均信託金を超えない状態で売却するという投資行動が多く、基準価額の上昇を抑え、残存受益者に不利益な状態が続いていた。販売会社は、逆にこの税制の不公平を逆手にとって、平均信託金を大幅に下回ったファンドで、反騰局面を迎えたファンドに販売攻勢をかけ、非課税メリットを新規投資家に享受させた。この点について、平成4年から5年頃、税制の見直しが提言された。

追加型株式投信の一部解約・償還の場合、解約・償還金額のうち各受益者の個別元本を超える部分は、原則として収益分配金（普通分配金）として取り扱われる（すなわち配当所得として取り扱われ、源泉徴収が行われる）。

> **参考** 所得税法施行令58条
>   税法の規定上、投資信託の終了または一部解約により受益者に支払われる金額のうち、投資信託等について信託されている金額で当該受益権に係るも

---

67 直近の残余取得金額と移行買付金額との合計金額を直近の残余口数と以降買付口数の合計口数により除して単位口当りの金額を算出する方法。

のを超える部分の金額は配当（収益分配金）とする、とされている。

ここで、「信託されている金額」の定義は税法上ないが[68]、実務上は「各受益者ごとの個別元本」とされている（平成12年5月15日日本証券業協会通知「追加型株式投信に係る「個別元本方式」の実務上の取扱いの概要等の送付について」）。

なお、個人投資家の場合、上記にかかわらず、公募の投資信託の一部解約・償還について支払われる金額は全額が株式等に係る譲渡所得等に係る収入金額とみなされる（租特法37条の11第4項1号）。

■ つみたてNISA適格要件

つみたてNISAにおいては、「収益の分配は、1月以下の期間ごとに行わないこととされており、かつ、信託の計算期間ごとに行うこと」が約款に定められている必要があることから（租特法施行令25条の13第14項3号）、ファンドをつみたてNISAの対象としようとする際は留意が必要である。

■ マザーファンドの場合

マザーファンドでは収益の分配が行われないため、本条第1項および第2項に相当する規定は不要である。

マザーファンドからみた受益者はベビーファンドであり、詳細な規定を入れる必要性に乏しい。そのため、マザーファンドの約款においては、上記約款例のように、端的に、償還金の交付を受けた後、ベビーファンドへの振替入金を行う旨が規定されるのみである。

---

[68] 所得税基本通達181－3において、「オープン型の証券投資信託の終了又は一部の解約により分配される収益に対する源泉徴収税額は、当該終了又は一部の解約により支払われる金額から当該支払の基因となった受益権に係る元本額と黒字の収益調整金の額との合計額（実際に信託されていなかった金額（赤字の収益調整金に相当する金額）がある場合には、当該金額を控除した残額）を控除した金額に税率を適用して計算することに留意する。」とされている。

(収益分配金、償還金および一部解約金の払込みと支払いに関する受託者の免責)
第47条　受託者は、収益分配金については第46条（収益分配金、償還金および一部解約金の支払い）第１項に規定する支払開始日までに、償還金については第46条（収益分配金、償還金および一部解約金の支払い）第３項に規定する支払開始日までに、一部解約金については第46条（収益分配金、償還金および一部解約金の支払い）第４項に規定する支払開始日までに、その全額を委託者の指定する預金口座等に払い込みます。
②　受託者は、前項の規定により委託者に収益分配金、償還金および一部解約金を交付した後は、受益者に対する支払いにつき、その責に任じません。

(償還金の委託者への交付と支払いに関する受託者の免責)
第47条　受託者は、信託が終了したときは、償還金の全額を委託者に交付します。
②　受託者は、前項の規定により委託者に償還金を交付した後は、受益者に対する支払いにつき、その責に任じません。

〈マザーファンドの場合〉

■　趣　旨

　本条は、収益分配金、償還金および一部解約金について、前条（収益分配金、償還金および一部解約金の支払い）の受益者への支払期限に間に合うよう、受託者が委託者の指定する預金口座等への払込みを約するものである（本条第１項）。
　受託者の義務としては当該預金口座等への払込みまでであり、そこから受益者への支払につき受託者が責任を負わない旨もあわせて規定される（本条第２項）。

■ マザーファンドの場合

　マザーファンドでは収益の分配が行われないため、収益分配金に関する規定は不要である。

　マザーファンドからみた受益者はベビーファンドであり、詳細な規定を入れる必要性に乏しい。そのため、マザーファンドの約款においては、上記約款例のように、端的に、償還金の全額を交付する旨およびその後の受益者に対する受益者への支払につき受託者が責任を負わない旨が規定されるのみである。

> （収益分配金および償還金の時効）
> 第48条　受益者が、収益分配金については第46条（収益分配金、償還金および一部解約金の支払い）第１項に規定する支払開始日から５年間その支払いを請求しないとき、ならびに信託終了による償還金については第46条（収益分配金、償還金および一部解約金の支払い）第３項に規定する支払開始日から10年間その支払いを請求しないときは、その権利を失い、受託者から交付を受けた金銭は、委託者に帰属します。

■ 趣　旨

　本条は、収益分配金および償還金の時効に関する規定である。

　受益証券が発行されていた頃の約款第46条（収益分配金、償還金および一部解約金の支払い）第１項には「委託者の指定する日から収益分配金交付票と引換えに受益者に支払います」等と規定されており、受益者からの交付票の提示を条件として収益分配金の支払に応じていたため、その呈示期間を５年と限定することに意味があった。また、同じく受益証券が発行されていた頃の約款第46条（収益分配金、償還金および一部解約金の支払い）第３項には、「受益証券と引換えに受益者に支払います」等と規定されており、受益者からの受益証券の提示を条件として償還金の支払に応じていたため、その呈示期間を10年と限定することに意味があった。

　現在でも少数ながら過去に発行した受益証券が残存している投資信託が存在するが、実務では、時効期間を経過した後も、投資家から支払請求があった場合は支払に応じるのが通常である。この場合、販売会社が（通常の時効期間満了前の支払と同様に）立替払いをして、委託会社に資金の支払請求がなされるというプロセスである。

　投資信託の振替制度が採用された後は、収益分配金等はファンドからの払出しに伴い販売会社により各投資家名義の口座に振り込まれるので、実際には長期間支払未了の事態が生ずることは通常なくなっており、時効が問題となるようなケースはほとんどない。

■ マザーファンドの場合

マザーファンドでは収益の分配が行われないため、収益分配金に関する規定は不要である。また、償還金についても、マザーファンドの受益者はベビーファンドであり、ベビーファンドが所在不明等になり償還金の支払がなされなくなるような事態は想定されないので、償還金の時効規定を置く必要性がない。そのため、マザーファンドの約款には本条に相当する規定がない。

時効規定の法的根拠

本条の規定はきわめて一般的なものであり、多くの投資信託の約款で規定されているが、法的観点からは不明点が多い。

ファンド（信託財産）から投資家である受益者に払い出される資金としては、収益分配金、償還金および一部解約金があるにもかかわらず、一部解約金の時効に関する規定は置かれていないが、その理由は明らかではない。その結果、一部解約金には「5年」と「10年」のどちらが適用されるのか、あるいは法令の適用に委ねる趣旨なのか、不明確である。

収益分配金については支払開始日から5年で時効にかかるのに対して、償還金は10年で時効にかかるとされているが、この期間の違いの根拠も必ずしも明らかではない。収益分配金については、民法169条の定期給付債権に該当することから、同条が定める短期時効の5年とされているという説明がなされることがあるが、投資信託の収益分配金は、社債や預金の利息と異なり、必ず支払われるものではない（したがって受益者が一定の金額を受領する権利を観念できない）ので、定期給付債権に該当すると考えるのはやや無理があるように思われる。

そもそも、約款上の上記の定めが、①5年ないし10年の期間が経過すると支払請求権が当然に消滅するのか、すなわち除斥期間と解すべきであるのか、②あくまで受託者（あるいは委託者）の時効の援用によってはじめて請求権が消滅するのか、すなわち消滅時効であるのかについても、一義的に明確ではない。投資法人の規約には、一般に「分配金は、その支払開始の日か

ら満3年を経過したときは、本投資法人はその支払いの義務を免れるものとする」といった規定が置かれており、表現は上記規定と似通っているが、条文タイトルは「分配金請求権の除斥期間」とされており、有価証券届出書等の開示書類中にも「除斥期間」として言及されている。

　しかしながら、投資信託の場合にあっては、条文タイトルが「時効」とされていること、実際の運用としても期間経過後も請求があれば支払っているのが通常であるということからは、消滅時効と解するのが穏当であろう。

　消滅時効にかかった金銭を委託者に帰属するものとしているのは、そうしないと信託財産に帰属することになり、当該金銭が他の受益者に帰属することになって事務処理が面倒になるからであろうと思われる。

　時効期間に関しては、投信法には特に規定はない。信託法102条は、受益債権の消滅時効は債権の消滅時効の例によると規定している。民法によれば一般の債権の時効は10年であるが（民法167条1項）、受託者が信託銀行であることから信託契約は商行為であるとして商法522条の適用があるとすれば、法令上の時効期間は5年ということになる。信託銀行が受託者の場合は一般的には商法522条の適用により時効期間が5年になるとしつつ、集団信託の場合は民法の原則に戻って10年と解すべきとする説として、寺岡隆樹「信託における時効に関する一考察」信託法研究28号12頁がある。

　法令上の時効期間が5年であるとすると、償還金については約款の規定でそれを10年に延長していることになる。逆に、法令上の時効期間が10年であるとすると、収益分配金については約款の規定でそれを5年に短縮していることになる。

　消滅時効期間を延長する特約は、伝統的には、時効完成前の時効利益の放棄が認められないのと同様に、無効であると解されてきたが、これは債務者の立場の保護のためであり、銀行預金や投資信託等、一般投資家が債権者の立場に立つ場合には必ずしも当てはまらないのではないかと思われる。これに対して、時効期間を短縮する特約の効力には特段の疑問はない。

　改正民法（2020年4月1日施行）においては、債権の消滅時効期間につき「債権者が権利を行使できることを知った時から5年／権利を行使できることができる時から10年」とする改正がなされ（改正民法166条）、定期給付債

権の短期消滅時効の規定（現行民法169条）は廃止される。また、上記時効期間の変更にあわせて商法522条（商事行為に関する時効期間の特則）も廃止される。これらの改正が、今後、約款上の時効期間の定めに影響を及ぼすかどうかは現時点では不明である。

（信託契約の一部解約）

第49条　受益者は、自己に帰属する受益権につき、委託者に、指定販売会社が定める単位をもって、一部解約の実行を請求することができます。

② 　前項の規定にかかわらず、一部解約の実行の請求日が別に定める日に該当する場合は、当該請求を受け付けないものとします。

③ 　委託者は、第1項の一部解約の実行の請求を受け付けた場合には、この信託契約の一部を解約します。なお、第1項の一部解約の請求を行う受益者は、その口座が開設されている振替機関等に対して、当該受益者の請求に係るこの信託契約の一部解約を委託者が行うのと引換えに、当該一部解約に係る受益権の口数と同口数の抹消の申請を行うものとし、社振法の規定に従い当該振替機関等の口座において当該口数の減少の記載または記録が行われます。

④ 　前項の一部解約の価額は、一部解約の実行の請求日の翌営業日の基準価額とします。

⑤ 　受益者が第1項の一部解約の実行の請求をするときは、指定販売会社に対し、振替受益権をもって行うものとします。

⑥ 　委託者は、金融商品取引所等における取引の停止、外国為替取引の停止その他やむを得ない事情（投資対象国における非常事態（金融危機、デフォルト、重大な政策変更および規制の導入、自然災害、クーデター、重大な政治体制の変更、戦争等）による市場の閉鎖または流動性の極端な減少等）が発生した場合には、第1項による一部解約の実行の請求の受付を中止することおよびすでに受け付けた一部解約の実行の請求の受付を取り消すことができます。

⑦ 　前項により一部解約の実行の請求の受付が中止された場合には、受益者は、当該受付中止以前に行った当日の一部解約の実行の請求を撤回できます。ただし、受益者がその一部解約の実行の請求を撤回しない場合には、当該受益権の一部解約の価額は、当該受付中止を解除した後の最初の基準価額の計算日に一部解約の実行の請求を受け付けたものとして、第4項の

規定に準じて計算された価額とします。

（信託の一部解約）
第49条　委託者は、受益者の請求があった場合には、この信託の一部を解約します。
②　解約金は、一部解約を行う日の一部解約または追加信託の処理を行う前の信託財産の資産総額から負債総額を控除した金額を、一部解約または追加信託を行う前の受益権総口数で除した金額に、当該一部解約に係る受益権の口数を乗じた額とします。

〈マザーファンドの場合〉

■　趣　旨

　投資信託約款には、投資信託契約の一部解約に関する事項を記載しなければならないとされており（投信法4条2項18号、投信法施行規則7条4号）、本条はこれに対応する規定である。

　本条第1項、第2項、第4項および第6項は、取得申込みの場面と対応するものである（約款第13条（受益権の申込単位および価額）の解説参照）。

　本条第3項は、受益権の一部解約に際し、受益者は振替機関等（通常は口座管理機関としての指定販売会社）に対して一部解約に係る受益権の口数と同口数の抹消の請求をするものとされているが、この点は、償還（約款第46条（収益分配金、償還金および一部解約金の支払い）第3項）の場合と同様、受益者と指定販売会社の間の取引約款等における抹消申請に関する手続の包括的な委任に基づき、指定販売会社は、口座管理機関として受益者の振替決済口座における口数の減少の記載または記録を行うとともに、保振または直近上位口座機関に対して通知を行う（社振法71条、121条）。

　本条第7項は、受益権の解約権を制限するものであり、約款に明記しなければ解約請求を拒むことができないと解されている（受益権の取得申込み制限との比較については、約款第13条（受益権の申込単位および価額）の解説参照）。

■ 信託財産留保額を付す場合

信託財産留保額を付す場合は、本条第4項に以下のように規定される。

「前項の一部解約の価額は、一部解約の実行の請求日の翌営業日の基準価額から当該基準価額に●％の率を乗じて得た額を信託財産留保額として控除した価額とします。」

ファンドの一部解約時に発生する売買コストやマーケットインパクトによるコストは残存受益者が負担しており、一部解約時にコスト相当分を信託財産に留保してもらうことにより、この不公平を是正する趣旨のものである。

過去に投信協会において検討され、各委託会社で採用されるに至ったものである。当時は有価証券の売買手数料も高く、また売買手法も現在のような立会外取引やVWAP取引（出来高加重平均取引）もなくマーケットインパクトがファンドのパフォーマンスに影響を与えており、多くのファンドで信託財産留保額が付されていた。

現在も、ファンドの商品性に基づき、流動性の低い小型株や新興国株ファンド等を中心に、この信託財産留保額が付されている。

■ 買取条項を設ける場合

全期間クローズドあるいは特定期間のみ一部解約を認めるファンドでは、たとえば以下のような買取条項を設けるのが一般的である。特定の事由に該当すれば、販売会社が受益権を買い取るという条項である。

（信託契約の一部解約）

第49条　受益者は、自己に帰属する受益権につき、委託者に、指定販売会社が定める単位をもって、第5条（信託期間）に規定する計算期間終了日において、一部解約の実行を請求することができます。

② 受益者が前項の一部解約の実行の請求をするときは、当該計算期間終了日が属する月の●日（当日が休業日の場合には、前営業日とします。）までに、指定販売会社に申し出るものとします。

③ 前2項の規定にかかわらず、次の事由により信託期間中に受益者（受益者死亡の場合はその相続人）から買取りの請求があるときは、指定販売会社

は、指定販売会社が定める単位をもって、当該請求日の翌営業日を買取請求受付日としてその受益権を買い取ります。
1　受益者が死亡したとき
2　受益者が天災地変その他の不可抗力により財産の大部分を滅失したとき
3　受益者が破産手続開始決定を受けたとき
4　受益者が疾病により生計の維持ができなくなったとき
5　その他前各号に準ずる事由があるものとして指定販売会社が認めるとき

■ マザーファンドの場合

　マザーファンドの受益者はベビーファンドであり、詳細な規定を入れる必要性に乏しい。そのため、マザーファンドの約款においては、上記約款例のように端的に規定される。なお、ベビーファンドが複数ある場合において、マザーファンドの解約を行うにあたっては、ベビーファンド間の平等性に留意する必要がある（協会運用規則9条1項）。マザーファンドについて前営業日の基準価額を採用している場合は、特に留意が必要である（約款第9条（追加信託の価額および口数、基準価額の計算方法）の解説参照）。

> **(質権口記載または記録の受益権の取扱い)**
> **第50条** 振替機関等の振替口座簿の質権口に記載または記録されている受益権に係る収益分配金の支払い、一部解約の実行の請求の受付、一部解約金および償還金の支払い等については、この約款によるほか、民法その他の法令等に従って取り扱われます。

■ 趣　旨

　本条は、振替受益権に移行した際に挿入された条項である。受益証券発行の場合は、受益証券を持ち込むことで質権設定が可能であり、受益証券や収益分配金交付票の提示での処理が可能であったが、振替受益権となって振替口座簿での管理になったことに伴い、受益権の質権設定の取扱いが明記されたものである。

　振替受益権に対する質権設定は、質権者が口座管理機関である金融機関（受益者が振替口座を有する金融機関（通常は販売会社）と異なる場合もある）に有する振替口座への振替の申請を行い、質権者がその振替口座簿における質権口に当該質入れに係る増額の記載または記録を行うことにより行われる。

　この場合の償還金、一部解約金、収益分配金については、当該質権者が口座を有する口座管理機関である金融機関との間の保護預り約款等の規定に従って処理されることになると思われるが、それら約款等には通常、質権口に記帳された受益権に対する償還金等の取扱いにつき具体的な規定は置かれておらず、（おそらく質権設定の実例も稀であると推測され）実務上の処理に関しては不明点が多い。

■ マザーファンドの場合

　マザーファンドの受益証券は振替制度に移行していないため、マザーファンドの約款には本条に相当する規定がない。

（信託契約の解約）

第51条　委託者は、信託期間中において、受益権の口数が●億口を下ることとなったとき、この信託契約を解約することが受益者のため有利であると認めるとき、またはやむを得ない事情が発生したときは、受託者と合意のうえ、この信託契約を解約し、信託を終了させることができます。この場合において、委託者は、あらかじめ、解約しようとする旨を監督官庁に届け出ます。

② 　委託者は、前項の事項について、書面による決議（以下「書面決議」といいます。）を行います。この場合において、あらかじめ、書面決議の日および信託契約の解約の理由等の事項を定め、当該決議の日の2週間前までに、この信託契約に係る知れている受益者に対し、書面をもってこれらの事項を記載した書面決議の通知を発します。

③ 　前項の書面決議において、受益者（委託者およびこの信託の信託財産にこの信託の受益権が属するときの当該受益権に係る受益者としての受託者を除きます。以下本項において同じ。）は、受益権の口数に応じて、議決権を有し、これを行使することができます。なお、知れている受益者が議決権を行使しないときは、当該知れている受益者は書面決議について賛成するものとみなします。

④ 　第2項の書面決議は、議決権を行使することができる受益者の議決権の3分の2以上にあたる多数をもって行います。

⑤ 　第2項から前項までの規定は、委託者が信託契約の解約について提案をした場合において、当該提案につき、この信託契約に係るすべての受益者が書面または電磁的記録により同意の意思表示をしたときには適用しません。また、信託財産の状態に照らし、真にやむを得ない事情が生じている場合であって、第2項から前項までの手続を行うことが困難な場合にも適用しません。

（信託契約の解約）

第51条　委託者は、信託期間中において、この信託契約を解約することが受益者のため有利であると認めるとき、またはやむを得ない事情が発生したときは、受託者と合意のうえ、この信託契約を解約し、信託を終了させることができます。この場合において、委託者は、あらかじめ、解約しようとする旨を監督官庁に届け出ます。

② 　委託者は、この信託の受益証券を投資対象とすることを信託約款において定めるすべての証券投資信託がその信託を終了させることとなる場合には、この信託契約を解約し、信託を終了させます。この場合において、委託者は、あらかじめ、解約しようとする旨を監督官庁に届け出ます。

　　（略）

〈マザーファンドの場合〉

（信託契約の解約）

第51条　委託者は、信託期間中において、受益権の口数が●億口を下ることとなったとき、この信託契約を解約することが受益者のため有利であると認めるとき、またはやむを得ない事情が発生したときは、受託者と合意のうえ、この信託契約を解約し、信託を終了させることができます。この場合において、委託者は、あらかじめ、解約しようとする旨を監督官庁に届け出ます。

② 　委託者は、●●との間で締結している投資顧問契約（助言契約）が解約された場合には、受託者と合意のうえ、この信託契約を解約し、信託を終了させます。この場合において、委託者は、あらかじめ、解約しようとする旨を監督官庁に届け出ます。

　　（略）

〈投資助言を受ける場合〉

■ 趣　　旨

　投資信託約款には、信託契約期間中の解約に関する事項を記載しなければならないとされており（投信法4条2項9号）、また、その細目として「信託契約の解約事由の説明に関する事項」が定められている（投信法施行規則8条5号ロ）。本条は、これに対応する条項である[69]。

　本条第1項について、上記約款例のように「信託を終了させることができます」と規定されている場合、委託会社は、償還の手続（書面決議、旧法信託では異議申立て）を経て受益者の同意を取得しなければ、ファンドを償還することができない（任意償還）。

　一方、「信託を終了します」と規定されている場合は、委託会社は償還の手続を経ず、受益者の同意を取得せずにファンドを償還する（強制償還）[70]。この場合、委託会社は、販売会社向けに償還条件を満たす事態に至ったことを周知するとともに、委託会社のホームページでも周知する等の対応を行う。

　本条第2項から第4項の規定は、書面決議の手続について定めるものである[71]。なお、本条第4項に定める決議要件に関し、平成25年の改正（平成26年12月1日施行）の前は、「受益者の議決権の3分の2以上」の賛成に加え「受益者の半数以上」の賛成（受益権者数要件）が要求されていたが、同改正によりこの要件は撤廃された（投信法17条8項参照）。

　本条第5項の規定は、投信法20条1項の準用する同法17条、18条の規定に基づくものである。本条第5項前半の場合（すべての受益者が同意の意思表示をした場合）の例外規定は、投信法20条1項が準用する同法17条10項の規定、また、本条第5項後半の例外規定は、投信法20条2項を受けた投信法施行規則43条1号の規定にのっとったものである。

---

[69] 本条第1項の「受益権の口数が●億口を下ることとなったとき」の規定（ファンドの規模縮小の基準）は、「投資信託財産の純資産総額が●億円を下回ることとなったとき」のように、口数ではなく純資産額を基準とするものもある。

[70] 強制償還の場合、償還前に取得した権利（株式配当等決算時点でほぼ確定しているが株主総会等を経ていないため未収金状態のもの）は、委託会社と受託銀行との間で金額を確定させ、償還日を決定する。

[71] 本条第2項は投信法17条2項、本条第3項は投信法17条6・7項、本条第4項は投信法17条8項の規定に基づくものである。

後者は、「真にやむを得ない事情」が生じており、本来の解約手続「を行うことが困難な場合」である必要があり、その立法趣旨からすれば、書面決議というプロセスを経る時間的余裕のない急迫の事情が必要であると考えられる。実務上、(1)残存する唯一の受益者が一部解約の請求を行った場合（複数の残存受益者が同一日に一部解約の請求を行った場合を含む）、また(2)大量の解約等に起因して基準価額の大幅低下や運用上の困難が発生し、時間の経過とともに受益者にさらに不利益が生ずることが懸念される場合等に、本条第5項が利用されているようである。上記(1)の場合については、本来は投信法20条2項を受けた投信法施行規則43条2号の規定に基づく解約（一定の条件を満たした場合には投資信託契約が解約される旨が約款に規定されており、その条件の充足に基づき解約される）として処理すべきであると思われるが、現状では約款にその旨の規定（最後の受益者が一部解約請求を行うと信託が解約される旨の規定）は置かれておらず、便宜上本条第5項の規定が代用されているものと思われる。上記(2)は、投信法施行規則43条2号が本来想定しているケースと考えられるが、上記のとおり、本来、書面決議（旧法信託では異議申立て）の手続を経ることのできない急迫の事情が必要であると考えられる。

■ マザーファンドの場合

マザーファンドは、法令上は親投資信託と規定されており、その受益権を他の投資信託の受託者に取得させることを目的とする投資信託をいうと定義されている（投信法施行規則13条2号ロ）。ここでいう「他の投資信託」とは、いわゆるベビーファンドのことである。

かかる親投資信託の定義からして、すべてのベビーファンドが償還される場合はマザーファンドも終了せざるをえない。マザーファンドの約款例第2項の規定は、かかる趣旨の規定である。なお、ベビーファンドの償還日前日がマザーファンドの償還日となる。

■ 投資助言を受ける場合

投資助言を受ける場合、投資助言業者からの投資助言が運用判断に重要な影響を与える場合で、当該投資助言を受けられなくなれば同一内容の運用を継続する

ことが困難と認められるような場合は、当該投資助言業者との間の投資顧問契約（助言契約）の解約を信託契約の終了事由として規定することがある。この場合、上記約款例のように強制解約条項として「信託を終了させます」と規定し、書面決議の手続を回避する等の実務上の工夫がとられることもある。

■ その他の場合

　ファンド・オブ・ファンズに関し、主要投資対象とするファンドが解散等により存続しないこととなった場合に備え、以下のような強制解約条項を定めることがある。

　「委託者は、この信託が主要投資対象とする組入外国投資信託が存続しないこととなる場合には、受託者と合意のうえ、この信託契約を解約し、信託を終了させます。この場合において、委託者は、あらかじめ、解約しようとする旨を監督官庁に届け出ます。」

　また、運用の基本方針に償還条件を記載した場合、以下のような強制解約条項を定めることがある。

　「委託者は、基準価額が運用の基本方針に定める一定の条件を満たした場合、わが国の短期金融商品による安定運用に順次切替えを行い、ファンド全体が安定運用に入った後、受託者と合意のうえ、この信託契約を解約し、信託を終了させます。この場合において、委託者は、あらかじめ、解約しようとする旨を監督官庁に届け出ます。」

　その他、特定の指数に連動することを目指すファンドに関し、投資助言を受ける場合の約款例第2項と同様の条項により、または第1項に「●●指数が改廃された場合、」等の文言を追加することにより、当該指数が改廃された場合に信託契約を解約する旨を定めることもある。

旧法信託と新法信託の信託契約の解約（繰上償還）手続の相違点

　信託契約の解約（繰上償還）手続は、信託法等整備法により改正されており、新法信託と旧法信託で差異がある。新法信託では書面決議の手続により行うが、旧法信託では異議申立ての手続により行うものとされている（約款

第56条（信託約款の変更等）の解説参照）。

以下は、旧法信託における本条の条文例である。

(信託契約の解約)

第51条　委託者は、信託期間中において、受益権の口数が●億口を下ることとなったとき、この信託契約を解約することが受益者のため有利であると認めるとき、またはやむを得ない事情が発生したときは、受託者と合意のうえ、この信託契約を解約し、信託を終了させることができます。この場合において、委託者は、あらかじめ、解約しようとする旨を監督官庁に届け出ます。

② 委託者は、前項の事項について、あらかじめ、解約しようとする旨を公告し、かつ、その旨を記載した書面をこの信託契約に係る知られたる受益者に対して交付します。ただし、この信託契約に係るすべての受益者に対して書面を交付したときは、原則として、公告を行いません。

③ 前項の公告および書面には、受益者で異議のある者は一定の期間内に委託者に対して異議を述べるべき旨を付記します。なお、一定の期間は1月を下らないものとします。

④ 前項の一定の期間内に異議を述べた受益者の受益権の口数が受益権の総口数の2分の1を超えるときは、第1項の信託契約の解約をしません。

⑤ 委託者は、この信託契約の解約をしないこととしたときは、解約しない旨およびその理由を公告し、かつ、これらの事項を記載した書面を知られたる受益者に対して交付します。ただし、すべての受益者に対して書面を交付したときは、原則として、公告を行いません。

⑥ 第3項から前項までの規定は、信託財産の状態に照らし、真にやむを得ない事情が生じている場合であって、第3項の一定の期間が1月を下らずにその公告および書面の交付を行うことが困難な場合には適用しません。

> （信託契約に関する監督官庁の命令）
> **第52条** 委託者は、監督官庁よりこの信託契約の解約の命令を受けたときは、その命令に従い、信託契約を解約し信託を終了させます。
> ② 委託者は、監督官庁の命令に基づいてこの信託約款を変更しようとするときは、第56条（信託約款の変更等）の規定に従います。

■ 趣　旨

　投資信託約款には、信託契約期間中の解約に関する事項を記載しなければならないとされており（投信法4条2項9号）、本条第1項はこれに対応する条項である。

　監督官庁は、委託者に対する監督権限を有しており、その行使の一環として問題があると認められる信託契約の解約または信託約款の変更の命令をすることがありうる（金商法51条）。本条は、かかる事態に備えた規定である。

　本条に基づき信託の終了または変更が行われた実例はないようである（監督官庁の命令ではなく指導に基づき、委託会社が自主的に解約および変更を行うことはある）。

(委託者の登録取消等に伴う取扱い)
第53条　委託者が監督官庁より登録の取消を受けたとき、解散したとき、または業務を廃止したときは、委託者は、この信託契約を解約し、信託を終了させます。
②　前項の規定にかかわらず、監督官庁がこの信託契約に関する委託者の業務を他の投資信託委託会社に引き継ぐことを命じたときは、この信託は、第56条（信託約款の変更等）の書面決議で否決された場合を除き、当該投資信託委託会社と受託者との間において存続します。

■ 趣　旨

　投資信託約款には、信託契約期間中の解約に関する事項を記載しなければならないとされており（投信法4条2項9号）、また、その細目として「委託者の登録取消しその他の場合における取扱いの説明に関する事項」が定められている（投信法施行規則8条5号ハ）。本条は、これに対応する条項である。

　投資信託委託会社が登録の取消しを受けたとき、解散したとき、または業務を廃止したときは、遅滞なく投資信託契約を解約しなければならないとされており（投信法24条1項）、本条第1項はかかる投信法の規定に基づくものである。

　しかし、予定外の信託の終了は、信託財産の内容や市場の状況等によっては投資家の利益を害することがあることから、上記のような場合であっても、その投資信託委託会社の業務が引き継がれる等した場合には、投資信託契約を解約する必要はないとされている（投信法24条2項）。本条第2項はかかる投信法の規定に基づくものである。

　本条に基づき信託の終了または引継ぎが行われた実例はないようである。

> （委託者の事業の譲渡および承継に伴う取扱い）
> **第54条** 委託者は、事業の全部または一部を譲渡することがあり、これに伴い、この信託契約に関する事業を譲渡することがあります。
> ② 委託者は、分割により事業の全部または一部を承継させることがあり、これに伴い、この信託契約に関する事業を承継させることがあります。

■ 趣　旨

　投資信託約款には、委託者の分割による事業の全部もしくは一部の承継または事業の全部もしくは一部の譲渡に関する事項を記載しなければならないとされており（投信法4条2項18号、投信法施行規則7条1号）、本条はこれに対応する条項である。

　本条第1項は、事業譲渡（会社法467条等）、第2項は会社分割（会社法2条29号・30号等）を意味する。後者の会社分割には、分割会社の事業を、既存の他の会社に承継させる形態（吸収分割、会社法2条29号）と、会社分割により新しく設立される会社に承継させる形態（新設分割、会社法2条30号）があるが、委託会社としての業務を行うためには、金商法上の投資運用業の登録が必要であることに鑑みると、通常、実務的には分割の形態は吸収分割に限られることになろう。

　本条については実例があるようである。

> （受託者の辞任および解任に伴う取扱い）
> 第55条　受託者は、委託者の承諾を受けてその任務を辞任することができます。受託者がその任務に違反して信託財産に著しい損害を与えたことその他重要な事由があるときは、委託者または受益者は、裁判所に受託者の解任を申し立てることができます。受託者が辞任した場合、または裁判所が受託者を解任した場合、委託者は、第56条（信託約款の変更等）の規定に従い、新受託者を選任します。なお、受益者は、上記によって行う場合を除き、受託者を解任することはできないものとします。
> ②　委託者が新受託者を選任できないときは、委託者は、この信託契約を解約し、信託を終了させます。

■ 趣旨（本条全体）

　投資信託約款には、受託者の辞任および解任ならびに新たな受託者の選任に関する事項を記載しなければならないとされており（投信法4条2項18号、投信法施行規則7条2号）、本条第1項はこれに対応する条項である。また、投資信託約款には、信託契約期間中の解約に関する事項を記載しなければならないとされており（投信法4条2項9号）、本条第2項はこれに対応する条項である。

■ 趣旨（第1項）

　受託者は、委託者および受益者の同意を得た場合に限り辞任することができるのが原則であるが（信託法57条1項）、不特定多数の受益者が存在する投資信託において受益者の同意を得るのは困難な場合が多いので、委託者の同意（承諾）のみで辞任を可能とするのが本条第1項第1文の趣旨である。信託法上、信託契約に別段の定めがあるときは、その定めるところによるとされており（同法57条ただし書）、本条第1項第1文は、当該規定に基づく別段の定めである。
　受託者がその任務に違反して信託財産に著しい損害を与えたことその他重要な事由があるときは、裁判所は、委託者または受益者の申立てにより、受託者を解任することができる（信託法58条4項）。本条第1項第2文は、かかる信託法の規

定内容を記載したものである。

　受託者の辞任または解任によって受託者の任務が終了した場合、委託者および受益者は、その合意により、新受託者を選任することができる（信託法62条1項）。受益者は不特定多数であるため、その意思決定は約款第56条（信託約款の変更等）の規定に従い行うこととされている（本条第1項第3文）。

■ 趣旨（第2項）

　受託者が欠けた場合、信託は、新受託者が就任しない状態が1年間継続したときに終了するのが原則である（信託法163条3号）。この「1年間」という期間につき、信託契約の定めをもってこれを延長することは、信託の本質的な構造に反し、あるいは受益者の利益を害することになるから、許されないが、これに対し、信託契約の定めをもってこの期間を短縮することはできるとされている[72]。

　投資信託において受託者は必須の存在であり、受託者が欠けた状態が1年間継続することは信託財産の保全および受益者の利益保護の観点から許容しがたいため、そのような場合は即座に信託を終了させることを定めたのが、本条第2項の趣旨である。

---

[72] この場合に信託が終了するのは、信託法163条3号によるのではなく、同条9号（「信託行為において定めた事由が生じたとき」）によるものと解することになろう、とされている（寺本昌広『逐条解説　新しい信託法〔補訂版〕』（商事法務、2008年）363頁）。

（信託約款の変更等）

第56条　委託者は、受益者の利益のため必要と認めるときまたはやむをえない事情が発生したときは、受託者と合意のうえ、この信託約款を変更することまたはこの信託と他の信託との併合（投資信託及び投資法人に関する法律第16条第2号に規定する「委託者指図型投資信託の併合」をいいます。以下同じ。）を行うことができるものとし、あらかじめ、変更または併合しようとする旨およびその内容を監督官庁に届け出ます。なお、この信託約款は本条に定める以外の方法によって変更することができないものとします。

② 　委託者は、前項の事項（前項の変更事項にあっては、その変更の内容が重大なものに該当する場合に限り、前項の併合事項にあっては、その併合が受益者の利益に及ぼす影響が軽微なものに該当する場合を除きます。以下「重大な約款の変更等」といいます。）について、書面決議を行います。この場合において、あらかじめ、書面決議の日ならびに重大な約款の変更等の内容およびその理由等の事項を定め、当該決議の日の2週間前までに、この信託約款に係る知れている受益者に対し、書面をもってこれらの事項を記載した書面決議の通知を発します。

③ 　前項の書面決議において、受益者（委託者およびこの信託の信託財産にこの信託の受益権が属するときの当該受益権に係る受益者としての受託者を除きます。以下本項において同じ。）は、受益権の口数に応じて、議決権を有し、これを行使することができます。なお、知れている受益者が議決権を行使しないときは、当該知れている受益者は書面決議について賛成するものとみなします。

④ 　第2項の書面決議は、議決権を行使することができる受益者の議決権の3分の2以上にあたる多数をもって行います。

⑤ 　書面決議の効力は、この信託のすべての受益者に対してその効力を生じます。

⑥ 　第2項から前項までの規定は、委託者が重大な約款の変更等について提案をした場合において、当該提案につき、この信託約款に係るすべての受

> 益者が書面または電磁的記録により同意の意思表示をしたときには適用しません。
> ⑦ 前各項の規定にかかわらず、この投資信託において併合の書面決議が可決された場合にあっても、当該併合に係る一または複数の他の投資信託において当該併合の書面決議が否決された場合は、当該他の投資信託との併合を行うことはできません。

■ 趣　　旨

　投資信託約款には、投資信託約款の変更に関する事項を記載しなければならないとされており（投信法4条2項16号）、また、委託者指図型投資信託の併合に関する事項を記載しなければならないとされている（投信法施行規則7条7号）。本条はこれらの要件に対応する条項である。なお、投資信託について、信託の併合は認められているが、信託の分割は認められていない[73]。そのため、信託の分割に関する規定は約款上存在しない。

　本条の規定は、投信法20条1項の準用する同法17条、18条の規定に基づくものである。本条第6項の場合（すべての受益者が同意の意思表示をした場合）の例外規定は、投信法17条10項の規定にのっとったものである。なお、本条第4項に定める決議要件については、約款第51条（信託契約の解約）で述べたように、平成25年の改正（平成26年12月1日施行）の前は、「受益者の議決権の3分の2以上」の賛成に加え「受益者の半数以上」の賛成（受益権者数要件）が必要であったが、同改正によりこの要件は撤廃された（投信法17条8項参照）。

■ 重大な約款変更の該当性

　投資信託約款の変更の内容が重大なものでない場合、その変更は委託者と受託者の合意のみで行うことができるのに対し、「その変更の内容が重大なもの」である場合、その変更は受益者の書面決議を要する[74]。受益者の書面決議は（手続

73　信託の分割について規定する信託法第6章第3節の規定は、投資信託には適用しないとされている（投信法8条3項、52条2項）。
74　重大な約款変更のことを「重変（じゅうへん）」と呼称することがある。

が簡素化されたとはいえ）関係者にとって煩雑であり、費用の発生も伴うものであるため、約款変更の内容が重要なものであるかどうかの判断は実務上きわめて重要である。

　投信法17条1項に規定する「その変更の内容が重大なもの」とは、当該投資信託の「商品としての基本的な性格を変更させることとなるもの」をいうが（投信法施行規則29条）、金融庁の「平成26年6月27日付投資信託に関するQ&A[75]」が公表され、ここでいう「商品としての基本的な性格を変更させることとなるもの」に該当しないものが以下のように例示された。

重大な約款変更に該当するか否かの判断基準

　以下のいずれかに該当する投資信託約款の変更については、「商品としての基本的な性格を変更させる」ものではないとされている。
(1)　受益者の利益に資する投資信託約款の変更
(2)　事務的事項に係る投資信託約款の変更であって受益者の利益には中立的なもの
(3)　法令改正に伴い、法令適合性を維持するために行わざるをえない投資信託約款の変更

　まず、(1)については、例えば、
① 解約申入後、償還金受渡日までの期間を短縮する場合
② 信託期間終了までの間、解約が制限されていない投資信託に係る信託期間を延長する場合[76]
③ 受益者の負担する信託報酬率・費用等を引き下げる場合
④ 追加信託申込単位を小口化する場合、追加信託可能日を増加する場合、および海外市場の休業日等による追加設定申込不可日を削減する場合
⑤ 一部解約申込単位を小口化する場合、一部解約可能日を増加する場

---

[75]　http://www.fsa.go.jp/news/25/syouken/20140627-13/07.pdf
[76]　クローズドエンド型投信に係る信託期間の延長が「商品としての基本的な性格を変更させる」ものと解されている点には留意が必要である。

合、および海外市場の休業日等による一部解約申込み不可日を削減する場合

⑥ 信託財産留保額を減額または廃止する場合（償還金を捻出するために組入資産を換金する際のコストが低く抑えられているような事情があり、当該減額または廃止によっても、残存受益者に実質的に不利益とならないことが合理的に推察される場合に限る。）

が、該当すると考えられる。

また、(2)については、例えば、

① 委託者または受託者について、合併等による組織再編成に伴い商号を変更する場合および本店移転に伴い所在地を変更する場合

② 計算期間の長さを変更することなく、決算日を変更する場合

③ 受託者および委託者の間の信託報酬の配分率を変動させる場合（受益者の負担する信託報酬率に変更がない場合に限る。）

④ 委託者の運用権限の委託先について、運用権限を委託する範囲を削減する場合、合併等による組織再編成に伴い商号を変更する場合および本店移転に伴い所在地を変更する場合、ならびにこれらの場合において、運用権限の委託に係る費用を増減させるとき（当該費用が委託者の受領する信託報酬から支払われる場合に限る。）

⑤ 委託者の運用権限の委託先を変更する場合（従前の運用委託先の運用担当部門が他社に事業譲渡された場合において、当該事業譲渡を受けた社に委託先を変更するときのような、当該変更の前後で、委託先に実質的な相違がなく、かつ、運用方針が実質的に変更されず、受益者の負担する信託報酬額が当該変更前の金額を上回らないときに限る。）

⑥ ある投資信託について、その組入資産を、当該投資信託と同一の運用方針の他の投資信託へ移管し、いわゆるファミリーファンド化をする場合（当該移管費用を委託者が負担し、信託報酬総額が増加することとならない等、運用方針以外の事項について、受益者に不利益となるような実質的な変更が生じない場合に限る。）

が、該当すると考えられる。

さらに、(3)については、例えば、

① 消費税率の引上げに伴い、投資信託約款中の信託報酬に係る記載事項を変更する場合
② 法令改正に伴い、投資信託約款中で使用されている法令名、条文番号および用語を当該法令改正に必要な範囲で変更する場合（実質的な意味内容の変更を伴わない場合に限る。）
③ 金融商品取引業等に関する内閣府令（平成19年内閣府令第52号）第130条第1項第8号の2の施行に伴い、同号に規定する信用リスクを適正に管理する方法を新たに投資信託約款に定める場合

が、該当すると考えられている。

（金融庁の「平成26年6月27日付投資信託に関するQ&A」）

旧法信託と新法信託の重大な約款変更手続の相違点

重大な約款変更手続は、信託法等整備法により改正されており、新法信託と旧法信託で差異がある。新法信託では書面決議の手続により行うが、旧法信託では異議申立ての手続により行うものとされている。

以下は、旧法信託における本条の条文例である。

（信託約款の変更）

第●条　委託者は、受益者の利益のため必要と認めるときまたはやむを得ない事情が発生したときは、受託者と合意のうえ、この信託約款を変更することができます。この場合において、委託者は、あらかじめ、変更しようとする旨およびその内容を監督官庁に届け出ます。

② 委託者は、前項の変更事項のうち、その内容が重大なものについて、あらかじめ、変更しようとする旨およびその内容を公告し、かつ、これらの事項を記載した書面をこの信託約款に係る知られたる受益者に対して交付します。ただし、この信託約款に係るすべての受益者に対して書面を交付したときは、原則として、公告を行いません。

③ 前項の公告および書面には、受益者で異議のある者は一定の期間内に委託者に対して異議を述べるべき旨を付記します。なお、一定の期

間は１月を下らないものとします。
④　前項の一定の期間内に異議を述べた受益者の受益権の口数が受益権の総口数の２分の１を超えるときは、第１項の信託約款の変更をしません。
⑤　委託者は、当該信託約款の変更をしないこととしたときは、変更しない旨およびその理由を公告し、かつ、これらの事項を記載した書面をこの信託約款に係る知られたる受益者に対して交付します。ただし、この信託約款に係るすべての受益者に対して書面を交付したときは、原則として、公告を行いません。

マザーファンドにおける重大な約款変更の際の手続

　約款の変更・併合に関しては、法令上マザーファンドについて特段の規定は存在せず、実際にも、マザーファンドの約款にも本条と基本的に同じ内容の条項が置かれている。
　マザーファンドの受益者は、法的にはベビーファンドの受託者である（ベビーファンドの委託者の指図に基づき、受託者がマザーファンドの受益権を取得する）。当該マザーファンドに投資している（"ぶら下がっている"）ベビーファンドの数しか受益者はおらず、しかも同じ信託銀行なので、書面決議において全受益者の賛成を得ることは容易であり（議決権不行使であれば賛成とみなされる）、また、本条第６項（投信法20条の準用する同法17条10項の規定に基づくもの）に基づき、信託銀行の同意を得ることにより、当該マザーファンド「の信託約款に係るすべての受益者が……同意の意思表示をしたとき」に該当するとして、書面決議の手続を省略することも可能となりそうである。
　しかしながら、実質的な観点からは、マザーファンドの投資家は（間接的に当該ファンドに投資する）ベビーファンドの受益者であることから、実務においては、（ベビーファンドの約款にも対応する変更が生ずるか、ベビーファンドが公募ファンドか私募ファンドか、また関連するファンドが新法ファンドか旧

法ファンドか、等によりバリエーションはあるものの）概ね、何らかのかたちでベビーファンドの受益者の意向を確認し、その結果を受けてマザーファンドの約款変更が行われているようであり、かかる対応が合理的であると考えられる。

■ 軽微な併合の該当性

投資信託の併合に関しても、その併合が受益者の利益に及ぼす影響が軽微なものに該当する場合、受益者の書面決議を免れることになるため、その判断は実務上きわめて重要である。これについても、前述の「平成26年6月27日付投資信託に関するQ&A」において、以下のように一定の判断基準が示されている。

受益者の利益に及ぼす影響が軽微な併合に該当するか否かの判断基準

投資信託の併合について、投信法17条1項に規定する「受益者の利益に及ぼす影響が軽微なもの」とは、以下の要件のすべてに該当する投資信託の併合をいうとされている（投信法施行規則29条の2）。

Ⅰ 当該併合後の投資信託に属することとなる財産が当該併合前の投資信託約款に記載された投資信託財産の運用方針に反しないと認められること。
Ⅱ 当該併合の前後で当該投資信託の商品としての基本的な性格に相違がないこと。
Ⅲ 当該投資信託の投資信託財産の純資産総額が併合をする他の投資信託の投資信託財産の純資産総額の5倍以上であること。ただし、当該投資信託の投資信託財産と当該他の投資信託の投資信託財産の内容が実質的に同一であると認められる場合はこの限りでない。

まず、Ⅰについては、当該併合前の投資信託約款に規定された「信託の元本及び収益の管理及び運用に関する事項」（投信法4条2項6号）の内容に基づいても、当該併合後の投資信託財産に属することとなる資産に対して投資可能であることをいうものと考えられる。なお、いわゆるファミリーファン

ド方式やファンド・オブ・ファンズ方式の投資信託については、当該投資信託の投資対象先のファンドの約款等の内容も考慮して、上記投資可能性の有無を判断する必要があると考えられる。
　次に、Ⅱについては、当該併合の前後の投資信託約款を比較して、実質的な相違が、以下のいずれかに限られる場合をいうと考えられる。
(1)　受益者の利益に資するもの
(2)　事務的事項に係る相違であって受益者の利益には中立的なもの
(3)　法令適合性を維持するために生じざるを得ないもの
　なお、どのような場合が上記(1)から(3)までに該当するかについては、「重大な約款変更」に対する回答に準じて考えられるとされている。
　Ⅲのただし書きでいう「当該投資信託の投資信託財産と当該他の投資信託の投資信託財産の内容が実質的に同一であると認められる場合」とは、例えば、同一の指数に連動する投資信託どうしでの併合の場合が該当するものと考えられる。したがって、このような場合は、投資信託の併合が「受益者の利益に及ぼす影響が軽微なもの」に該当するか否かを判断するにあたって、「当該投資信託の投資信託財産の純資産総額が併合をする他の投資信託の投資信託財産の純資産総額の5倍以上であること」との要件を考慮する必要がないものと考えられる。
　　　　　　　　　（金融庁の「平成26年6月27日付投資信託に関するQ&A」）

（反対受益者の受益権買取請求の不適用）
第57条　この信託は、受益者が第49条（信託契約の一部解約）の規定による一部解約の実行の請求を行ったときは、委託者が信託契約の一部の解約をすることにより当該請求に応じ、当該受益権の公正な価格が当該受益者に一部解約金として支払われることとなる委託者指図型投資信託に該当するため、第51条（信託契約の解約）に規定する信託契約の解約または第56条（信託約款の変更等）に規定する重大な約款の変更等を行う場合において、投資信託及び投資法人に関する法律第18条第1項に定める反対受益者による受益権買取請求の規定の適用を受けません。

■ 趣　旨

　投資信託約款には、投信法18条1項の規定による受益権の買取請求に関する事項を記載しなければならないとされており（同法4条2項18号、投信法施行規則7条9号）、本条は同要件に対応する条項である。

　信託契約の解約または重大な約款の変更等に反対した受益者（以下「反対受益者」という）は、その意に反する信託契約の解約または重大な約款の変更等に関し、自己の有する受益権を公正な価格で買い取ることを請求することができるのが原則である（投信法18条1項）。しかし、基準価額が毎日算出され、当該価格による償還が随時可能なオープンエンド型投資信託においては、解約請求を行えば、解約時の基準価額に準じた価額によって償還金を受領することができるため、そのような投資信託については、反対受益者の受益権買取請求権を付与して投下資本の回収機会を追加的に設定しなくても反対受益者に与える不利益は乏しいと考えられる。本条は、かかる考え方を取り入れ、平成25年の改正（平成26年12月1日施行）による投信制度の見直しにあたって新設された、投信法18条2項に基づく規定である。

窓空きファンドと反対受益者の受益権買取請求権

　本条は、典型的には日々解約が可能なファンドに適用されるが、日々解約ができないファンド（いわゆる窓空きファンド）についても、本条を規定して反対受益者の受益権買取請求を不適用とすることができるであろうか。

　反対受益者による買取請求の規定を不要とするための要件は、当該投資信託が「受益者が受益権について投資信託の元本の全部または一部の償還を請求したときは、投資信託委託会社が投資信託契約の一部の解約をすることにより当該請求に応じ、当該受益権の公正な価格が当該受益者に償還されることとなる委託者指図型投資信託」である。

　毎日一部解約請求が可能な、いわゆる日々解約ファンドがこれに該当するであろうことは間違いないが、条文上一部解約請求の頻度は明記されていない。また、買取請求の手続（投信法18条3項が信託法の一定の規定を準用）においては、法令上は一定の日数を要する場合もあることが想定されている。すなわち、買取請求は書面決議の日から20日以内に行う必要があり、委託会社は原則として請求時から60日以内に支払を行うこととされているので、理論上は書面決議から支払まで最大80日を要する可能性がある。また、請求時から30日以内に価格について協議が整わないときは、受益者はさらに30日以内に裁判所に価格決定の申立を行うことになり、その場合は価格決定と支払にはさらに日数を要することになる。

　これらの要素を考慮した場合、法令解釈としては、必ずしも毎日一部解約請求が可能なものに限定されず、いわゆる窓空きファンド（たとえば、一部解約請求を受け付ける期間が月1回または2回の数日間に限定されているファンド）についても、本条を規定して反対受益者の受益権買取請求を不適用とすることも可能と解する余地もありそうである。

> （利益相反のおそれがある場合の受益者への書面交付）
> 第58条　委託者は、投資信託及び投資法人に関する法律第13条第1項に定める書面を交付しません。

〈適格機関投資家私募の場合〉

■ 趣　旨

　委託者は、利益相反のおそれがある取引が行われたときは、当該取引に係る事項を記載した書面を受益者に対して交付しなければならない（投信法13条1項）。

　ただし、適格機関投資家私募の場合であって、投資信託約款において当該書面を交付しない旨を定めている場合は、かかる書面交付を行う必要がない（投信法13条3項1号）。適格機関投資家私募の場合における本条の規定は、かかる投信法の規定に基づくものである。

> **(他の受益者の氏名等の開示の請求の制限)**
> **第59条** この信託の受益者は、委託者または受託者に対し、次に掲げる事項の開示の請求を行うことはできません。
> 1 他の受益者の氏名または名称および住所
> 2 他の受益者が有する受益権の内容

■ 趣　旨

　信託法39条1項では、受益者が2人以上ある信託においては、受益者は、受託者に対し、次に掲げる事項を相当な方法により開示することを請求することができるとされている。
　　一　他の受益者の氏名または名称および住所
　　二　他の受益者が有する受益権の内容
　投資信託は、通常、受益者が2人以上ある信託であるから、上記規定が適用されるのが原則であるが、同条3項は、信託行為に別段の定めがあるときはその定めるところによると規定している。
　投資信託においては、販売会社が個別に顧客名簿を管理することによって受益者の匿名性が確保されており、受託者は受益者の個人情報を把握していない。このような場合にまで受益者に関する情報を開示する義務を受託者に課すことは、受託者に不可能または困難を強いることになるといわなければならず、信託契約における別段の定めとして本条を規定することにより、受益者による他の受益者の氏名等の開示の請求を制限しているものである（信託法39条3項）。
　<u>委託者に対する</u>受益者の上記開示請求権について、信託法上特段の規定はないが、受益者の個人情報を把握していないという点においては委託者も受託者と同様であり、念のため規定されているものと解される。
　投信法15条2項は受益者の帳簿閲覧権につき定めており、受益者は、投資信託委託会社が作成する帳簿書類につき、委託会社の営業時間内に「当該受益者に係る投資信託財産に関する帳簿書類」の閲覧または謄写を請求することができると定め、この帳簿書類には受益権原簿も含まれる（投信法施行規則26条1項8号）。

しかし、受益権原簿の記載事項には受益者の氏名等は記載事項に含まれていないので（投信法施行規則14条）、他の受益者に関する情報が閲覧・謄写の対象となることはない。また、「受益権の内容を特定するもの」としては、ファンドの名称のみが記載事項とされている（同条1項）。

他方、投信法は、委託者指図型投資信託につき信託法第8章の受益証券発行信託に関する規定を（一部の規定を除き）準用しており（同法6条7項）、受益権原簿の閲覧・謄写の請求については、信託法190条の適用（準用）も問題になると考えられる（同条を含む信託法第8章の規定は受益証券発行信託に関する特則であるが、信託法190条は受益権原簿につき規定するのみであるので、同法39条はその適用を排除するものではないと考えられる）。投信法6条7項により読み替えられた信託法190条2項によれば、受益者は、（受託者ではなく）委託者に対して、受益者原簿の閲覧・謄写の請求をすることができる。しかし、同条4項によると、一定の事項については、「信託行為に別段の定めがあるときは、その定めるところによる」とされる。この開示請求を拒むことのできる事項は、信託法186条3号または4号に定める事項とされ、以下がそれに該当する。

・（記名式受益権の）氏名または名称および住所
・受益者が受益権を取得した日

上記投信法15条2項と同法6条7項により準用される信託法190条2項・4項との適用関係は今一つ明確ではないが、いずれにしても、上記のとおり投資信託の受益権原簿には他の受益者に関する情報は記載されておらず、これらの規定による閲覧・謄写の対象となることはない。

■ マザーファンドの場合

マザーファンドからみた受益者はベビーファンドであり、本条のような規定を入れる必要性がないため、マザーファンドの約款には本規定がない。

> （運用報告書に記載すべき事項の提供）
> 第60条　委託者は、投資信託及び投資法人に関する法律第14条第1項に定める運用報告書の交付にかえて、運用報告書に記載すべき事項を電磁的方法により提供します。
> ②　前項の規定にかかわらず、委託者は、受益者から運用報告書の交付の請求があった場合には、これを交付します。

> （運用報告書）
> 第60条　委託者は、投資信託及び投資法人に関する法律第14条に定める運用報告書を交付しません。

〈適格機関投資家私募の場合〉

■ 趣　旨

　本条は、平成25年の改正（平成26年12月1日施行）により新設された規定である。同改正により運用報告書の二段階化（交付運用報告書および運用報告書（全体版））が図られた。

　運用報告書（全体版）については、投資信託約款において運用報告書（全体版）に記載すべき事項を電磁的方法により提供する旨を定めている場合には、当該事項を電磁的方法により提供することができることとされた（投信法14条1項）。

　本条第1項は、当該規定に基づく約款の定めである。委託会社は、本条第1項に基づき、受益者に対する運用報告書（全体版）の物理的交付を省略している。なお、上記約款例中「投資信託及び投資法人に関する法律第14条第1項に定める運用報告書」とは、運用報告書（全体版）のことである。

　本条第1項を定めた場合であっても、受益者から運用報告書（全体版）の（物理的）交付の請求があった場合には、これを交付しなければならない（投信法14条3項）。本条第2項はその内容を規定したものである。

■ 適格機関投資家私募の場合

　適格機関投資家私募の場合、約款にその旨を規定することにより運用報告書（全体版）および交付運用報告書の作成・交付をしないことができる（投信法14条1項1号・4項ただし書）。

　上記約款例は、当該規定をふまえ、運用報告書（全体版）および交付運用報告書の作成・交付を省略するために必要な規定である。なお、上記約款例中「投資信託及び投資法人に関する法律第14条に定める運用報告書」とは、運用報告書（全体版）および交付運用報告書のことである。

　この免除規定は適格機関投資家私募に限って認められているものである。一般投資家私募は当該免除規定の適用を受けることはできないので、留意が必要である。

> （信託期間の延長）
> 第61条　委託者は、信託期間満了前に、信託期間の延長が受益者に有利であると認めたときは、受託者と協議のうえ、信託期間を延長することができます。

〈有期限の場合〉

■ 趣　　旨

　投資信託約款には、信託契約期間の延長に関する事項を記載しなければならないとされており（投信法4条2項9号）、また、その細目として、信託契約の延長事由の説明に関する事項が定められている（投信法施行規則8条5号イ）。本条は、これに対応する条項である。

　追加型投資信託で信託期間が有期限である場合は、本条の規定が設けられるのが一般的である。信託期間が無期限である場合は、（当然）本条に相当する規定がない。

　単位型投資信託の場合、信託期間は有期限であるが、信託期間は当該ファンドの商品特性につながるものである場合が多いため、通常は本条の規定は置かれていない。なお、以前は単位型投資信託の信託期間に上限があったが、バブル崩壊で元本割れした際、当時の監督官庁であった大蔵省の承認を得て業界全体で信託期間を延長したことがあるが、その際、「同じ信託期間未満であれば1回に限り延長を認める、そして今後いっさい単位型投資信託の延長は認めない」との指導を受けたことがあるようである。

> （公告）
> 第62条　委託者が受益者に対してする公告は、電子公告の方法により行い、次のアドレスに掲載します。
> http://www.XXXX
> ②　前項の電子公告による公告をすることができない事故その他やむを得ない事由が生じた場合の公告は、日本経済新聞に掲載します。

■ 趣　旨

　投資信託約款には、委託者における公告の方法を記載しなければならないとされており（投信法4条2項17号）、また、その細目として、時事に関する事項を掲載する日刊新聞紙に掲載する方法の場合は公告を行う日刊新聞紙名、電子公告の場合は登記アドレスを、それぞれ記載すべきとされている（投信法施行規則8条9号）。本条は、これに対応する条項である。

　上記は電子公告の場合の約款例であるが、電子公告でなく時事に関する事項を掲載する日刊新聞紙に掲載する方法（いわゆる新聞公告）を選択する場合、本条は以下のような規定となる。

> （公告）
> 第62条　委託者が受益者に対してする公告は、●●新聞（日刊新聞名）に掲載します。

■ どのような場合に公告を行うか

　投信法の規定に基づく公告は、以下のような場合に行われる。
・無記名式の受益証券が発行されている場合において、重大な約款変更、投資信託の併合、投資信託契約の解約に係る書面による決議を行おうとするとき（投信法17条5項）。
・投資信託委託会社の登録取消、解散、業務廃止、または受託会社の営業免許取消等があったとき（投信法24条3項）。

　旧投信法に基づく投資信託（旧法信託）については、無記名式受益証券の発行

の有無にかかわらず、重大な約款変更および投資信託契約の解約を行う場合は公告する必要がある（旧投信法30条、32条）。一方、現在の投信法に基づく投資信託（新法信託）については、無記名式の受益証券が発行されていないのであれば（通常は発行されていない）、かかる場合に公告する法律上の義務はない。

現在も、特に公募投信において、重大な約款変更や投資信託契約の解約（投資信託の償還）を行う際に、日刊新聞紙や委託者のホームページにその旨を掲載することがあるが、新法信託については、これは投信法上の規定に基づく法定の公告ではなく、任意のお知らせということになる。もっとも、旧法信託と新法信託が併存する委託会社においては、その取扱いに差異を設けるのが煩雑であるため、統一して公告を行う取扱いとしているものと考えられる。

委託者の公告の方法

投信法25条1項では、委託者が投信法の規定によりする公告の方法について、次のように定めている。

投資信託委託会社が投信法の規定によりする公告は、当該投資信託委託会社における公告の方法（次に掲げる方法のいずれかに限り、公告の期間を含む）により、しなければならない。
・時事に関する事項を掲載する日刊新聞紙に掲載する方法
・電子公告

時事に関する事項を掲載する日刊新聞紙に掲載する方法として日経新聞に掲載する方法、電子公告として委託者のホームページに掲載する方法が考えられる。

ここでいう「当該投資信託委託会社における公告の方法」とは、当該投資信託委託会社が同社における会社の公告方法として採用している方法と解されている。

会社の公告方法としては、定款で定めることにより以下の方法が認められている（会社法939条1項）。公告方法に関する定款の定めがない場合は、官報に掲載する方法となる（会社法939条4項）。

・官報に掲載する方法
・時事に関する事項を掲載する日刊新聞紙に掲載する方法
・電子公告

　このように、投資信託委託会社が投信法の規定によりする公告は、当該投資信託委託会社が同社における会社の公告方法として採用している方法である必要があるが、投信法は官報に掲載する方法を認めていない。
　そのため、投資信託委託会社は、必ず会社の定款に公告方法に関する定めを置き、かつ、時事に関する事項を掲載する日刊新聞紙に掲載する方法または電子公告のいずれかを選択する必要があることになっている。

> （信託約款に関する疑義の取扱い）
> 第63条　この信託約款の解釈について疑義を生じたときは、委託者と受託者との協議により定めます。

■　趣　旨

本条は、約款の解釈に疑義が生じた場合に、まず当事者間で協議すべき旨を定めた一般条項である。

```
┌─────────────────────────────────────────────────────────┐
│  上記条項により信託契約を締結します。                    │
│                                                         │
│  信託契約締結日　平成　　年　　月　　日                  │
│                                                         │
│                  東京都　　区                            │
│            委託者　●●●●アセットマネジメント株式会社   │
│                  （代表取締役社長　　●●　●●）         │
│                                                         │
│                                                         │
│                  東京都　　区                            │
│            受託者　●●●●信託銀行株式会社               │
│                  （代表取締役社長　　●●　●●）         │
└─────────────────────────────────────────────────────────┘

（記載例1）

┌─────────────────────────────────────────────────────────┐
│  平成　　年　　月　　日                                  │
│                                                         │
│            委託者　●●●●アセットマネジメント株式会社   │
│                                                         │
│            受託者　●●●●信託銀行株式会社               │
└─────────────────────────────────────────────────────────┘

（記載例2）

■ 解　説

　本頁は投資信託契約の記名捺印欄である。当該部分は、厳密にいえば約款ではないとも考えられるが、投信法に基づく事前届出においても、金商法に基づく有価証券届出書の添付書類としての約款（特定有価証券開示府令12条1項1号イ）においても、本頁がつけられたものが提出されている。これらにおいて提出されるものについては、記載例1のように当事者の住所の記載のあるものと、記載例2のように当事者の住所の記載のないものがある。また、記載例1の住所の記載が
```

あるものについては、住所に加えて代表者名が記載されるものもあるが、この場合は捺印ずみの写しではなく、捺印前のものが使用されている。

（付則）

1 　この約款において「自動けいぞく投資約款」とは、この信託について受益権取得申込者と指定販売会社が締結する「自動けいぞく投資約款」と別の名称で同様の権利義務関係を規定する契約を含むものとします。この場合、「自動けいぞく投資約款」は、当該別の名称に読み替えるものとします。

2 　第46条（収益分配金、償還金および一部解約金の支払い）第6項に規定する「収益調整金」は、所得税法施行令第27条の規定によるものとし、受益者ごとの信託時の受益権の価額と元本との差額をいい、原則として、追加信託のつど当該口数により加重平均され、収益分配のつど調整されるものとします。また、同条同項に規定する「受益者ごとの信託時の受益権の価額等」とは、原則として、受益者ごとの信託時の受益権の価額をいい、追加信託のつど当該口数により加重平均され、収益分配のつど調整されるものとします。

3 　第26条（金利先渡取引および為替先渡取引の運用指図）に規定する「金利先渡取引」は、当事者間において、あらかじめ将来の特定の日（以下「決済日」といいます。）における決済日から一定の期間を経過した日（以下「満期日」といいます。）までの期間に係る国内または海外において代表的利率として公表される預金契約または金銭の貸借契約に基づく債権の利率（以下「指標利率」といいます。）の数値を取り決め、その取決めに係る数値と決済日における当該指標利率の現実の数値との差にあらかじめ元本として定めた金額および当事者間で約定した日数を基準とした数値を乗じた額を決済日における当該指標利率の現実の数値で決済日における現在価値に割り引いた額の金銭の授受を約する取引をいいます。

4 　第26条（金利先渡取引および為替先渡取引の運用指図）に規定する「為替

先渡取引」は、当事者間において、あらかじめ決済日から満期日までの期間に係る為替スワップ取引（同一の相手方との間で直物外国為替取引および当該直物外国為替取引と反対売買の関係に立つ先物外国為替取引を同時に約定する取引をいいます。以下本条において同じ。）のスワップ幅（当該直物外国為替取引に係る外国為替相場と当該先物外国為替取引に係る外国為替相場との差を示す数値をいいます。以下本条において同じ。）を取り決め、その取決めに係るスワップ幅から決済日における当該為替スワップ取引の現実のスワップ幅を差し引いた値にあらかじめ元本として定めた金額を乗じた額を決済日における指標利率の数値で決済日における現在価値に割り引いた額の金銭またはその取決めに係るスワップ幅から決済日における当該為替スワップ取引の現実のスワップ幅を差し引いた値にあらかじめ元本として定めた金額を乗じた金額とあらかじめ元本として定めた金額について決済日を受渡日として行った先物外国為替取引を決済日における直物外国為替取引で反対売買したときの差金に係る決済日から満期日までの利息とを合算した額を決済日における指標利率の数値で決済日における現在価値に割り引いた額の金銭の授受を約する取引をいいます。

■ 解　説

　本箇所は、約款本文中の付則である。付則には、約款本文で言及される用語の定義等が規定される。

第 4 章
約款本文後の付表

付　　表

1　この約款において「別に定める投資信託証券」とは、次の投資信託および投資法人の受益証券または投資証券をいいます。
　・XXXX
　・XXXX
　・XXXX

〈ファンド・オブ・ファンズの場合〉

2　この約款において「別に定める日」とは、次に掲げるものをいいます。
　・●●の銀行休業日
　・●●証券取引所の休業日

■ 解　　説

本箇所は、約款本文後の付表である。

■ ファンド・オブ・ファンズの場合

　上記1に関し、公募投信のファンド・オブ・ファンズに組み入れられる投資信託証券について、国内の投資信託証券である場合は、公募の投資信託証券および公募投資信託に係る投信協会規則等が適用されている投資信託証券である必要があり、外国投資信託証券である場合は、所定の要件に適合する外国投資信託証券である必要がある（協会運用規則22条1項1号、協会運用細則3条）。

　公募のファンド・オブ・ファンズについて、ファンド・オブ・ファンズへの投

資は禁止されている（ファンド・オブ・ファンド・オブ・ファンズ（いわゆる三階建ファンド）の禁止、協会運用規則22条1項6号、協会運用細則8条2号）。よって、上記1にファンド・オブ・ファンズを掲載することはできない。

　また、同じく公募のファンド・オブ・ファンズについて、原則として複数の投資信託証券に投資するものとされている（ファンド・オブ・ファンドの禁止、投信運用規則23条）。よって、上記1には原則として複数のファンドを掲載しなければならない。

　なお、かかる規制は、私募のファンド・オブ・ファンズには準用されていない（協会運用規則24条参照）。

■ 約款本文後の付表の変更手続

　付表を約款の一部でないと解するのはむずかしく、約款本文後の付表に記載されているという記載位置のみを理由として約款変更の手続を省略することはできない。また、約款変更に該当するとして、それが重大な約款変更に該当するか否かについても、約款本文後の付表に記載されているという理由だけで重大な約款変更に該当しないと判断することはできず、「商品としての基本的な性格を変更させることとなるもの」かどうかを基準に判断すべきとされている（投信法施行規則29条）。「商品としての基本的な性格を変更させる」ものでない事項に限り約款本文後の付表に記載するという整理がされているのであれば、約款本文後の付表の変更は重大な約款変更に該当しないとの判断に合理性があるが、その場合であっても、あくまで「商品としての基本的な性格を変更させる」ものでないからであって、約款本文後の付表に記載されているという記載位置が理由となるものではないことに留意する必要がある。

　なお、上記2のファンド休業日の変更については、前掲の金融庁の平成26年6月27日付投資信託に関するQ&Aにおいて、ファンド休業日を削減する場合は「商品としての基本的な性格を変更させる」ものでない旨が示されている（約款第56条（信託約款の変更等）の解説参照）。よって、逆にファンド休業日を増加させる場合は、原則として「商品としての基本的な性格を変更させる」ものとなり、重大な約款変更の手続を経なければならないので、留意が必要である。

■巻末資料1

追加型証券投資信託モデル約款

追加型証券投資信託
XYZファンド
約款

―運用の基本方針―

1　基本方針
　　この投資信託は、●●を目指して運用を行います。

2　運用方法
（1）投資対象
　　　●●を主要投資対象とします。
（2）投資態度
　① ●●を目指して運用を行います。
　② ●●への投資割合は、高位を維持することを基本とします。
　③ 資金動向、市況動向等によっては、上記のような運用ができない場合があります。

3　投資制限
（1）株式への投資割合には制限を設けません。
（2）投資信託証券（上場投資信託証券を除きます。）への投資割合は、信託財産の純資産総額の5％以下とします。
（3）外貨建資産への投資割合［は信託財産の純資産総額の50％以内とします／には制限を設けません］。
（4）一般社団法人投資信託協会規則に定める合理的な方法により算出した額が、信託財産の純資産総額を超えることとなるデリバティブ取引等（同規則に定めるデリバティブ取引等をいいます。）の利用は行いません。
（5）一般社団法人投資信託協会規則に定める一の者に対する株式等エクスポージャー、債券等エクスポージャーおよびデリバティブ取引等エクスポージャー

の信託財産の純資産総額に対する比率は、原則として、それぞれ100分の10、合計で100分の20を超えないものとし、当該比率を超えることとなった場合には、同規則に従い当該比率以内となるよう調整を行うこととします。

4 収益分配方針
　毎決算時に、原則として以下の方針に基づき分配を行います。
 (1) 分配対象額の範囲
　　　経費控除後の配当等収益と売買益（評価益を含みます。）等の全額とします。
 (2) 分配対象額についての分配方針
　　　委託者が基準価額水準、市況動向等を勘案して、分配金額を決定します。
　（ただし、分配対象額が少額の場合には、分配を行わないこともあります。）
 (3) 留保益の運用方針
　　　留保益については、特に制限を設けず、運用の基本方針に則した運用を行います。

追加型証券投資信託
XYZファンド
約款

(信託の種類、委託者および受託者)
第1条　この信託は、証券投資信託であり、●●アセットマネジメント株式会社を委託者とし、●●信託銀行株式会社を受託者とします。
②　この信託は、信託法（平成18年法律第108号）（以下「信託法」といいます。）の適用を受けます。

(信託事務の委託)
第2条　受託者は、信託法第28条第1号に基づく信託事務の委託として、信託事務の処理の一部について、金融機関の信託業務の兼営等に関する法律第1条第1項の規定による信託業務の兼営の認可を受けた一の金融機関（受託者の利害関係人（金融機関の信託業務の兼営等に関する法律第2条第1項にて準用する信託業法第29条第2項第1号に規定する利害関係人をいいます。以下、本条、第19条（利害関係人等との取引等）第1項、同条第2項および第32条（信託業務の委託等）において同じ。）を含みます。）と信託契約を締結し、これを委託することができます。
②　前項における利害関係人に対する業務の委託については、受益者の保護に支障を生じることがない場合に行うものとします。

(信託の目的および金額)
第3条　委託者は、金●●億円を上限として受益者のために利殖の目的をもって信託し、受託者はこれを引き受けます。

(信託金の限度額)
第4条　委託者は、受託者と合意のうえ、金●●億円を限度として信託金を追加することができます。
②　委託者は、受託者と合意のうえ、前項の限度額を変更することができます。

(信託期間)
第5条　この信託の期間は、信託契約締結日から平成●年●月●日までとします。

(受益権の取得申込みの勧誘の種類)
第6条　この信託に係る受益権の取得申込みの勧誘は、金融商品取引法第2条第3項第1号に掲げる場合に該当し、投資信託及び投資法人に関する法律第2条第8項で定める公募により行われます。
②　この信託に係る受益権はすべて、社債、株式等の振替に関する法律(以下「社振法」といいます。)の規定の適用を受け、振替機関(社振法第2条に規定する「振替機関」をいいます。以下同じ。)に取り扱われるものとします。

(当初の受益者)
第7条　この信託契約締結当初および追加信託当初の受益者は、委託者の指定する受益権取得申込者とし、第8条(受益権の分割および再分割)の規定により分割された受益権は、その取得申込口数に応じて、取得申込者に帰属します。

(受益権の分割および再分割)
第8条　委託者は、第3条(信託の目的および金額)の規定による受益権については●●億口を上限として、追加信託によって生じた受益権については、これを追加信託のつど第9条(追加信託の価額および口数、基準価額の計算方法)第1項の追加口数に、それぞれ均等に分割します。
②　委託者は、受託者と協議のうえ、社振法に定めるところに従い、一定日現在の受益権を均等に再分割できるものとします。

(追加信託の価額および口数、基準価額の計算方法)
第9条　追加信託金は、追加信託を行う日の前営業日の基準価額に、当該追加信託に係る受益権の口数を乗じた額とします。
②　この約款において基準価額とは、信託財産に属する資産(受入担保金代用有価証券および第29条(公社債の借入れ)に規定する借入有価証券を除きます。)を法令および一般社団法人投資信託協会規則に従って時価または一部償却原価法により評価して得た信託財産の資産総額から負債総額を控除した金額(以下「純資産総額」といいます。)を、計算日における受益権総口数で除した金額をいいます。
③　外貨建資産(外国通貨表示の有価証券(以下「外貨建有価証券」といいます。)、預金その他の資産をいいます。以下同じ。)の円換算については、原則として、わが国における計算日の対顧客電信売買相場の仲値によって計算します。
④　第31条(外国為替予約取引の指図および範囲)に規定する予約為替の評価は、

原則として、わが国における計算日の対顧客先物売買相場の仲値によるものとします。

（信託日時の異なる受益権の内容）
第10条 この信託の受益権は、信託の日時を異にすることにより差異を生ずることはありません。

（受益権の帰属と受益証券の不発行）
第11条 この信託のすべての受益権は、社振法の規定の適用を受け、受益権の帰属は、委託者があらかじめこの投資信託の受益権を取り扱うことについて同意した一の振替機関（社振法第２条に規定する「振替機関」をいい、以下「振替機関」といいます。）および当該振替機関の下位の口座管理機関（社振法第２条に規定する「口座管理機関」をいい、振替機関を含め、以下「振替機関等」といいます。）の振替口座簿に記載または記録されることにより定まります（以下、振替口座簿に記載または記録されることにより定まる受益権を「振替受益権」といいます。）。
② 委託者は、この信託の受益権を取り扱う振替機関が社振法の規定により主務大臣の指定を取り消された場合または当該指定が効力を失った場合であって、当該振替機関の振替業を承継する者が存在しない場合その他やむを得ない事情がある場合を除き、振替受益権を表示する受益証券を発行しません。なお、受益者は、委託者がやむを得ない事情等により受益証券を発行する場合を除き、無記名式受益証券から記名式受益証券への変更の請求、記名式受益証券から無記名式受益証券への変更の請求、受益証券の再発行の請求を行わないものとします。
③ 委託者は、第８条（受益権の分割および再分割）の規定により分割された受益権について、振替機関等の振替口座簿への新たな記載または記録をするため社振法に定める事項の振替機関への通知を行うものとします。振替機関等は、委託者から振替機関への通知があった場合、社振法の規定に従い、その備える振替口座簿への新たな記載または記録を行います。

（受益権の設定に係る受託者の通知）
第12条 受託者は、第３条（信託の目的および金額）の規定による受益権については信託契約締結日に、また、追加信託により生じた受益権については追加信託のつど、振替機関の定める方法により、振替機関へ当該受益権に係る信託を設定した旨の通知を行います。

（受益権の申込単位および価額）

第13条　委託者の指定する第一種金融商品取引業者（委託者の指定する金融商品取引法第28条第１項に規定する第一種金融商品取引業を行う者をいいます。以下同じ。）および委託者の指定する登録金融機関（委託者の指定する金融商品取引法第２条第11項に規定する登録金融機関をいいます。以下同じ。）（以下、総称して「指定販売会社」といいます。）は、第８条（受益権の分割および再分割）第１項の規定により分割される受益権を、その取得申込者に対し、指定販売会社が定める単位をもって取得申込みに応ずることができるものとします。ただし、第46条（収益分配金、償還金および一部解約金の支払い）第２項に規定する収益分配金の再投資に係る受益権の取得申込みを申し出た取得申込者に限り、１口の整数倍をもって取得申込みに応ずることができるものとします。

② 　前項の取得申込者は、指定販売会社に、取得申込みと同時にまたはあらかじめ、自己のために開設されたこの信託の受益権の振替を行うための振替機関等の口座を示すものとし、当該口座に当該取得申込者に係る口数の増加の記載または記録が行われます。なお、指定販売会社は、当該取得申込みの代金（第４項の受益権の取得価額に当該取得申込みの口数を乗じて得た額をいいます。）の支払いと引換えに、当該口座に当該取得申込者に係る口数の増加の記載または記録を行うことができます。

③ 　第１項の規定にかかわらず、取得申込日が別に定める日に該当する場合は、受益権の取得の申込みに応じないものとします。ただし、第46条（収益分配金、償還金および一部解約金の支払い）第２項に規定する収益分配金の再投資に係る場合を除きます。

④ 　第１項の受益権の価額は、取得申込日の翌営業日の基準価額に、手数料および当該手数料に係る消費税および地方消費税（以下「消費税等」といいます。）に相当する金額を加算した価額とします。ただし、この信託契約締結日前の取得申込みに係る受益権の価額は、１口につき１円に手数料および当該手数料に係る消費税等に相当する金額を加算した価額とします。

⑤ 　前項の規定にかかわらず、第46条（収益分配金、償還金および一部解約金の支払い）第２項に規定する収益分配金を再投資する場合の受益権の価額は、原則として、第40条（信託の計算期間）に規定する各計算期間終了日の基準価額とします。

⑥ 　前各項の規定にかかわらず、委託者は、金融商品取引所（金融商品取引法第２条第16項に規定する金融商品取引所および金融商品取引法第２条第８項第３号ロに規定する外国金融商品市場をいいます。以下同じ。）等における取引の停止、

外国為替取引の停止その他やむを得ない事情（投資対象国における非常事態（金融危機、デフォルト、重大な政策変更および規制の導入、自然災害、クーデター、重大な政治体制の変更、戦争等）による市場の閉鎖または流動性の極端な減少等）が発生したときは、受益権の取得申込みの受付を中止することおよびすでに受け付けた取得申込みを取り消すことができます。

（受益権の譲渡に係る記載または記録）
第14条　受益者は、その保有する受益権を譲渡する場合には、当該受益者の譲渡の対象とする受益権が記載または記録されている振替口座簿に係る振替機関等に振替の申請をするものとします。
②　前項の申請のある場合には、前項の振替機関等は、当該譲渡に係る譲渡人の保有する受益権の口数の減少および譲受人の保有する受益権の口数の増加につき、その備える振替口座簿に記載または記録するものとします。ただし、前項の振替機関等が振替先口座を開設したものでない場合には、譲受人の振替先口座を開設した他の振替機関等（当該他の振替機関等の上位機関を含みます。）に社振法の規定に従い、譲受人の振替先口座に受益権の口数の増加の記載または記録が行われるよう通知するものとします。
③　委託者は、第1項に規定する振替について、当該受益者の譲渡の対象とする受益権が記載または記録されている振替口座簿に係る振替機関等と譲受人の振替先口座を開設した振替機関等が異なる場合等において、委託者が必要と認めるときまたはやむを得ない事情があると判断したときは、振替停止日や振替停止期間を設けることができます。

（受益権の譲渡の対抗要件）
第15条　受益権の譲渡は、第14条（受益権の譲渡に係る記載または記録）の規定による振替口座簿への記載または記録によらなければ、委託者および受託者に対抗することができません。

（受益権の譲渡制限）
第16条　［私募の場合に規定される。］

（投資の対象とする資産の種類）
第17条　この信託において投資の対象とする資産の種類は、次に掲げるものとします。

1 次に掲げる特定資産（投資信託及び投資法人に関する法律施行令第3条に掲げるものをいいます。以下同じ。）
　イ　有価証券
　ロ　デリバティブ取引（金融商品取引法第2条第20項に規定するものをいい、第24条（先物取引等の運用指図）、第25条（スワップ取引の運用指図）および第26条（金利先渡取引および為替先渡取引の運用指図）に定めるものに限ります。）に係る権利
　ハ　約束手形
　ニ　金銭債権
2 次に掲げる特定資産以外の資産
　イ　為替手形

（有価証券および金融商品の指図範囲等）
第18条　委託者は、信託金を、主として、次の有価証券（金融商品取引法第2条第2項の規定により有価証券とみなされる同項各号に掲げる権利を除きます。）に投資することを指図します。
1 株券または新株引受権証書
2 国債証券
3 地方債証券
4 特別の法律により法人の発行する債券
5 社債券（新株引受権証券と社債券とが一体となった新株引受権付社債券（以下「分離型新株引受権付社債券」といいます。）の新株引受権証券を除きます。）
6 特定目的会社に係る特定社債券（金融商品取引法第2条第1項第4号で定めるものをいいます。）
7 特別の法律により設立された法人の発行する出資証券（金融商品取引法第2条第1項第6号で定めるものをいいます。）
8 協同組織金融機関に係る優先出資証券（金融商品取引法第2条第1項第7号で定めるものをいいます。）
9 特定目的会社に係る優先出資証券または新優先出資引受権を表示する証券（金融商品取引法第2条第1項第8号で定めるものをいいます。）
10 コマーシャル・ペーパー
11 新株引受権証券（分離型新株引受権付社債券の新株引受権証券を含みます。以下同じ。）および新株予約権証券
12 外国または外国の者の発行する証券または証書で、前各号の証券または証書

の性質を有するもの
13　投資信託または外国投資信託の受益証券（金融商品取引法第2条第1項第10号で定めるものをいいます。）
14　投資証券、新投資口予約権証券、投資法人債券または外国投資証券（金融商品取引法第2条第1項第11号で定めるものをいいます。）
15　外国貸付債権信託受益証券（金融商品取引法第2条第1項第18号で定めるものをいいます。）
16　オプションを表示する証券または証書（金融商品取引法第2条第1項第19号で定めるものをいい、有価証券にかかるものに限ります。）
17　預託証書（金融商品取引法第2条第1項第20号で定めるものをいいます。）
18　外国法人が発行する譲渡性預金証書
19　受益証券発行信託の受益証券（金融商品取引法第2条第1項第14号で定めるものをいいます。）
20　抵当証券（金融商品取引法第2条第1項第16号で定めるものをいいます。）
21　外国の者に対する権利で、貸付債権信託受益権であって第19号の有価証券に表示されるべき権利の性質を有するもの

なお、第1号の証券または証書ならびに第12号および第17号の証券または証書のうち第1号の証券または証書の性質を有するものを以下「株式」といい、第2号から第6号までの証券ならびに第14号の証券のうち投資法人債券ならびに第12号および第17号の証券または証書のうち第2号から第6号までの証券の性質を有するものを以下「公社債」といい、第13号の証券および第14号の証券（新投資口予約権証券および投資法人債券を除きます。）を以下「投資信託証券」といいます。
②　委託者は、信託金を、前項に掲げる有価証券のほか、次に掲げる金融商品（金融商品取引法第2条第2項の規定により有価証券とみなされる同項各号に掲げる権利を含みます。）により運用することを指図することができます。
　1　預金
　2　指定金銭信託（金融商品取引法第2条第1項第14号に規定する受益証券発行信託を除きます。）
　3　コール・ローン
　4　手形割引市場において売買される手形
　5　貸付債権信託受益権であって金融商品取引法第2条第2項第1号で定めるもの
　6　外国の者に対する権利で前号の権利の性質を有するもの
③　第1項の規定にかかわらず、この信託の設定、解約、償還、投資環境の変動等

への対応等、委託者が運用上必要と認めるときは、委託者は、信託金を前項に掲げる金融商品により運用することを指図することができます。

（利害関係人等との取引等）
第19条 受託者は、受益者の保護に支障を生じることがないものであり、かつ信託業法、投資信託及び投資法人に関する法律ならびに関連法令に反しない場合には、委託者の指図により、信託財産と、受託者（第三者との間において信託財産のためにする取引その他の行為であって、受託者が当該第三者の代理人となって行うものを含みます。）および受託者の利害関係人、第32条（信託業務の委託等）第１項に定める信託業務の委託先およびその利害関係人または受託者における他の信託財産との間で、第17条（投資の対象とする資産の種類）、第18条（有価証券および金融商品の指図範囲等）第１項および同条第２項に掲げる資産への投資等ならびに第23条（信用取引の指図範囲）、第24条（先物取引等の運用指図）、第25条（スワップ取引の運用指図）、第26条（金利先物取引および為替先渡取引の運用指図）、第27条（有価証券の貸付の指図および範囲）、第28条（公社債の空売りの指図範囲）、第29条（公社債の借入れ）、第31条（外国為替予約取引の指図および範囲）、第35条（有価証券売却等の指図）、第36条（再投資の指図）および第37条（資金の借入れ）に掲げる取引その他これらに類する行為を行うことができます。
② 受託者は、受託者がこの信託の受託者としての権限に基づいて信託事務の処理として行うことができる取引その他の行為について、受託者または受託者の利害関係人の計算で行うことができるものとします。なお、受託者の利害関係人が当該利害関係人の計算で行う場合も同様とします。
③ 委託者は、金融商品取引法、投資信託及び投資法人に関する法律ならびに関連法令に反しない場合には、信託財産と、委託者、その取締役、執行役および委託者の利害関係人等（金融商品取引法第31条の４第３項および同条第４項に規定する親法人等または子法人等をいいます。）または委託者が運用の指図を行う他の信託財産との間で、第17条（投資の対象とする資産の種類）、第18条（有価証券および金融商品の指図範囲等）第１項および同条第２項に掲げる資産への投資等ならびに第23条（信用取引の指図範囲）、第24条（先物取引等の運用指図）、第25条（スワップ取引の運用指図）、第26条（金利先物取引および為替先渡取引の運用指図）、第27条（有価証券の貸付の指図および範囲）、第28条（公社債の空売りの指図範囲）、第29条（公社債の借入れ）、第31条（外国為替予約取引の指図および範囲）、第35条（有価証券売却等の指図）、第36条（再投資の指図）および第37

条（資金の借入れ）に掲げる取引その他これらに類する行為を行うことの指図をすることができ、受託者は、委託者の指図により、当該投資等ならびに当該取引、当該行為を行うことができます。
④　前3項の場合、委託者および受託者は、受益者に対して信託法第31条第3項および同法第32条第3項の通知は行いません。

（運用の基本方針）
第20条　委託者は、信託財産の運用にあたっては、別に定める運用の基本方針に従って、その指図を行います。

（運用の権限委託）
<u>第21条　［運用の権限委託を行う場合に規定される。］</u>

（投資する株式等の範囲）
第22条　委託者が投資することを指図する株式、新株引受権証券および新株予約権証券は、金融商品取引所に上場されている株式の発行会社の発行するもの、金融商品取引所に準ずる市場において取引されている株式の発行会社の発行するものとします。ただし、株主割当または社債権者割当により取得する株式、新株引受権証券および新株予約権証券については、この限りではありません。
②　前項の規定にかかわらず、上場予定または登録予定の株式、新株引受権証券および新株予約権証券で目論見書等において上場または登録されることが確認できるものについては、委託者が投資することを指図することができるものとします。

（信用取引の指図範囲）
第23条　委託者は、信託財産の効率的な運用に資するため、信用取引により株券を売り付けることの指図をすることができます。なお、当該売付の決済については、株券の引渡しまたは買戻しにより行うことの指図をすることができるものとします。
②　前項の信用取引の指図は、次の各号に掲げる有価証券の発行会社の発行する株券について行うことができるものとし、かつ次の各号に掲げる株券数の合計数を超えないものとします。
　1　信託財産に属する株券および新株引受権証書の権利行使により取得する株券
　2　株式分割により取得する株券

3　有償増資により取得する株券
4　売出しにより取得する株券
5　信託財産に属する転換社債の転換請求および新株予約権（転換社債型新株予約権付社債の新株予約権に限ります。）の行使により取得可能な株券
6　信託財産に属する新株引受権証券および新株引受権付社債券の新株引受権の行使、または信託財産に属する新株予約権証券および新株予約権付社債券の新株予約権（前号のものを除きます。）の行使により取得可能な株券

（先物取引等の運用指図）
第24条　委託者は、信託財産の効率的な運用に資するため、わが国の金融商品取引所における有価証券先物取引（金融商品取引法第28条第8項第3号イに掲げるものをいいます。）、有価証券指数等先物取引（金融商品取引法第28条第8項第3号ロに掲げるものをいいます。）および有価証券オプション取引（金融商品取引法第28条第8項第3号ハに掲げるものをいいます。）ならびに外国の金融商品取引所におけるこれらの取引と類似の取引を行うことの指図をすることができます。なお、選択権取引は、オプション取引に含めるものとします（以下同じ。）。
②　委託者は、信託財産の効率的な運用に資するため、わが国の金融商品取引所における通貨に係る先物取引、外国の金融商品取引所における通貨に係る先物取引およびオプション取引を行うことの指図をすることができます。
③　委託者は、信託財産の効率的な運用に資するため、わが国の金融商品取引所における金利に係る先物取引およびオプション取引、外国の金融商品取引所におけるこれらの取引と類似の取引を行うことの指図をすることができます。

（スワップ取引の運用指図）
第25条　委託者は、信託財産の効率的な運用に資するため、異なった通貨、異なった受取り金利または異なった受取り金利とその元本を一定の条件のもとに交換する取引（以下「スワップ取引」といいます。）を行うことの指図をすることができます。
②　スワップ取引の指図にあたっては、当該取引の契約期限が、原則として第5条（信託期間）に定める信託期間を超えないものとします。ただし、当該取引が当該信託期間内で全部解約が可能なものについてはこの限りではありません。
③　スワップ取引の評価は、当該取引契約の相手方が市場実勢金利等をもとに算出した価額で評価するものとします。
④　委託者は、スワップ取引を行うにあたり担保の提供あるいは受入れが必要と認

めたときは、担保の提供あるいは受入れの指図を行うものとします。

(金利先渡取引および為替先渡取引の運用指図)
第26条 委託者は、信託財産の効率的な運用に資するため、金利先渡取引および為替先渡取引を行うことの指図をすることができます。
② 金利先渡取引および為替先渡取引の指図にあたっては、当該取引の決済日が、原則として、第5条(信託期間)に定める信託期間を超えないものとします。ただし、当該取引が当該信託期間内で全部解約が可能なものについてはこの限りではありません。
③ 金利先渡取引および為替先渡取引の評価は、当該取引契約の相手方が市場実勢金利等をもとに算出した価額で評価するものとします。
④ 委託者は、金利先渡取引および為替先渡取引を行うにあたり担保の提供あるいは受入れが必要と認めたときは、担保の提供あるいは受入れの指図を行うものとします。

(有価証券の貸付の指図および範囲)
第27条 委託者は、信託財産の効率的な運用に資するため、信託財産に属する株式および公社債を次の各号の範囲内で貸付の指図をすることができます。
　1　株式の貸付は、貸付時点において、貸付株式の時価合計額が、信託財産で保有する株式の時価合計額を超えないものとします。
　2　公社債の貸付は、貸付時点において、貸付公社債の額面金額の合計額が、信託財産で保有する公社債の額面金額の合計額を超えないものとします。
② 前項各号に定める限度額を超えることとなった場合には、委託者は、速やかに、その超える額に相当する契約の一部の解約を指図するものとします。
③ 委託者は、有価証券の貸付にあたって必要と認めたときは、担保の受入れの指図を行うものとします。

(公社債の空売りの指図範囲)
第28条 委託者は、信託財産の効率的な運用に資するため、信託財産の計算においてする信託財産に属さない公社債を売り付けることの指図をすることができます。なお、当該売付の決済については、公社債(信託財産により借り入れた公社債を含みます。)の引渡しまたは買戻しにより行うことの指図をすることができるものとします。
② 前項の売付の指図は、当該売付に係る公社債の時価総額が信託財産の純資産総

額の範囲内とします。
③ 信託財産の一部解約等の事由により、前項の売付に係る公社債の時価総額が信託財産の純資産総額を超えることとなった場合には、委託者は、速やかに、その超える額に相当する売付の一部を決済するための指図をするものとします。

(公社債の借入れ)
第29条 委託者は、信託財産の効率的な運用に資するため、公社債の借入れの指図をすることができます。なお、当該公社債の借入れを行うにあたり担保の提供が必要と認めたときは、担保の提供の指図を行うものとします。
② 前項の指図は、当該借入れに係る公社債の時価総額が信託財産の純資産総額の範囲内とします。
③ 信託財産の一部解約等の事由により、前項の借入れに係る公社債の時価総額が信託財産の純資産総額を超えることとなった場合には、委託者は速やかに、その超える額に相当する借り入れた公社債の一部を返還するための指図をするものとします。
④ 第1項の借入れに係る品借料は信託財産中から支弁します。

(特別の場合の外貨建有価証券への投資制限)
第30条 外貨建有価証券への投資については、わが国の国際収支上の理由等により特に必要と認められる場合には、制約されることがあります。

(外国為替予約取引の指図および範囲)
第31条 委託者は、信託財産の効率的な運用に資するため、外国為替の売買の予約取引の指図をすることができます。
② 前項の予約取引の指図は、信託財産に係る為替の買予約の合計額と売予約の合計額との差額につき円換算した額が、信託財産の純資産総額を超えないものとします。ただし、信託財産に属する外貨建資産の為替変動リスクを回避するためにする当該予約取引の指図については、この限りではありません。
③ 前項の限度額を超えることとなった場合には、委託者は、所定の期間内に、その超える額に相当する為替予約の一部を解消するための外国為替の売買の予約取引の指図をするものとします。

(信託業務の委託等)
第32条 受託者は、委託者と協議のうえ、信託業務の一部について、信託業法第22

条第1項に定める信託業務の委託をするときは、以下に掲げる基準のすべてに適合するもの（受託者の利害関係人を含みます。）を委託先として選定します。
1　委託先の信用力に照らし、継続的に委託業務の遂行に懸念がないこと
2　委託先の委託業務に係る実績等に照らし、委託業務を確実に処理する能力があると認められること
3　委託される信託財産に属する財産と自己の固有財産その他の財産とを区分する等の管理を行う体制が整備されていること
4　内部管理に関する業務を適正に遂行するための体制が整備されていること
②　受託者は、前項に定める委託先の選定にあたっては、当該委託先が前項各号に掲げる基準に適合していることを確認するものとします。
③　前2項にかかわらず、受託者は、次の各号に掲げる業務を、受託者および委託者が適当と認める者（受託者の利害関係人を含みます。）に委託することができるものとします。
1　信託財産の保存に係る業務
2　信託財産の性質を変えない範囲内において、その利用または改良を目的とする業務
3　委託者のみの指図により信託財産の処分およびその他の信託の目的の達成のために必要な行為に係る業務
4　受託者が行う業務の遂行にとって補助的な機能を有する行為

（混蔵寄託）
第33条　金融機関または第一種金融商品取引業者（金融商品取引法第28条第1項に規定する第一種金融商品取引業を行う者および外国の法令に準拠して設立された法人でこの者に類する者をいいます。以下本条において同じ。）から、売買代金および償還金等について円貨で約定し円貨で決済する取引により取得した外国において発行された譲渡性預金証書またはコマーシャル・ペーパーは、当該金融機関または第一種金融商品取引業者が保管契約を締結した保管機関に当該金融機関または第一種金融商品取引業者の名義で混蔵寄託できるものとします。

（信託財産の登記等および記載等の留保等）
第34条　信託の登記または登録をすることができる信託財産については、信託の登記または登録をすることとします。ただし、受託者が認める場合は、信託の登記または登録を留保することがあります。
②　前項ただし書にかかわらず、受益者保護のために委託者または受託者が必要と

認めるときは、速やかに登記または登録をするものとします。
③　信託財産に属する旨の記載または記録をすることができる信託財産については、信託財産に属する旨の記載または記録をするとともに、その計算を明らかにする方法により分別して管理するものとします。ただし、受託者が認める場合は、その計算を明らかにする方法により分別して管理することがあります。
④　動産（金銭を除きます。）については、外形上区別することができる方法によるほか、その計算を明らかにする方法により分別して管理することがあります。

（有価証券売却等の指図）
第35条　委託者は、信託財産に属する有価証券の売却等の指図ができます。

（再投資の指図）
第36条　委託者は、第35条（有価証券売却等の指図）の規定による売却代金、有価証券に係る償還金等、有価証券等に係る利子等およびその他の収入金を再投資することの指図ができます。

（資金の借入れ）
第37条　委託者は、信託財産の効率的な運用ならびに運用の安定性に資するため、一部解約に伴う支払資金の手当て（一部解約に伴う支払資金の手当てのために借り入れた資金の返済を含みます。）を目的として、または再投資に係る収益分配金の支払資金の手当てを目的として、資金借入れ（コール市場を通じる場合を含みます。）の指図をすることができます。なお、当該借入金をもって有価証券等の運用は行わないものとします。
②　一部解約に伴う支払資金の手当てに係る借入期間は、受益者への解約代金支払開始日から信託財産で保有する有価証券等の売却代金の受渡日までの間、または受益者への解約代金支払開始日から信託財産で保有する有価証券等の解約代金入金日までの間、もしくは受益者への解約代金支払開始日から信託財産で保有する有価証券等の償還金の入金日までの期間が5営業日以内である場合の当該期間とし、資金借入額は当該有価証券等の売却代金、解約代金および償還金の合計額を限度とします。ただし、資金借入額は、借入指図を行う日における信託財産の純資産総額の10％を超えないこととします。
③　収益分配金の再投資に係る借入期間は、信託財産から収益分配金が支弁される日からその翌営業日までとし、資金借入額は収益分配金の再投資額を限度とします。

④　借入金の利息は信託財産中から支弁します。

（損益の帰属）
第38条　委託者の指図に基づく行為により信託財産に生じた利益および損失は、すべて受益者に帰属します。

（受託者による資金の立替え）
第39条　信託財産に属する有価証券について、借替えがある場合で、委託者の申出があるときは、受託者は資金の立替えをすることができます。
②　信託財産に属する有価証券に係る償還金等、有価証券等に係る利子等およびその他の未収入金で、信託終了日までにその金額を見積りうるものがあるときは、受託者がこれを立て替えて信託財産に繰り入れることができます。
③　前2項の立替金の決済および利息については、受託者と委託者との協議によりそのつど別にこれを定めます。

（信託の計算期間）
第40条　この信託の計算期間は、毎月●日から翌月●日までとします。ただし、第1計算期間は信託契約締結日より平成●年●月●日までとします。
②　前項にかかわらず、前項の原則により各計算期間終了日に該当する日（以下「該当日」といいます。）が休業日のとき、各計算期間終了日は該当日の翌営業日とし、その翌日より次の計算期間が開始されるものとします。ただし、最終計算期間の終了日は第5条（信託期間）に定める信託期間の終了日とします。

（信託財産に関する報告等）
第41条　受託者は、毎計算期末に損益計算を行い、信託財産に関する報告書を作成して、これを委託者に提出します。
②　受託者は、信託終了のときに最終計算を行い、信託財産に関する報告書を作成して、これを委託者に提出します。
③　受託者は、前2項の報告を行うことにより、受益者に対する信託法第37条第3項に定める報告は行わないこととします。
④　受益者は、受託者に対し、信託法第37条第2項に定める書類または電磁的記録の作成に欠くことのできない情報その他の信託に関する重要な情報および当該受益者以外の者の利益を害するおそれのない情報を除き、信託法第38条第1項に定める閲覧または謄写の請求をすることはできないものとします。

(信託事務の諸費用および監査費用)

第42条 信託財産に関する租税、信託事務の処理に要する諸費用および受託者の立て替えた立替金の利息(以下「諸経費」といいます。)は、受益者の負担とし、信託財産中から支弁します。

② 信託財産に係る監査費用および当該監査費用に係る消費税等に相当する金額は、毎計算期末または信託終了のとき信託財産中から支弁します。

(信託報酬等の額)

第43条 委託者および受託者の信託報酬の総額は、第40条(信託の計算期間)に規定する計算期間を通じて毎日、信託財産の純資産総額に年10,000分の●の率を乗じて得た額とします。

② 前項の信託報酬は、毎計算期末または信託終了のとき信託財産中から支弁するものとし、委託者と受託者との間の配分は別に定めます。

③ 第1項の信託報酬に係る消費税等に相当する金額を、信託報酬支弁のときに信託財産中から支弁します。

(収益の分配方式)

第44条 信託財産から生ずる毎計算期末における利益は、次の方法により処理します。

1 配当金、利子、貸付有価証券に係る品貸料およびこれらに類する収益から支払利息を控除した額(以下「配当等収益」といいます。)は、諸経費、監査費用および当該監査費用に係る消費税等に相当する金額、信託報酬および当該信託報酬に係る消費税等に相当する金額を控除した後、その残金を受益者に分配することができます。なお、次期以降の分配金にあてるため、その一部を分配準備積立金として積み立てることができます。

2 売買損益に評価損益を加減した利益金額(以下「売買益」といいます。)は、諸経費、監査費用および当該監査費用に係る消費税等に相当する金額、信託報酬および当該信託報酬に係る消費税等に相当する金額を控除し、繰越欠損金のあるときは、その全額を売買益をもって補てんした後、受益者に分配することができます。なお、次期以降の分配にあてるため、分配準備積立金として積み立てることができます。

② 毎計算期末において、信託財産につき生じた損失は、次期に繰り越します。

（追加信託金および一部解約金の計理処理）
第45条 ［マザーファンドの場合に規定される。］

（収益分配金、償還金および一部解約金の支払い）
第46条 収益分配金は、毎計算期間終了日後1カ月以内の委託者の指定する日から、毎計算期間の末日において振替機関等の振替口座簿に記載または記録されている受益者（当該収益分配金に係る計算期間の末日以前において一部解約が行われた受益権に係る受益者を除きます。また、当該収益分配金に係る計算期間の末日以前に設定された受益権で取得申込代金支払前のため指定販売会社の名義で記載または記録されている受益権については原則として取得申込者とします。）に支払います。

② 前項の規定にかかわらず、別に定める自動けいぞく投資約款による契約（以下「別に定める契約」といいます。）に基づいて収益分配金を再投資する受益者に対しては、受託者が委託者の指定する預金口座等に払い込むことにより、原則として毎計算期間終了日の翌営業日に、収益分配金が指定販売会社に支払われます。この場合、指定販売会社は、受益者に対し、遅滞なく収益分配金の再投資に係る受益権の取得の申込みに応じるものとします。当該取得申込みにより増加した受益権は、第11条（受益権の帰属と受益証券の不発行）第3項の規定に従い、振替口座簿に記載または記録されます。

③ 償還金（信託終了時における信託財産の純資産総額を受益権口数で除した額をいいます。以下同じ。）は、信託終了日後1カ月以内の委託者の指定する日から、信託終了日において振替機関等の振替口座簿に記載または記録されている受益者（信託終了日以前において一部解約が行われた受益権に係る受益者を除きます。また、当該信託終了日以前に設定された受益権で取得申込代金支払前のため指定販売会社の名義で記載または記録されている受益権については、原則として取得申込者とします。）に支払います。なお、当該受益者は、その口座が開設されている振替機関等に対して、委託者がこの信託の償還をするのと引換えに、当該償還に係る受益権の口数と同口数の抹消の申請を行うものとし、社振法の規定に従い当該振替機関等の口座において当該口数の減少の記載または記録が行われます。

④ 一部解約金（第49条（信託契約の一部解約）第4項の一部解約の価額に当該一部解約口数を乗じて得た額をいいます。以下同じ。）は、第49条（信託契約の一部解約）第1項の受益者の請求を受け付けた日から起算して、原則として、●営業日目から当該受益者に支払います。

⑤ 前各項(第2項を除きます。)に規定する収益分配金、償還金および一部解約金の支払いは、指定販売会社の営業所等において行うものとします。
⑥ 収益分配金、償還金および一部解約金に係る収益調整金は、原則として、受益者ごとの信託時の受益権の価額等に応じて計算されるものとします。

(収益分配金、償還金および一部解約金の払込みと支払いに関する受託者の免責)
第47条　受託者は、収益分配金については第46条(収益分配金、償還金および一部解約金の支払い)第1項に規定する支払開始日までに、償還金については第46条(収益分配金、償還金および一部解約金の支払い)第3項に規定する支払開始日までに、一部解約金については第46条(収益分配金、償還金および一部解約金の支払い)第4項に規定する支払開始日までに、その全額を委託者の指定する預金口座等に払い込みます。
② 受託者は、前項の規定により委託者に収益分配金、償還金および一部解約金を交付した後は、受益者に対する支払いにつき、その責に任じません。

(収益分配金および償還金の時効)
第48条　受益者が、収益分配金については第46条(収益分配金、償還金および一部解約金の支払い)第1項に規定する支払開始日から5年間その支払いを請求しないとき、ならびに信託終了による償還金については第46条(収益分配金、償還金および一部解約金の支払い)第3項に規定する支払開始日から10年間その支払いを請求しないときは、その権利を失い、受託者から交付を受けた金銭は、委託者に帰属します。

(信託契約の一部解約)
第49条　受益者は、自己に帰属する受益権につき、委託者に、指定販売会社が定める単位をもって、一部解約の実行を請求することができます。
② 前項の規定にかかわらず、一部解約の実行の請求日が別に定める日に該当する場合は、当該請求を受け付けないものとします。
③ 委託者は、第1項の一部解約の実行の請求を受け付けた場合には、この信託契約の一部を解約します。なお、第1項の一部解約の請求を行う受益者は、その口座が開設されている振替機関等に対して、当該受益者の請求に係るこの信託契約の一部解約を委託者が行うのと引換えに、当該一部解約に係る受益権の口数と同口数の抹消の申請を行うものとし、社振法の規定に従い当該振替機関等の口座において当該口数の減少の記載または記録が行われます。

④　前項の一部解約の価額は、一部解約の実行の請求日の翌営業日の基準価額とします。
⑤　受益者が第1項の一部解約の実行の請求をするときは、指定販売会社に対し、振替受益権をもって行うものとします。
⑥　委託者は、金融商品取引所等における取引の停止、外国為替取引の停止その他やむを得ない事情（投資対象国における非常事態（金融危機、デフォルト、重大な政策変更および規制の導入、自然災害、クーデター、重大な政治体制の変更、戦争等）による市場の閉鎖または流動性の極端な減少等）が発生した場合には、第1項による一部解約の実行の請求の受付を中止することおよびすでに受け付けた一部解約の実行の請求の受付を取り消すことができます。
⑦　前項により一部解約の実行の請求の受付が中止された場合には、受益者は、当該受付中止以前に行った当日の一部解約の実行の請求を撤回できます。ただし、受益者がその一部解約の実行の請求を撤回しない場合には、当該受益権の一部解約の価額は、当該受付中止を解除した後の最初の基準価額の計算日に一部解約の実行の請求を受け付けたものとして、第4項の規定に準じて計算された価額とします。

（質権口記載または記録の受益権の取扱い）
第50条　振替機関等の振替口座簿の質権口に記載または記録されている受益権に係る収益分配金の支払い、一部解約の実行の請求の受付、一部解約金および償還金の支払い等については、この約款によるほか、民法その他の法令等に従って取り扱われます。

（信託契約の解約）
第51条　委託者は、信託期間中において、受益権の口数が●億口を下ることとなったとき、この信託契約を解約することが受益者のため有利であると認めるとき、またはやむを得ない事情が発生したときは、受託者と合意のうえ、この信託契約を解約し、信託を終了させることができます。この場合において、委託者は、あらかじめ、解約しようとする旨を監督官庁に届け出ます。
②　委託者は、前項の事項について、書面による決議（以下「書面決議」といいます。）を行います。この場合において、あらかじめ、書面決議の日および信託契約の解約の理由等の事項を定め、当該決議の日の2週間前までに、この信託契約に係る知れている受益者に対し、書面をもってこれらの事項を記載した書面決議の通知を発します。

③　前項の書面決議において、受益者（委託者およびこの信託の信託財産にこの信託の受益権が属するときの当該受益権に係る受益者としての受託者を除きます。以下本項において同じ。）は、受益権の口数に応じて、議決権を有し、これを行使することができます。なお、知れている受益者が議決権を行使しないときは、当該知れている受益者は書面決議について賛成するものとみなします。
④　第２項の書面決議は、議決権を行使することができる受益者の議決権の３分の２以上にあたる多数をもって行います。
⑤　第２項から前項までの規定は、委託者が信託契約の解約について提案をした場合において、当該提案につき、この信託契約に係るすべての受益者が書面または電磁的記録により同意の意思表示をしたときには適用しません。また、信託財産の状態に照らし、真にやむを得ない事情が生じている場合であって、第２項から前項までの手続を行うことが困難な場合にも適用しません。

（信託契約に関する監督官庁の命令）
第52条　委託者は、監督官庁よりこの信託契約の解約の命令を受けたときは、その命令に従い、信託契約を解約し信託を終了させます。
②　委託者は、監督官庁の命令に基づいてこの信託約款を変更しようとするときは、第56条（信託約款の変更等）の規定に従います。

（委託者の登録取消等に伴う取扱い）
第53条　委託者が監督官庁より登録の取消を受けたとき、解散したとき、または業務を廃止したときは、委託者は、この信託契約を解約し、信託を終了させます。
②　前項の規定にかかわらず、監督官庁がこの信託契約に関する委託者の業務を他の投資信託委託会社に引き継ぐことを命じたときは、この信託は、第56条（信託約款の変更等）の書面決議で否決された場合を除き、当該投資信託委託会社と受託者との間において存続します。

（委託者の事業の譲渡および承継に伴う取扱い）
第54条　委託者は、事業の全部または一部を譲渡することがあり、これに伴い、この信託契約に関する事業を譲渡することがあります。
②　委託者は、分割により事業の全部または一部を承継させることがあり、これに伴い、この信託契約に関する事業を承継させることがあります。

（受託者の辞任および解任に伴う取扱い）
第55条　受託者は、委託者の承諾を受けてその任務を辞任することができます。受託者がその任務に違反して信託財産に著しい損害を与えたことその他重要な事由があるときは、委託者または受益者は、裁判所に受託者の解任を申し立てることができます。受託者が辞任した場合、または裁判所が受託者を解任した場合、委託者は、第56条（信託約款の変更等）の規定に従い、新受託者を選任します。なお、受益者は、上記によって行う場合を除き、受託者を解任することはできないものとします。
② 　委託者が新受託者を選任できないときは、委託者は、この信託契約を解約し、信託を終了させます。

（信託約款の変更等）
第56条　委託者は、受益者の利益のため必要と認めるときまたはやむを得ない事情が発生したときは、受託者と合意のうえ、この信託約款を変更することまたはこの信託と他の信託との併合（投資信託及び投資法人に関する法律第16条第2号に規定する「委託者指図型投資信託の併合」をいいます。以下同じ。）を行うことができるものとし、あらかじめ、変更または併合しようとする旨およびその内容を監督官庁に届け出ます。なお、この信託約款は本条に定める以外の方法によって変更することができないものとします。
② 　委託者は、前項の事項（前項の変更事項にあっては、その変更の内容が重大なものに該当する場合に限り、前項の併合事項にあっては、その併合が受益者の利益に及ぼす影響が軽微なものに該当する場合を除きます。以下「重大な約款の変更等」といいます。）について、書面決議を行います。この場合において、あらかじめ、書面決議の日ならびに重大な約款の変更等の内容およびその理由等の事項を定め、当該決議の日の2週間前までに、この信託約款に係る知れている受益者に対し、書面をもってこれらの事項を記載した書面決議の通知を発します。
③ 　前項の書面決議において、受益者（委託者およびこの信託の信託財産にこの信託の受益権が属するときの当該受益権に係る受益者としての受託者を除きます。以下本項において同じ。）は、受益権の口数に応じて、議決権を有し、これを行使することができます。なお、知れている受益者が議決権を行使しないときは、当該知れている受益者は書面決議について賛成するものとみなします。
④ 　第2項の書面決議は、議決権を行使することができる受益者の議決権の3分の2以上にあたる多数をもって行います。
⑤ 　書面決議の効力は、この信託のすべての受益者に対してその効力を生じます。

⑥　第2項から前項までの規定は、委託者が重大な約款の変更等について提案をした場合において、当該提案につき、この信託約款に係るすべての受益者が書面または電磁的記録により同意の意思表示をしたときには適用しません。

⑦　前各項の規定にかかわらず、この投資信託において併合の書面決議が可決された場合にあっても、当該併合に係る一または複数の他の投資信託において当該併合の書面決議が否決された場合は、当該他の投資信託との併合を行うことはできません。

（反対受益者の受益権買取請求の不適用）
第57条　この信託は、受益者が第49条（信託契約の一部解約）の規定による一部解約の実行の請求を行ったときは、委託者が信託契約の一部の解約をすることにより当該請求に応じ、当該受益権の公正な価格が当該受益者に一部解約金として支払われることとなる委託者指図型投資信託に該当するため、第51条（信託契約の解約）に規定する信託契約の解約または第56条（信託約款の変更等）に規定する重大な約款の変更等を行う場合において、投資信託及び投資法人に関する法律第18条第1項に定める反対受益者による受益権買取請求の規定の適用を受けません。

（利益相反のおそれがある場合の受益者への書面交付）
第58条　［適格機関投資家私募の場合に規定される。］

（他の受益者の氏名等の開示の請求の制限）
第59条　この信託の受益者は、委託者または受託者に対し、次に掲げる事項の開示の請求を行うことはできません。
　1　他の受益者の氏名または名称および住所
　2　他の受益者が有する受益権の内容

（運用報告書に記載すべき事項の提供）
第60条　委託者は、投資信託及び投資法人に関する法律第14条第1項に定める運用報告書の交付にかえて、運用報告書に記載すべき事項を電磁的方法により提供します。
②　前項の規定にかかわらず、委託者は、受益者から運用報告書の交付の請求があった場合には、これを交付します。

(信託期間の延長)
第61条　委託者は、信託期間満了前に、信託期間の延長が受益者に有利であると認めたときは、受託者と協議のうえ、信託期間を延長することができます。

(公告)
第62条　委託者が受益者に対してする公告は、電子公告の方法により行い、次のアドレスに掲載します。
http://www.XXXX
②　前項の電子公告による公告をすることができない事故その他やむを得ない事由が生じた場合の公告は、日本経済新聞に掲載します。

(信託約款に関する疑義の取扱い)
第63条　この信託約款の解釈について疑義を生じたときは、委託者と受託者との協議により定めます。

　上記条項により信託契約を締結します。

信託契約締結日　平成　　年　　　月　　　日

　　　　　　　　　　　　　東京都　　区
　　　　　　　　委託者　●●●●アセットマネジメント株式会社
　　　　　　　　　　　　（代表取締役社長　　●●　●●）

　　　　　　　　　　　　　東京都　　区
　　　　　　　　受託者　●●●●信託銀行株式会社
　　　　　　　　　　　　（代表取締役社長　　●●　●●）

(付則)

1　この約款において「自動けいぞく投資約款」とは、この信託について受益権取得申込者と指定販売会社が締結する「自動けいぞく投資約款」と別の名称で同様の権利義務関係を規定する契約を含むものとします。この場合、「自動けいぞく

投資約款」は、当該別の名称に読み替えるものとします。

2 　第46条（収益分配金、償還金および一部解約金の支払い）に規定する「収益調整金」は、所得税法施行令第27条の規定によるものとし、受益者ごとの信託時の受益権の価額と元本との差額をいい、原則として、追加信託のつど当該口数により加重平均され、収益分配のつど調整されるものとします。また、同条同項に規定する「受益者ごとの信託時の受益権の価額等」とは、原則として、受益者ごとの信託時の受益権の価額をいい、追加信託のつど当該口数により加重平均され、収益分配のつど調整されるものとします。

3 　第26条（金利先渡取引および為替先渡取引の運用指図）に規定する「金利先渡取引」は、当事者間において、あらかじめ将来の特定の日（以下「決済日」といいます。）における決済日から一定の期間を経過した日（以下「満期日」といいます。）までの期間に係る国内または海外において代表的利率として公表される預金契約または金銭の貸借契約に基づく債権の利率（以下「指標利率」といいます。）の数値を取り決め、その取決めに係る数値と決済日における当該指標利率の現実の数値との差にあらかじめ元本として定めた金額および当事者間で約定した日数を基準とした数値を乗じた額を決済日における当該指標利率の現実の数値で決済日における現在価値に割り引いた額の金銭の授受を約する取引をいいます。

4 　第26条（金利先渡取引および為替先渡取引の運用指図）に規定する「為替先渡取引」は、当事者間において、あらかじめ決済日から満期日までの期間に係る為替スワップ取引（同一の相手方との間で直物外国為替取引および当該直物外国為替取引と反対売買の関係に立つ先物外国為替取引を同時に約定する取引をいいます。以下本条において同じ。）のスワップ幅（当該直物外国為替取引に係る外国為替相場と当該先物外国為替取引に係る外国為替相場との差を示す数値をいいます。以下本条において同じ。）を取り決め、その取決めに係るスワップ幅から決済日における当該為替スワップ取引の現実のスワップ幅を差し引いた値にあらかじめ元本として定めた金額を乗じた額を決済日における指標利率の数値で決済日における現在価値に割り引いた額の金銭またはその取決めに係るスワップ幅から決済日における当該為替スワップ取引の現実のスワップ幅を差し引いた値にあらかじめ元本として定めた金額を乗じた金額とあらかじめ元本として定めた金額について決済日を受渡日として行った先物外国為替取引を決済日における直物外国

為替取引で反対売買したときの差金に係る決済日から満期日までの利息とを合算した額を決済日における指標利率の数値で決済日における現在価値に割り引いた額の金銭の授受を約する取引をいいます。

付　　表

この約款において「別に定める日」とは、次に掲げるものをいいます。
・●●の銀行休業日
・●●証券取引所の休業日

■巻末資料2

投資信託約款記載事項の変遷

旧（法律／省令）平成10年改正前	旧（法律／省令）平成10年改正 （平成10年12月1日施行）	旧（法律／府令）平成12年改正 （平成13年4月1日施行）
［法第12条第2項／施行規則第5条］ 一　委託者及び受託者	［法第25条／施行規則第30条］ 一　委託者及び受託者	［法第25条第1項、第3項／施行規則第35条、第36条］ 一　委託者及び受託者
二　受益者に関する事項 三　委託者及び受託者としての業務に関する事項 四　信託の元本の額に関する事項 五　受益証券に関する事項	二　受益者に関する事項 三　委託者及び受託者としての業務に関する事項 四　信託の元本の額に関する事項 五　受益証券に関する事項	二　受益者に関する事項 三　委託者及び受託者としての業務に関する事項 四　信託の元本の額に関する事項 五　受益証券に関する事項 　　イ　受益証券の記名式又は無記名式への変更及び名義書換手続に関する事項 　　ロ　記名式受益証券の譲渡の対抗要件に関する事項 　　ハ　受益証券の再交付及びその費用に関する事項
六　信託の元本及び収益の管理及び運用に関する事項	六　信託の元本及び収益の管理及び運用に関する事項	六　信託の元本及び収益の管理及び運用に関する事項（投資の対象とする資産の種類を含む。） 　　イ　資産運用の基本方針 　　ロ　投資の対象とする資

(注) 下記の表は、投資信託約款の記載事項（現行投信法4条2項、4項、投信法施行規則7条、8条）につき、現在に至るまでの主要な改正（平成10年、平成12年、平成19年の各改正）による変遷を追うために作成したものである。投信法の該当条文と、それに対応する省令・府令の条文の内容を囲み線内に示した。

新（法律／府令）平成19年改正 （平成19年9月30日施行）	現行（法律／府令） （平成30年9月1日現在）
［法第4条第2項、第4項／施行規則第7条、第8条］ 一　委託者及び受託者の商号又は名称	［法第4条第2項、第4項／施行規則第7条、第8条］ 一　委託者及び受託者の商号又は名称（当該委託者が適格投資家向け投資運用業（金融商品取引法第29条の5第1項に規定する適格投資家向け投資運用業をいう。以下同じ。）を行うことにつき同法第29条の登録を受けた金融商品取引業者であるときは、その旨を含む。）
二　受益者に関する事項 三　委託者及び受託者としての業務に関する事項 四　信託の元本の額に関する事項 五　受益証券に関する事項	二　受益者に関する事項 三　委託者及び受託者としての業務に関する事項 四　信託の元本の額に関する事項 五　受益証券に関する事項
イ　受益証券の記名式又は無記名式への変更及び名義書換手続に関する事項 ロ　記名式受益証券の譲渡の対抗要件に関する事項 ハ　受益証券の再発行及びその費用に関する事項	イ　受益証券の記名式又は無記名式への変更及び名義書換手続に関する事項 ロ　記名式受益証券の譲渡の対抗要件に関する事項 ハ　受益証券の再発行及びその費用に関する事項
六　信託の元本及び収益の管理及び運用に関する事項（投資の対象とする資産の種類を含む。）	六　信託の元本及び収益の管理及び運用に関する事項（投資の対象とする資産の種類を含む。）
イ　資産運用の基本方針 ロ　投資の対象とする資	イ　資産運用の基本方針 ロ　投資の対象とする資

巻末資料2　293

旧（法律／省令）平成10年改正前	旧（法律／省令）平成10年改正 （平成10年12月1日施行）	旧（法律／府令）平成12年改正 （平成13年4月1日施行）
		産の種類 ハ　投資の対象とする資産の保有割合、保有制限を設ける場合にはその内容（投資の対象とする資産が権利である場合、その権利の取得に係る取引の種類及び範囲並びに取得制限を設ける場合にはその内容） ニ　投資信託財産で取得した資産を貸し付ける場合は、その内容 ホ　証券投資信託である場合は、その旨
七　信託の元本の償還及び収益の分配に関する事項	七　信託の元本の償還及び収益の分配に関する事項	七　投資信託財産の評価の方法、基準及び基準日に関する事項
		運用の指図を行う資産の種類に応じ、それぞれの評価の方法、基準及び基準日に関する事項
八　信託契約期間、その延長及び信託契約期間中の解約に関する事項	八　信託契約期間、その延長及び信託契約期間中の解約に関する事項	八　信託の元本の償還及び収益の分配に関する事項
		イ　収益分配可能額の算出方法に関する事項 ロ　収益分配金、償還金及び一部解約金の支払時期、支払方法及び支払場所に関する事項
九　信託の計算期間に関する事項	九　信託の計算期間に関する事項	九　信託契約期間、その延長及び信託契約期間中の解約に関する事項
		イ　信託契約の解約事由

新（法律／府令）平成19年改正 （平成19年9月30日施行）	現行（法律／府令） （平成30年9月1日現在）
産の種類 　　ハ　投資の対象とする資産の保有割合又は保有制限を設ける場合には、その内容（投資の対象とする資産が権利である場合又はその権利の取得に係る取引の種類及び範囲並びに取得制限を設ける場合には、それぞれの内容） 　　ニ　投資信託財産で取得した資産を貸し付ける場合には、その内容 　　ホ　証券投資信託である場合には、その旨	産の種類 　　ハ　投資の対象とする資産の保有割合又は保有制限を設ける場合には、その内容（投資の対象とする資産が権利である場合又はその権利の取得に係る取引の種類及び範囲並びに取得制限を設ける場合には、それぞれの内容） 　　ニ　投資信託財産で取得した資産を貸し付ける場合には、その内容 　　ホ　証券投資信託である場合には、その旨
七　投資信託財産の評価の方法、基準及び基準日に関する事項 　　　運用の指図を行う資産の種類に応じ、それぞれの評価の方法、基準及び基準日に関する事項	七　投資信託財産の評価の方法、基準及び基準日に関する事項 　　　運用の指図を行う資産の種類に応じ、それぞれの評価の方法、基準及び基準日に関する事項
八　信託の元本の償還及び収益の分配に関する事項 　　イ　収益分配可能額の算出方法に関する事項 　　ロ　収益分配金、償還金及び一部解約金の支払時期、支払方法及び支払場所に関する事項	八　信託の元本の償還及び収益の分配に関する事項 　　イ　収益分配可能額の算出方法に関する事項 　　ロ　収益分配金、償還金及び一部解約金の支払時期、支払方法及び支払場所に関する事項
九　信託契約期間、その延長及び信託契約期間中の解約に関する事項 　　イ　信託契約の延長事由	九　信託契約期間、その延長及び信託契約期間中の解約に関する事項 　　イ　信託契約の延長事由

旧（法律／省令）平成10年改正前	旧（法律／省令）平成10年改正（平成10年12月1日施行）	旧（法律／府令）平成12年改正（平成13年4月1日施行）
		の説明に関する事項 ロ　委託者の認可取消し等に伴う取扱いの説明に関する事項
十　受託者及び委託者の受ける信託報酬その他の手数料の計算方法並びにその支払の方法及び時期に関する事項	十　受託者及び委託者の受ける信託報酬その他の手数料の計算方法並びにその支払の方法及び時期に関する事項	十　信託の計算期間に関する事項
		計算期間及び計算期間の特例に関する事項
		十一　受託者及び委託者の受ける信託報酬その他の手数料の計算方法並びにその支払の方法及び時期に関する事項 十二　公募、適格機関投資家私募又は一般投資家私募の別
		十三　受託者が信託に必要な資金の借入れをする場合においては、その借入金の限度額に関する事項
		借入れの目的、借入限度額及び借入金の使途に関する事項並びに借入先を適格機関投資家に限る場合はその旨

新（法律／府令）平成19年改正 （平成19年9月30日施行）	現行（法律／府令） （平成30年9月1日現在）
の説明に関する事項 　　ロ　信託契約の解約事由 　　　の説明に関する事項 　　ハ　委託者の登録取消し 　　　その他の場合における 　　　取扱いの説明に関する 　　　事項	の説明に関する事項 　　ロ　信託契約の解約事由 　　　の説明に関する事項 　　ハ　委託者の登録取消し 　　　その他の場合における 　　　取扱いの説明に関する 　　　事項
十　信託の計算期間に関する事項 　　　計算期間及び計算期間の特例に関する事項	十　信託の計算期間に関する事項 　　　計算期間及び計算期間の特例に関する事項
十一　受託者及び委託者の受ける信託報酬その他の手数料の計算方法並びにその支払の方法及び時期に関する事項	十一　受託者及び委託者の受ける信託報酬その他の手数料の計算方法並びにその支払の方法及び時期に関する事項
十二　公募、適格機関投資家私募又は一般投資家私募の別	十二　公募、適格機関投資家私募（新たに発行される受益証券の取得の申込みの勧誘のうち、第2条第9項第1号に掲げる場合に該当するものをいう。以下同じ。）、特定投資家私募（新たに発行される受益証券の取得の申込みの勧誘のうち、同項第二号に掲げる場合に該当するものをいう。以下同じ。）又は一般投資家私募の別
十三　受託者が信託に必要な資金の借入れをする場合においては、その借入金の限度額に関する事項 　　　借入れの目的、借入限度額及び借入金の使途に関する事項並びに借入先を適格機関投資家に限る場合には、その旨	十三　受託者が信託に必要な資金の借入れをする場合においては、その借入金の限度額に関する事項 　　　借入れの目的、借入限度額及び借入金の使途に関する事項並びに借入先を適格機関投資家に限る場合には、その旨

旧（法律／省令）平成10年改正前	旧（法律／省令）平成10年改正 （平成10年12月1日施行）	旧（法律／府令）平成12年改正 （平成13年4月1日施行）
	十一　委託者が運用の指図に係る権限を委託する場合においては、当該委託者がその運用の指図に係る権限を委託する者の商号又は名称及び所在の場所	十四　委託者が運用の指図に係る権限を委託する場合においては、当該委託者がその運用の指図に係る権限を委託する者の商号又は名称及び所在の場所
		運用の指図に係る権限の委託の概要に関する事項
	十二　前号の場合における委託に係る費用	十五　前号の場合における委託に係る費用
		委託の報酬の額、支払時期及び支払方法に関する事項
十一　信託約款の変更に関する事項	十三　信託約款の変更に関する事項	十六　投資信託約款の変更に関する事項 十七　公告の方法
		公告を行う日刊新聞紙名

新（法律／府令）平成19年改正 （平成19年9月30日施行）	現行（法律／府令） （平成30年9月1日現在）
十四　委託者が運用の指図に係る権限を委託する場合においては、当該委託者がその運用の指図に係る権限を委託する者の商号又は名称及び所在の場所	十四　委託者が運用の指図に係る権限を委託する場合においては、当該委託者がその運用の指図に係る権限を委託する者の商号又は名称（当該者が適格投資家向け投資運用業を行うことにつき金融商品取引法第29条の登録を受けた金融商品取引業者であるときは、その旨を含む。）及び所在の場所
十五　前号の場合における委託に係る費用 　　　委託の報酬の額、支払時期及び支払方法に関する事項	十五　前号の場合における委託に係る費用 　　　委託の報酬の額、支払時期及び支払方法に関する事項
十六　投資信託約款の変更に関する事項	十六　投資信託約款の変更に関する事項
十七　委託者における公告の方法 　　　次のイ又はロに掲げる公告の方法の区分に応じ、当該イ又はロに定める事項 　　イ　時事に関する事項を掲載する日刊新聞紙に掲載する方法　公告を行う日刊新聞紙名 　　ロ　電子公告（法第25条第1項第2号に規定する電子公告をいう。）登記アドレス（電子公告規則（平成18年法務省令第14号）第2条第11号に規定する登記アドレスをいう。第79条第	十七　委託者における公告の方法 　　　次のイ又はロに掲げる公告の方法の区分に応じ、当該イ又はロに定める事項 　　イ　時事に関する事項を掲載する日刊新聞紙に掲載する方法　公告を行う日刊新聞紙名 　　ロ　電子公告（法第25条第1項第2号に規定する電子公告をいう。）登記アドレス（電子公告規則（平成18年法務省令第14号）第2条第13号に規定する登記アドレスをいう。第79条第

旧（法律／省令）平成10年改正前	旧（法律／省令）平成10年改正（平成10年12月1日施行）	旧（法律／府令）平成12年改正（平成13年4月1日施行）
十二　その他大蔵大臣が公益又は投資者保護のため必要且つ適当であると認めて大蔵省令で定める事項 　一　委託会社の営業の全部又は一部の譲渡に関する事項 　二　受託者の辞任及び新受託者の選任に関する事項 　三　元本の追加信託をすることができる証券投資信託（以下「追加型投資信託」という。）における信託の元本の追加に関する事項 　四　信託契約の一部解約に関する事項	十四　前各号に掲げるもののほか、総理府令・大蔵省令で定める事項 　一　証券投資信託委託業者の営業の全部又は一部の譲渡に関する事項 　二　受託者の辞任及び新受託者の選任に関する事項 　三　元本の追加信託をすることができる証券投資信託における信託の元本の追加に関する事項 　四　信託契約の一部解約に関する事項 　五　委託者が運用の指図に係る権限を委託する場合における当該委託の内容 　六　当該信託約款に係る受益証券の募集が、証券取引法第2条第3項第1号に掲げる場合に該当するときは、その旨	十八　前各号に掲げるもののほか、内閣府令で定める事項 　一　投資信託委託業者の分割による営業の全部若しくは一部の承継又は営業の全部若しくは一部の譲渡に関する事項 　二　受託者の辞任及び新受託者の選任に関する事項 　三　元本の追加信託をすることができる委託者指図型投資信託における信託の元本の追加に関する事項 　四　投資信託契約の一部解約に関する事項 　五　委託者が運用の指図に係る権限を委託する場合における当該委託の内容

新（法律／府令）平成19年改正 （平成19年9月30日施行）	現行（法律／府令） （平成30年9月1日現在）
9号ロにおいて同じ。）	9号ロにおいて同じ。）
十八　前各号に掲げるもののほか、内閣府令で定める事項	十八　前各号に掲げるもののほか、内閣府令で定める事項
一　委託者の分割による事業の全部若しくは一部の承継又は事業の全部若しくは一部の譲渡に関する事項 二　受託者の辞任及び解任並びに新たな受託者の選任に関する事項 三　元本の追加信託をすることができる委託者指図型投資信託における信託の元本の追加に関する事項 四　投資信託契約（法第3条に規定する投資信託契約をいう。以下この章において同じ。）の一部解約に関する事項 五　委託者が運用の指図に係る権限を委託（当該委託に係る権限の一部を更に委託するものを含む。次条第8号及び第13条第1号において同じ。）する場合におけるその委託の内容 六　委託者から運用の指図に係る権限の委託を受けた者が当該権限の一部を更に委託する場	一　委託者の分割による事業の全部若しくは一部の承継又は事業の全部若しくは一部の譲渡に関する事項 二　受託者の辞任及び解任並びに新たな受託者の選任に関する事項 三　元本の追加信託をすることができる委託者指図型投資信託における信託の元本の追加に関する事項 四　投資信託契約（法第3条に規定する投資信託契約をいう。以下この章において同じ。）の一部解約に関する事項 五　委託者が運用の指図に係る権限を委託（当該委託に係る権限の一部を更に委託するものを含む。次条第8号及び第13条第1号において同じ。）する場合におけるその委託の内容 六　委託者から運用の指図に係る権限の委託を受けた者が当該権限の一部を更に委託する場

旧（法律／省令）平成10年改正前	旧（法律／省令）平成10年改正 （平成10年12月1日施行）	旧（法律／府令）平成12年改正 （平成13年4月1日施行）
		六　法第30条の2に規定する反対者の買取請求権に関する事項

新（法律／府令）平成19年改正 （平成19年9月30日施行）	現行（法律／府令） （平成30年9月1日現在）
合においては、当該者がその運用の指図に係る権限の一部を更に委託する者の商号又は名称及び所在の場所 七　委託者指図型投資信託の併合（法第16条第2号に規定する委託者指図型投資信託の併合をいう。以下同じ。）に関する事項 八　受益者代理人があるときは、投資信託契約において、法第17条第6項（法第20条第1項において準用する場合を含む。）の規定による議決権及び法第18条第1項（法第20条第1項において準用する場合を含む。）の規定による受益権買取請求権を行使する権限を当該受益者代理人の権限としていない旨 九　法第18条第1項（法第20条第1項において準用する場合を含む。）の規定による受益権の買取請求に関する事項	合においては、当該者がその運用の指図に係る権限の一部を更に委託する者の商号又は名称（当該者が適格投資家向け投資運用業（金融商品取引法第29条の5第1項に規定する適格投資家向け投資運用業をいう。以下同じ。）を行うことにつき同法第29条の登録を受けた金融商品取引業者であるときは、その旨を含む。）及び所在の場所 七　委託者指図型投資信託の併合（法第16条第2号に規定する委託者指図型投資信託の併合をいう。以下同じ。）に関する事項 八　受益者代理人があるときは、投資信託契約において、法第17条第6項（法第20条第1項において準用する場合を含む。）の規定による議決権及び法第18条第1項（法第20条第1項において準用する場合を含む。）の規定による受益権買取請求権を行使する権限を当該受益者代理人の権限としていない旨 九　法第18条第1項（法第20条第1項において準用する場合を含む。）の規定による受益権の買取請求に関する事項

〈参考文献〉

- 『証券投資信託法制研究会(幹事会)報告書昭和39年6月』(社団法人証券投資信託協会、1964年)
- 社団法人信託協会『信託実務講座第4巻』(有斐閣、1962年)
- 佐々木功・松本崇『特別法コンメンタール　証券投資信託法　貸付信託法』(第一法規出版、1977年)
- 乙部辰良『詳解投資信託法』(第一法規出版、2001年)
- 本柳祐介・河原雄亮『投資信託の法制と実務対応』(商事法務、2015年)
- 四宮和夫『信託法[新版]』(有斐閣、1989年)
- 寺本昌広『逐条解説　新しい信託法〔補訂版〕』(商事法務、2008年)
- 三菱UFJ信託銀行編著『信託の法務と実務[6訂版]』(金融財政事情研究会、2015年)
- 長島・大野・常松法律事務所編『アドバンス金融商品取引法[第2版]』(商事法務、2014年)
- 大和証券投資信託委託『投資信託研究』
- 『証券投資信託年報』(社団法人証券投資信託協会)
- 投資信託事情調査会「コンメンタール証券投資信託法」(投資信託事情)
- 『改正税法のすべて』(大蔵税務協会)

事項索引

【英字・数字】
CDS ……………………………… 159
DVP決済 ………………………… 98
FRA ……………………………… 161
FXA ……………………………… 161
MLP ……………………………… 128
5％ルール ……………………… 36

【あ行】
異議申立て ………………… 232,243
委託者 …………………………… 10,46
一部解約金 ……………………… 210
一般投資家私募 ………… 76,105,114
運用の基本方針 ……………… 19,134
運用の権限委託 ……… 29,127,135
運用報告書 ……………………… 252
運用報告書（全体版） ………… 252
運用方法 ………………………… 23
益金不算入 ……………………… 30
親投資信託 ……………………… 77

【か行】
外国為替予約取引 ……………… 171
買取条項 ………………………… 225
株式投資信託 …………………… 35
為替先渡取引 ……………… 161,261
監査費用 ………………………… 199
元本 ……………………………… 64
基準価額 ……………………… 89,190
旧法信託 ………………………… 4
強制償還 ………………………… 230
共同委託 ………………………… 56
共同受託 ………………………… 56
業務方法書 ……… 20,119,138,147

緊急事態 ………………………… 104
銀行勘定貸 ……………………… 125
金利先渡取引 ……………… 161,261
経理上の元本 …………………… 65
限度額 …………………………… 69
公告 ……………………………… 255
口座管理機関 …………………… 94
公社債の空売り ………………… 165
公社債の借入れ ………………… 168
交付運用報告書 ………………… 252
公募 ……………………………… 76
公募株式投資信託 ……………… 78
コール・ローン ………………… 125
個別元本 ………………………… 65
個別元本方式 …………………… 215
コマーシャル・ペーパー ……… 124
混蔵寄託 ………………………… 180

【さ行】
債券現先 ………………………… 166
債券レポ取引 …………………… 165
再信託 …………………………… 60
先物取引 ……………………… 25,150
資金の借入れ …………………… 187
時効 ……………………………… 219
質権口 …………………………… 227
指定金銭信託 …………………… 125
私募株式投資信託 ……………… 79
収益調整金 …………… 64,212,261
収益の分配 ……………………… 205
収益分配 ………………………… 42
収益分配金 ……………………… 210
重大な約款変更 …… 20,126,240,264
集団投資信託 …………………… 52

集中投資制限	38
受益権	91, 102
受益権買取請求	247
受益権の再分割	84
受益権の譲渡	109, 111, 112
受益権の分割	84
受益権の併合	85
受益者	10, 82
受益者の「有限責任」	190, 201
受益証券	94
受託者	10, 46
受託者の免責	217
主として	47, 124
ジュニアNISA	80
償還金	210
証券投資信託	46, 49, 52
諸経費	199
諸費用	199
書面決議	230, 240
信託期間	72
信託期間の延長	254
信託業務の委託	176
信託金	68
信託契約の一部解約	223
信託契約の解約	228
信託財産状況報告書	196
信託財産に関する報告	196
信託財産の登記等	182
信託財産留保額	73, 225
信託事務の委託	60
信託宣言	127
信託導管理論	52
信託の計算期間	194
信託報酬	203
信託約款の変更	239
新法信託	4, 56
信用取引	146

スワップ取引	157
成功報酬	204

【た行】

諾成契約	66
立替え	191
単位型投資信託	64, 73, 254
忠実義務	130
追加型投資信託	64, 72, 254
つみたてNISA	26, 74, 80, 153, 216
定型約款	58
適格機関投資家私募	76, 105, 113, 249, 253
デリバティブ規制	37
デリバティブ取引	25, 39, 50, 117, 172
電子CP	124
投資助言	29, 231
投資信託の併合	245
投資制限	34
投資対象	23
投資態度	23
特定資産	118
特定投資家私募	76, 78
特定投資信託	53
特定有価証券	77
特別分配金	212

【な行】

NISA	80
二重信託	127
日本版クラスアクション	58
任意償還	230
認証	99
ネームテスト	17

【は行】

配当控除	30

販売会社 ……………………………… 10
ファミリーファンド ………………… 10
ファンド・オブ・ファンズ ………… 11
ファンド休業日 ……………… 103,264
ファンドの名称 ……………………… 16
付則 …………………………………… 261
普通分配金 ………………………… 212
付表 ………………………… 19,20,263
振替口座簿 …………………………… 94
振替制度 ……………………………… 94
分別管理 …………………… 181,183
平均信託金方式 …………………… 215
ヘッジ ……………………………… 155
ヘッジ目的 ………… 25,145,151,172
ベビーファンド ……………………… 10
法人課税信託 ………………………… 53

【ま行】
マザーファンド ……………………… 10
無期限 ………………………… 72,254

【や行】
有価証券の貸付 ……………… 48,163
有期限 ………………………… 72,254
要物契約 ……………………………… 66
要物性 ………………………………… 65
預金 ………………………………… 125

【ら行】
利益相反 …………………… 130,249
利害関係人 …………………………… 61
利害関係人（等） ………………… 131

事項索引　307

〈編著者紹介〉

小島　新吾（こじま　しんご）

弁護士
2000年3月　東京大学法学部卒業
2003年10月　弁護士登録
各種金融法務を取り扱い、近年は運用会社にてチーフコンプライアンスオフィサーを務める。
最近の論考として、「信託約款の定型条項（約款）該当性」投資信託事情2014年9月号、「投資信託に関わる消費税の課税関係」同2014年12月号（共同執筆）、「ヘッジ目的のために行う為替予約取引はデリバティブ取引か」同2015年3月号、「ファミリーファンド方式およびファンド・オブ・ファンズにおける信用リスク集中規制およびデリバティブ規制の適用関係」金融法務事情No.2015（2015年4月10日号）等。

〈著者紹介〉

森下　国彦（もりした　くにひこ）

アンダーソン・毛利・友常法律事務所、パートナー弁護士
1981年3月　東京大学法学部卒業
1986年4月　弁護士登録
金融規制法を専門としている。

箱田　晶子（はこだ　あきこ）

PwC税理士法人　金融部、パートナー税理士
1996年3月　慶應義塾大学経済学部卒業
1998年6月　税理士登録
金融商品等に関する税務コンサルティング業務を専門としている。

西山　賢治（にしやま　けんじ）

外資系運用会社、チーフコンプライアンスオフィサー
1987年3月　明治大学商学部卒業
ACCJ投資運用委員会副委員長、投信協会の自主規制専門委員を歴任

長谷川　英男（はせがわ　ひでお）

大和証券投資信託委託株式会社、法務コンプライアンス部主事
1981年3月　大阪大学法学部卒業
同社商品法務部長在任中、投信協会の自主規制専門委員長として業界問題に携わる。

〈協力〉

鈴木　俊宏（すずき　としひろ）

SMBC日興証券株式会社、アセットマネジメント商品部

逐条解説　投資信託約款

2019年1月29日　第1刷発行

編著者　小島　新吾
著　者　森下　国彦・箱田　晶子
　　　　西山　賢治・長谷川英男
発行者　倉田　勲

〒160-8520　東京都新宿区南元町19
発　行　所　一般社団法人 金融財政事情研究会
企画・制作・販売　株式会社きんざい
　出版部　TEL 03(3355)2251　FAX 03(3357)7416
　販売受付　TEL 03(3358)2891　FAX 03(3358)0037
　URL https://www.kinzai.jp/

校正：株式会社友人社／印刷：奥村印刷株式会社

・本書の内容の一部あるいは全部を無断で複写・複製・転訳載すること、および磁気または光記録媒体、コンピュータネットワーク上等へ入力することは、法律で認められた場合を除き、著作者および出版社の権利の侵害となります。
・落丁・乱丁本はお取替えいたします。定価はカバーに表示してあります。

ISBN978-4-322-13409-4